U0895229

本书获国家社科基金项目“电子政务中的政民互动度评价体系及实证研究”
（项目批准号：12BGL122）资助

互联网时代的
电子政务政民互动与评价体系

李勇◎著

中国社会科学出版社

图书在版编目（CIP）数据

互联网时代的电子政务政民互动与评价体系/李勇著.—北京：中国社会科学出版社，2017.7

ISBN 978－7－5203－0606－5

Ⅰ.①互… Ⅱ.①李… Ⅲ.①电子政务—民政工作—评价—中国 Ⅳ.①D63－39

中国版本图书馆CIP数据核字(2017)第148614号

出 版 人　赵剑英
责任编辑　刘晓红
责任校对　李　莉
责任印制　戴　宽

出　　版　中国社会科学出版社
社　　址　北京鼓楼西大街甲158号
邮　　编　100720
网　　址　http://www.csspw.cn
发 行 部　010－84083685
门 市 部　010－84029450
经　　销　新华书店及其他书店

印　　刷　北京明恒达印务有限公司
装　　订　廊坊市广阳区广增装订厂
版　　次　2017年7月第1版
印　　次　2017年7月第1次印刷

开　　本　710×1000　1/16
印　　张　18.5
插　　页　2
字　　数　296千字
定　　价　88.00元

凡购买中国社会科学出版社图书，如有质量问题请与本社营销中心联系调换
电话：010－84083683

前　言

党的十八大明确提出我国行政体制改革的目标是“建设职能科学、结构优化、廉洁高效、人民满意的服务型政府”。电子政务运用现代信息通信技术，打破传统政府的组织边界和时空限制，构建更高效、更便捷的信息传播和政民互动新模式，是建设服务型政府的重要手段。政民互动是电子政务系统的核心功能之一，通过互联网、移动通信、社交网络平台、数字广播电视网等先进技术，采用信息公开、民意征集、咨询问答、在线访谈、在线求助、在线投诉等多种互动方式，构造一个全新的政民互动交流平台。我国对于电子政务中政民互动的建设非常重视，总体发展呈现出良好的态势。但是，政民互动的参与广度、深度和效果等还处于较低水平，各地发展不平衡的现象也比较明显。因此，针对电子政务中的政民互动及其评价体系问题进行系统深入的研究，对于促进电子政务中政民互动的持续健康发展，具有重要的理论和实践意义。

在对电子政务和政民互动领域的相关理论和国内外研究文献进行全面调查、梳理总结和借鉴的基础上，课题组主要开展了“电子政务中政民互动度评价体系的构建”和“电子政务中政民互动度的实证评价”两方面的研究工作。具体如下：

（1）政民互动度评价体系的构建。首先，通过理论借鉴与讨论，科学合理地界定电子政务、政民互动、政民互动度等关键术语的概念与内涵，分析电子政务中政民互动的主要渠道和基本模式，构建了电子政务中的政民互动度评价问题研究的理论框架。其次，采用分层抽样的方法，对我国电子政务中政民互动发展现状进行了比较全面的调研。再次，采用 UTAUT 模型和案例研究法，分析研究了电子政务中政民互动公众接受度和服务满意度的影响因素。最后，在前述研究基础上，采用层次分析法和专家评分法，构建了政民互动度评价指标体系和评价方法，包括针对政府门户网站和政务社交平台（以政务微博为例）两大类互动渠道的评价体系。

（2）政民互动度的实证评价。首先，根据调研结果和前述理论分析，明确了以政府门户网站和政务微博作为实证评价的对象。其次，确定了与现状调查相同的分层抽样方案，采用与现状调研相同的样本进行实证评价。再次，采用管理学实验的方法进行实证评价；通过对参与主体的定向招募、充分培训、入口测试和出口测试，保证参与主体的认知一致性；通过标准计算机实验室的选择和设备配置，保证了评价实验环境与条件的一致性；通过无效问卷剔除、问卷数据统计检验等方法，保证评价实验的信度和效度。最后，通过评价结果的分析，发现和总结我国电子政务中政民互动方面的主要特征和存在的问题。

研究发现，我国电子政务中政民互动的主要特点与问题如下：

（1）我国电子政务中政民互动发展的总体态势良好，各级政府越来越重视政民互动平台的建设，但呈现出明显的“中间好、两头差”的现象，即省会城市、省（直辖市、自治区）两级政府在互动平台的表现，明显好于国家部委和地县级政府的表现。其中，地县级政府的表现两极分化比较严重，相当比例的地县级政府在政民互动平台的总体表现处于较差的水平。

（2）政府门户网站方面，存在重“功能建设”轻“互动过程和互动管理”的现象。实证评价结果表明，“网站性能、界面易用、功能完备”等指标得分高，“互动参与度、互动时效性、公共服务有效性、公共服务时效性”等指标得分低。开设有独立网络问政平台的地区，政民互动度总体评价优良，表明其代表了政民互动平台的一种良好发展趋势。

（3）政务微博方面，存在重“平台建设”轻“互动有效”的现象。实证评价结果表明，“界面易用、经验等级、功能完备”等功能性指标得分高，“互动参与度、互动有效性、互动管理水平”等指标得分低。特别需要指出的是，基层政府的政务微博开通率仅为34.3%，且评价结果总体处在较差等级。

（4）现有的电子政务中政民互动管理政策方面，政策目标定位尚存在不清晰、不准确的情况；存在重“系统建设”轻“互动管理”的政策制定倾向；关于政民互动平台运营机制、政民互动活动组织管理、政民互动和服务的满意度评价与考核等方面的政策内容非常不足；针对社交网络平台中的政民互动新模式，政府的规范性管理文件还比较缺乏。

根据研究发现的特点和问题，课题组从进一步明确政民互动发展的政策目标、制定更加完善的互动平台建设规划、研究制定科学可行的政民互动平台运营管理机制、逐步建立以公众为中心的互动平台评价与考核机制、促进基层政府政民互动平台建设五大方面，分别提出了针对性的具体政策建议。

目　　录

第一章　绪论

第一节　研究的问题与背景

党的十八大明确提出了我国行政体制改革的目标是“建设职能科学、结构优化、廉洁高效、人民满意的服务型政府”。服务型政府的打造，要以为全社会提供必要和优质的公共服务为目的，以政府自身职能的科学定位、结构的优化组合、施政的廉洁高效为手段，以人民群众能够有效地行使表达权、参与权、评价权和选择权为前提，以人民群众满意为最终目标和归宿。

电子政务运用现代信息通信与网络技术，打破了传统政府的组织边界和时空限制，构建了新型的基于互联网的信息传播途径，以及更高效、更便捷的政民互动模式，是建设服务型政府的重要内容和手段。电子政务的迅速发展，促进了政府治理与公共服务模式的创新，对经济社会的持续健康发展产生了重要的影响，已经成为社会进步的重要推动力量。

我国从20世纪90年代启动“三金”工程、政府上网工程等建设项目以来，逐步建成了中央政府、国务院各部门、地方各级政府及其所辖部门的政府门户网站体系；在此基础上，近年来还着重建设了大量的以在线办事为主要功能的各类政务信息化系统；电子政务在我国已经取得了长足的发展，成为了政府治理和公共服务改革的重要战略支撑。截至2013年底，地市级以上政府部门的门户网站建设覆盖率为100%，县级地方门户政府网站的建设覆盖率超过80%；省级以上政府部门的政务信息化系统建设覆盖率达100%；地市、区县政务部门的政务信息化系统建设覆盖率分别达到80%和39%；特别地，教育、卫生、交通、环保、质量监督、食品药品监管、公安、税务、财政、统计等重要部门的政务信息化系统建设和应用更是受到重视；基层政府的政务信息化系统建设也取得了较快的发展①。电子政务在经济社会管理、保障改善民生等领域的应用成效明显。近年来，随着移动互联网和社交媒体平台的迅猛发展，政务微博、政务微信等新型的以社交平台为载体的政务服务模式也得到了迅速的发展。截至2014年6月，各级政府开设的政务微博账号已经达到19.61万个（其中新浪微博账号8.44万个，腾讯微博账号11.17万个）；截至2014年底，全国政务微信账号已经达4.09万个；②③ 政务社交媒体已经逐渐成为了政府与民众沟通交流的重要途径。

政民互动是电子政务系统的核心功能之一，通过互联网、移动通信、社交网络平台、数字广播电视网等先进技术，采用信息公开、民意征集、咨询问答、在线访谈、在线求助、在线投诉等多种互动方式，构建了一个全新的政民互动交流平台；对于促进和改善政府与公众的互动交流，保障人民对公共事务的知情权、参与权、表达权和监督权，具有重要的积极作用。我国各级政府对于电子政务中政民互动的建设非常重视，总体发展呈现出良好的态势，但是，在政民互动参与的广度、深度和效果等方面还处于较低的水平，各地发展不平衡的现象也比较明显。这些问题的存在制约了政民互动平台服务功能的有效发挥，影响到服务型政府建设目标的实现，因此，针对电子政务中的政民互动及其评价体系问题进行系统深入的研究，有助于政府和公众的交流，提高公众的政治参与能力，促进政府信息透明化，增强政府公共服务能力，具有十分重大的理论和实际意义。

为此，课题组以“电子政务中的政民互动度评价体系及实证研究”为题，申报了项目并被批准立项。

第二节　研究目标

一　电子政务中政民互动度评价研究的理论框架

在对相关理论和已有研究文献进行梳理总结的基础上，界定电子政

① 洪毅、杜平、王益民：《电子政务蓝皮书：中国电子政务发展报告》（2014），社会科学文献出版社2014年版。

② 人民网舆情监测室：《政务微博影响力报告》，2015年。

③ 人民网舆情监测室：《2014上半年度腾讯政务微博发展研究报告》，2014年。

务、政民互动、政民互动度等关键术语的概念与内涵，分析电子政务中政民互动的主要渠道和基本模式，构建电子政务中的政民互动度评价问题研究的理论框架。

二　我国电子政务中政民互动的发展现状分析

对我国电子政务和电子政务中政民互动的总体发展状况，进行全面调查和分析，梳理总结我国政民互动平台发展的特征与存在的问题，为建立政民互动度评价体系和提出政策建议提供依据。调查分析的重点包括以下几个方面：一是各级政府门户网站中的政民互动版块（含网络问政平台）；二是政务微博、政务微信等新型政民互动模式的发展现状（以政务微博为例）；三是各级政府制定的与政民互动有关的管理政策现状调查。

三　电子政务中政民互动的影响因素分析

从电子政务中政民互动的接受度和满意度两个视角，以政民互动渠道中最具代表性的政务微博为例，分析影响公众参与政民互动交流的关键因素，分别采用 UTAUT 模型和多案例研究法，对影响电子政务中政民互动参与和互动效果的主要因素进行研究，为建立政民互动度的评价体系提供理论依据。

四　电子政务中政民互动度评价体系的建立

电子政务中的政民互动度评价，反映公众对电子政务互动交流平台接受和使用的程度及效果。在理论分析、现状调研和影响因素研究的基础上，确定政民互动度评价体系的指导思想和建立原则；应用层次分析法（AHP）建立评价指标体系；采用专家评分法，构建判断矩阵，确定指标体系权重分配方案；研究确定评价数据采集与标准化处理方法，以及评价结果的计算方法。

五　电子政务中政民互动度评价体系的实证检验

从电子政务中政民互动的主流互动渠道中，选择政府门户网站和政务微博作为研究对象；在全国范围内，采用分层抽样法，确定实证研究的评价对象；应用管理学实验法，招募和培训评价实验参与主体，选择和配置标准计算机实验室作为评价实验场所；按照政民互动度评价体系，对抽取的样本进行政民互动度实证评价；通过评价结果分析，从政民互动度的视角总结梳理电子政务中政民互动发展的特征和存在的问题。

六 提高我国电子政务政民互动效果的政策建议

在理论分析、现状调研和实证评价结果分析的基础上，以我国当前电子政务中政民互动发展的特征和存在的具体问题为依据，从政策目标、建设规划、运营管理机制、评价与考核机制、促进基层政府政民互动建设等不同的角度，提出针对性的政策建议。

第三节 研究思路与方法

一 研究的总体思路

课题研究框架设计如图 1－1 所示。

二 研究方法

课题组遵循“理论剖析与数据实证”相结合的原则开展研究工作，具体的理论分析和实证研究方法如下：

（1）描述统计法：对政府门户网站、政务社交媒体中政民互动交流平台的使用情况进行深入调查，对采集到的调查数据进行基本的描述统计分析，对样本数据基本特征与分布特点进行总结。

（2）案例研究法：在广泛调查的基础上，筛选电子政务政民互动平台典型案例，对部分个人、企业用户进行访谈，对案例进行深入分析，研究电子政务中政民互动的影响因素。

（3）结构方程模型（SEM）：采用结构方程模型（SEM）和 UTAUT 模型，通过实证研究找出影响政民互动的内生潜在变量和外生潜在变量，并判断各影响因素的路径系数及其影响方向，为政策分析与建议提供直接帮助。

（4）层次分析法（AHP）和专家评分法：在理论分析和影响因素研究的基础上，采用层次分析法设计评价指标体系；运用专家评分法，建立判断矩阵，确定权重分配方案；确定评价数据采集与标准化处理方法，以及评价结果的计算方法。

（5）管理学实验法：采用管理学实验法进行评价实证研究；通过对实验进行事前事中控制，保证实验对象和实验过程处在可控范围内；通过实证评价，检测评价指标体系的合理性和可行性；通过实证评价结果分析，发现实际存在的问题，为提出政策建议提供依据。

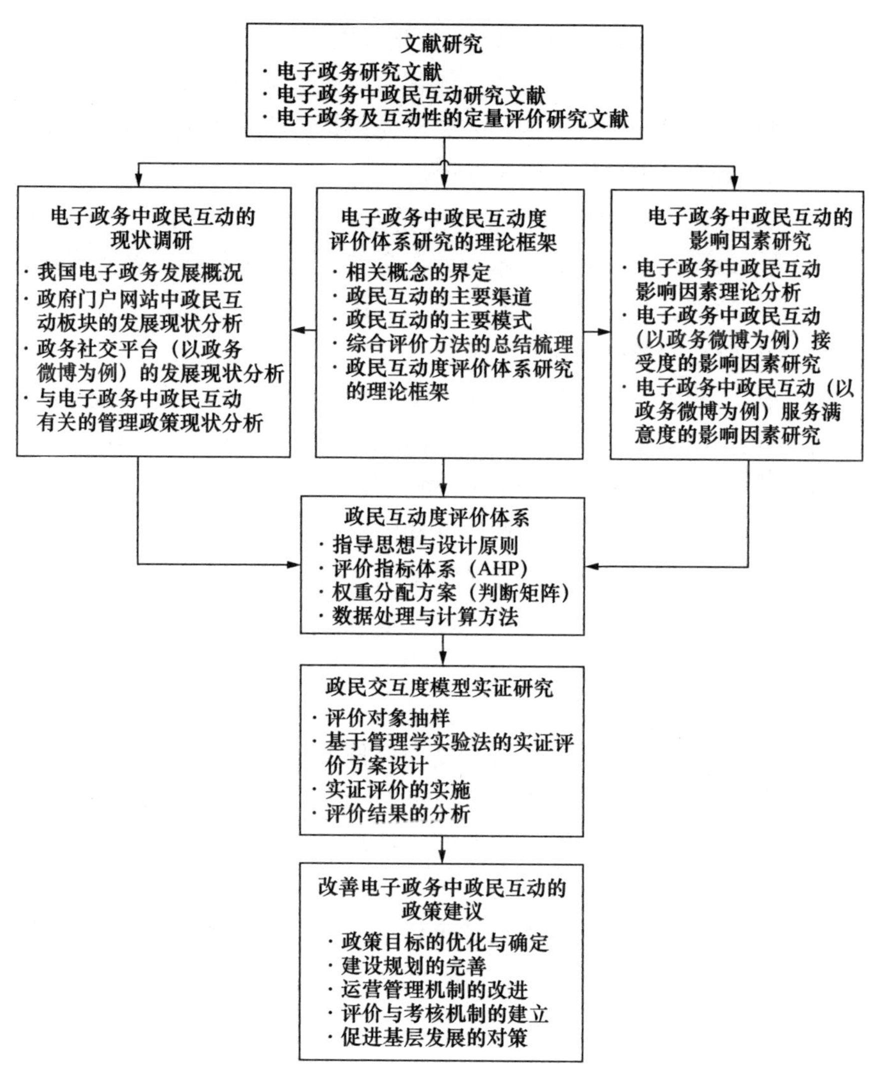

图 1－1　课题研究总体思路示意图

第四节　研究内容

本书由九章构成，具体章节安排与研究内容如下：

第一章，绪论。主要介绍本研究的选题背景和意义、研究的问题与目标、研究总体框架和方法，以及主要研究内容。

第二章，电子政务中政民互动问题的理论基础与研究综述。对已有的理论研究文献进行了系统的调查和研究，并对国内外关于电子政务中政民互动的研究成果进行了梳理与分析。

第三章，电子政务中政民互动度评价的理论框架。界定电子政务、政民互动、政民互动度等关键术语的概念与内涵，分析电子政务中政民互动的基本原理、互动渠道和互动模式，在此基础上提出电子政务中的政民互动度评价问题研究的理论框架。

第四章，我国电子政务中政民互动的发展现状调查。从实践层面深入分析了我国电子政务中政民互动发展状况，并对发展历程、发展状况、发展特点等进行了梳理，对存在的问题进行了总结。

第五章，影响电子政务中政民互动的因素研究。从电子政务中政民互动的接受度和满意度两个视角，以政民互动渠道中最具代表性的政务微博为例，分别采用 UTAUT 模型和多案例研究法，对影响电子政务中政民互动的主要因素进行研究，为下一步建立政民互动度的评价指标体系和评价模型提供理论依据。

第六章，电子政务中政民互动度的评价体系研究。在前述理论分析和影响因素研究的基础上，明确了评价体系设计的指导思想和基本原则；结合我国电子政务中的两种主要渠道，即政府门户网站与政务微博，分别构建了相应的政民互动度评价指标体系；根据政府门户网站与政务微博各自的特征，论述了两个指标评价体系中权重的具体分配方案，以及指标数值处理和评价结果计算的具体方法。

第七、第八章，分别进行政府门户网站和政务微博的政民互动度评价体系的实证研究。由于政府门户网站与政务微博在概念层上具备共有特征，但在操作层上又具有各自相对独立的特性，故两者的评价体系结构相似，而具体度量指标与权重分配不尽相同。这两章分别检验了二者的合理性与可行性，并通过实证评价的结果分析，从政民互动度的视角总结梳理了电子政务中政民互动发展的特征和存在的问题。

第九章，研究结论与政策建议。在现状调研、影响因素分析、政民互动度评价体系及实证等方面的研究基础上，得出课题的研究结论。以研究结论为依据，提出针对性的政策建议，以改善和提升电子政务中政民互动的水平和效果，使电子政务在服务型政府构建中发挥出更大的作用。

数据资料来源说明：本书涉及的数据资料，以调查、访谈和问卷得到的一手数据为主；部分数据和资料来自历年的各类电子政务相关年度报告，或相关政府网站公布的官方数据；还有部分数据资料来自学术期刊、研究报告、学术专著及博硕论文。本书中所引用的数据和资料，均在引用位置进行了标注。

第二章　电子政务中政民互动问题的理论基础与研究综述

理论的探析是实践研究的基础，科学研究必须遵循事物发展的基本规律，在前人相关理论研究的成果上，结合研究对象的具体情况进行理论和应用的创新。本章所借鉴的基础理论主要有新公共服务理论、公民参与理论、互动性理论、综合评价理论等；并从电子政务和政民互动两个视角，对国内外的研究文献进行了全面的调查、梳理和评述，为后续研究提供理论依据。

第一节　新公共服务理论

一　新公共服务理论的发展历程

新公共服务理论是在行政管理作为独立学科发展后产生的，依序历经了传统公共行政理论、新公共行政理论、新公共管理理论直至新公共服务理论的演化过程。

行政管理作为一门独立学科发展至今已有100多年的历史了，它最初起源于美国著名行政学家威尔逊（W. Wilson）于1887年发表的《行政学研究》一文，威尔逊（W. Wilson）在该文中第一次明确提出了政治和行政分离，将行政管理独立出来的观点。[①] 之后历经多种范式的发展，逐渐形成了一些有代表性的学术派别和理论体系。

20世纪20年代至60年代是西方传统公共行政理论的兴盛时期。在马克斯·韦伯的官僚科层制理论和威尔逊的政治与行政两分法理论基础

---

① Woodrow Wilson, Jay M., Shafriaz & Albert C., Hyde, *The Study of Administration*, Classics of Public Administration, Oak Park, Illionois, Moore Publishing Company Inc.

上，发展起来的传统公共行政理论是早期具有代表性的行政管理理论，它客观上符合工业生产和公共管理日益复杂的需求，强调非人格化、制度化的观点。[①②] 该理论以效率作为最高标准，使政府成为制度化、集权化、统一化、有序化的高效组织。[③]

新公共行政理论的出现弥补了传统行政管理无法应对现代科学技术发展造成的混乱局面。20 世纪 60 年代至 70 年代，高速发展的科学技术在使生产效率大幅增长的同时，也使得社会中的各种标准体系出现混乱化的现象，使原有的许多共同认知规范渐渐模糊甚至消失。在这种情况下，新公共行政理论提出了一种公共行政的新规范，倡导公平与效率兼备、协调社会性效率。[④] 而后的新公共管理理论核心观点则认为应该“管理至上”，推崇“分权、放松规章制度、委托”，是改变僵化腐朽的公共管理机制的重要原则。[⑤]

21 世纪初期，登哈特夫妇对新公共管理理论的核心观点进行了批判，认为企业家政府理论存在着过多的缺陷，在对其进行反思总结后，形成了新公共服务理论，对民众参与、自主治理等诸多民主价值进行了新的定位；[⑥] 新公共服务理论成功越过了传统公共行政理论的理论边界，对新公共管理理论的基本观点进行了重新思考，提出了政府职能应该聚焦于服务的核心理念，为建设服务型政府提供了有力的理论依据与全新视角。[⑦]

---

① Bogason, P., *The Future of Governing*: *Four Emerging Models*, Governance an International Journal of Policy and Administration, 1999, 12 (2), pp. 234 – 235.

② 柳云飞、周晓丽：《传统公共行政、新公共管理和新公共服务理论之比较研究》，《前沿》2006 年第 4 期。

③ 楚明锟、杨璐璐：《新公共服务：超越新公共管理的社会治理模式》，硕士学位论文，河南大学，2010 年。

④ 丁煌：《寻求公平与效率的协调统一——评现代西方新公共行政学的价值追求》，《中国行政管理》1998 年第 12 期。

⑤ 国家行政学院：《西方国家行政改革述评》，国家行政学院出版社 1998 年版。

⑥ 李德国：《走向实践的新公共服务：行动指南与前沿探索》，《国家行政学院学报》2013 年第 3 期。

⑦ 辛静：《新公共服务理论评析——兼论对中国服务型政府建设的启示》，博士学位论文，吉林大学，2008 年。

二 新公共服务理论的主要观点①②③

新公共服务理论基于公共利益的概念，设想建起以公民为中心的民主治理体系，其核心在于将政府人员定位于从事公共服务工作，主要观点包含以下七个方面：

（1）政府的职能是服务而不是“掌舵”。对于公务人员来说，其核心任务是努力帮助公民，以保护公民表达其诉求的权利，满足其共同的利益需求，而不试图去掌控社会的发展方向。

（2）公共利益是政府施政的目标，而非施政的副产品。新公共服务理论肯定与强调政府公共管理中公共利益的重要性，将实现与维护公共利益作为政府的目标；公职人员的主要职责为积极引导社会责任观的构建，建立公共利益的概念，凝聚社会共识，从而实现公共利益的最大化。

（3）指导思想应具有战略性，施政行为应具有民主性。要采取合适的激励措施，以鼓励公民参与公共服务决策、生产与供给，将实现政策目标作为公众自身的事情。

（4）政府为公民服务，不同于企业为顾客服务。在新公共服务中，公共利益是基于共同利益多方进行协商的结果，而不是个人利益的简单聚集。政府不应该只关注“顾客”的需求，而更应关注公民及公民团队的共同需求，并注重与公民及公民团体建立起信任与合作关系。

（5）责任是复杂的。新公共服务理论中，民主权利、公共利益即“责任”的内涵。政府权威与合法性来源于公民，提高公民权具有重要地位，公共行动的出发点和基础也是公民。同时，也应该强调公民对于公共利益的责任。

（6）应该更重视人，而不是只重视生产效率。新公共服务理论不应只关注公共组织的效率，更应重视组织与外部间的信任与尊重，重视归属感与共同理想的价值。

（7）公民权与公共服务比企业家精神更重要。新公共服务理论认为，为社会做出有益贡献的公职人员与普通公民，比具有企业家精神的管理

① 倪荣：《社区卫生服务集团化管理研究——以拱墅区横向联合模式为例》，博士学位论文，华中科技大学，2013 年。

② ［美］H. 乔治·弗雷德里克森：《新公共行政》，中国人民大学出版社 2011 年版。

③ 宋敏：《公共行政的价值反思与重构——西方新公共行政学理论评述》，《中南大学学报》（社会科学版）2011 年第 17 卷第 6 期。

者更能促进公共利益。

第二节 公民参与理论

一 公民参与的概念

现代民主政治制度环境中，“参与”已成为公民的普遍行为，公民参与的广度与深度成为了衡量社会现代化发展进程的重要标志。“公民参与”概念是“二战”前后，由西方政治研究领域的学者提出的，并逐渐成为现代政治学研究的重点领域。以往关于公民参与的概念阐述主要分为三类：一是自愿参与说，认为“公民参与是社会成员在选择统治者，直接或间接地在形成公共政策过程中所分享的那些自愿活动”。[①] 这些学者认为，除自愿参与活动外，受其他人动员参与活动也应包括在公民参与的范围之中，因为他们共同对政府的决策产生影响。[②] 二是合法参与说，认为“公民参与指的是公民在一定程度上，以影响政府人员的决策为直接目的，而进行的合法活动”。[③] 但也有部分学者认为，凡是能够影响政府活动的行为，无论是否合法，甚至包含抗议、暴动与叛乱在内，都属于公民参与的范围。三是有效参与说，认为“公民参与，是能够对政府的决策产生实际效果的那些成功活动”。[④] 但也有部分学者认为，公民参与的结果受参与者力量强弱影响，虽然某些参与行为能获得成功，但不成功的参与行为也会对政府决策产生一定的影响，因此也属于公民参与行为。[⑤]

综上，结合我国民主实践，公民参与是指：公民个人或团体通过一定方式与途径参与公共事务、影响政治系统决策的活动与行为，参与的形式可分为自愿参与和动员参与、合法参与和非法参与、作为参与和不作为参与等多种类型，都能够在不同的层面和一定程度上影响政府决策

① ［日］蒲岛郁夫：《政治参与：微观政治学》，经济日报出版社 1989 年版。

② 吴志华：《政治学》，高等教育出版社 2001 年版。

③ 吕宁：《我国公共政策中的公民参与》，硕士学位论文，山东大学，2006 年。

④ Huntington S. P. , Nelson J. M. :《难以抉择：发展中国家的政治参与》，华夏出版社 1989 年。

⑤ 应克复：《西方民主史》，中国社会科学出版社 1997 年版。

和施政行为。

二　公民参与理论三种派别的主要观点

（一）精英参与论

精英参与论的代表学者为熊彼特与韦伯，是西方当代参与论的主要派别之一。其批判古典参与论提倡的“公益”与“人民意志”假说，即“人民的统治”或“多数人的统治”等理想主义民主，认为“大众是天生的无能且难以改变的；大众在最好的情形下，是柔弱、迟钝的材料，最坏的情形下，是具有贪得无厌倾向的动物，只会逐渐损坏自由与文化”。[①] 因此，“在高度分工化、专门化的现代民主国家里，人民是无法自己治理的，必须委托少数专职治理者即精英去承担政治责任”。[②] 也就是说，公众在政治上是无知的，民主应由具备智慧的精英来管理。强调精英与民主的同时存在性，而实现民主的关键在于人民以何种方式从社会中选取精英，并对精英进行有效的控制。实质上，该理论将民主看作制度化的程序，即政治精英间争权夺利、公众选举领袖之过程。但精英参与论将民主界定为少数精英之间的竞争，从而使政治活动远离大多数民众，并将公民的政治冷漠看作民主稳定之保障，否定公民直接参与社会公共事务的重要性，否定公民的自我发展能力，故在提出当时就受到了许多的批判。[③]

（二）多元参与论

多元参与论的代表学者为拉斯基与达尔，其一方面对精英参与论所提倡的政治冷漠和否定公民参与的观点表示不赞同，另一方面也认为古典参与论的直接民主并不具有现实的作用和意义。该理论观点包括：在复杂社会里，个体直接参与政治决策不具有可行性，公民只能通过利益团体间接地参与决策；民主是多个代表不同利益的团体（如商业组织、工会、政党等）间的政治协商过程，民主之价值在于不同利益团体共同参与到政府决策之中；[④] 利益团体的制度化存在，是维持民主政治的必要条件，能够在社会中形成多元制衡，并通过监督与制约有效防止政府的权力专制。可以看出，多元民主实质上是权力被各利益团体所分享的

---

① 应克复：《西方民主史》，中国社会科学出版社 1997 年。

② 同上。

③ 吕宁：《我国公共政策中的公民参与》，硕士学位论文，山东大学，2006 年。

④ 应克复：《西方民主史》，中国社会科学出版社 1997 年版。

“多重对立的少数人”统治，这又正支持着精英参与论的观点，虽不同于精英参与论所提倡的一元化，但却蕴含了“多元精英主义”的色彩。[①]

（三）公民参与论

精英参与论或多元参与论，其本质上均为代议制民主，即一种有限制的公民参与。随着现代民主社会的发展，代议制民主的不足开始显现，人民不再满足于有限的公民参与形式，取而代之的是对直接参与民主、直接参与公共政策制定过程的需求。帕特曼、托夫勒、奈斯比特等学者，以批判代议制民主为出发点，提出了公民参与论。认为“在现在的政治结构体系中，即使圣人、天才和英雄来统治，也会面临代议制最终的危机”，[②] 因为每位公民都是一个独立的个体，既不能被别的个体代表，亦不能代表别的个体。而在党派竞争体制之中，候选人在取得执政地位之后，常常不再将公众的利益放在心上；而公民被其代表的利益，事实上难以实现。因此，公民参与论认为，应让所有公民参与到国家、社会各项事务管理的过程中来，这样才能保证公民个人权利的充分表达与利益诉求的充分实现；强调“凡是生活受到某政策影响的人，都应参与到决策过程中来，通过个人的直接参与，来保证公共政策是个人理智选择的结果”。[③] 随着现代社会各领域的迅速发展，公民直接参与的途径、手段和技术呈现出多样化快速发展的趋势；而随着大众教育的进一步发展，公民的个人素质和参与意识也逐步提高，为公民参与的实现奠定了坚实的基础。

三 公民参与在我国的发展状况

改革开放以来，我国在各个领域都取得了巨大的进步，社会、经济、科技等飞速发展，为我国公民参与的实现奠定了一定基础。我国公民已积极参与到国家治理中，其广度与深度也逐渐增强，具体而言，主要体现在以下几个方面。

（一）公民参与自主性的上升

自改革开放以来，我国公民参与的自主性逐渐上升。其原因为：一方面，随着我国社会主义民主进程的发展，公民对自己所享有的当家做

① 吕宁：《我国公共政策中的公民参与》，硕士学位论文，山东大学，2006 年。

② 应克复：《西方民主史》，中国社会科学出版社 1997 年版。

③ 吕宁：《我国公共政策中的公民参与》，硕士学位论文，山东大学，2006 年。

主的权利有了充分认识；另一方面，随着社会利益的重组和格局意义的多样化，公民表达利益的愿望变得更加迫切，在维护公共利益方面也逐渐具有更强的自主性。①

（二）公民参与行为的合法化

文化大革命以前，我国公民参与的主要形式是“群众运动式”，而在文化大革命之中则逐渐失控，这不仅使得公民的权利和利益难以得到保障，也严重冲击了正常的社会秩序，造成了极其严重的混乱和损失。在对这些教训进行深刻总结和反思的基础上，我国将公民参与行为在宪法中予以明确，以宪法为核心的法律体系为合法的公民参与行为提供了规范的准则。② 公民开始在法制基础上自主地进行公民参与活动，通过参与来影响公共政策的制定和实施以维护自身的合法权益。③

（三）公民参与途径的多样化

改革开放前，我国公民参与的途径不畅通；但改革开放后，法律环境的进步，政府态度的转变，使得公民参与途径越来越丰富。实践中，逐步创造出了社会协商制度、专家咨询制度、民意测验制度、政策听证制度等公众参与新途径；随着大众传媒，特别是网络媒体的发展，舆论参与逐步成为了公民参与的重点方式。各种新渠道的开辟使得政府与公民之间的联系更加畅通，进一步满足了我国公民参与的基本需求。④

（四）公民参与效能感的增强

公民参与的效能感，即公民对自己的参与行为所产生的影响力的主观评价。如果公民认为自己的参与行为能产生积极效果，就会进一步表现出较高的参与积极性。亦即说，公民参与的主动性与公民参与的效能感呈正相关关系。文化大革命期间，公民的参与表现为一系列群众运动，但正是这些大规模的群众运动，使公民变成政治教育与政治动员之对象，这种参与行为使公民对政治产生不信任，公民的参与效能感不高；改革开放之后，随着公民参与主体意识的觉醒，公民参与的效能感开始增强，

---

① 吕宁：《我国公共政策中的公民参与》，硕士学位论文，山东大学，2006 年。

② 李爱华：《现代政治学》，北京师范大学出版社 2001 年版。

③ 吕宁：《我国公共政策中的公民参与》，硕士学位论文，山东大学，2006 年。

④ 同上。

公民参与的积极性也相应地逐步提高。[①][②]

第三节 互动性理论

一 互动性的概念

据牛津高阶英汉双解词典释义：互动（Interaction）有合作、配合、一起合作等解释。早期，互动是作为一个计算机术语兴起的，是指计算机系统接收终端的数据输入，并进行相关处理，然后把结果返回到终端的过程，也可称之为人机对话。在社会学中，互动是指个体与个体之间、个体与群体之间、群体与群体之间的相互作用；在传播学中，是指传者与受传者双方的信息交流；在学习领域，是指学习者间为学习、解释和挑战一些观点而进行的一种双向交流；在教学领域，是指教学信息在教与学二者之间的双向流动，进而出现了所谓教学互动的概念；[③] 在哲学领域内，埃德蒙德·胡塞尔（Edmund Husserl）最初提出了互动主体性的概念，以解决唯我论的问题，他认为互动主体性关系是人类所特有的现实关系，并伴随着人类交流手段、形态的发展而不断改变，并最终达到可能完满的互动主体性发展状态。[④] 尽管目前各学者关于互动性的内涵及其特征给出的定义各不相同，但都包括了两个共同的特征，即双向性和控制性。所谓双向性，主要是指信息在不同主体之间双向传递；而控制性，则是指互动主体根据自身的沟通目的，对于信息的沟通内容和过程进行控制并施加影响。随着网络技术的不断发展，国内也有学者提出了在互联网环境下网络互动性的内涵，即受众与传播者或者受众与受众之间可以在一定程度上进行网上直接双向交流的特性，叫作网络互动性。[⑤]

---

① 吕宁：《我国公共政策中的公民参与》，硕士学位论文，山东大学，2006 年。

② 格勒、王金红：《公民参与，西藏民族区域自治发展的动力》，《中国西藏》2005 年第 6 期。

③ 朱刘光：《重庆主流网络新闻媒体交互性研究》，硕士学位论文，重庆工商大学，2010 年。

④ 李鑫：《我国地方日报与受众间交互性传播行为研究——以成都地区四家日报为例》，硕士学位论文，电子科技大学，2010 年。

⑤ 王朝、李海杰：《网络体育新闻的交互性特征》，《吉林广播电视大学学报》2011 年第 2 期。

综上所述，学术界对于互动的定义与内涵仍未有一个统一确定的概念。因此，综合各学者的观点，并结合本书的研究目标，课题组对于互动的内涵给出了如下界定：互动性是指在不同的互动主体之间（人与人或人与系统），通过各种传播媒介实现双向的信息交流，以达到沟通协商的目的。也就是说，通过信息在不同互动主体之间的双向传播，最终达到通过沟通协商达成共识的目的。

二　互动的概念及其与其他相关概念的关系

本书中的互动概念还涉及两个相关的概念，即沟通和交互，此三者之间既有相似重合之处，又有不同点，三者彼此联系、相辅相成，共同构成了本书的理论概念整体。

所谓沟通，其管理学含义，是指为了一个既定的目标，而将信息、思想或者情感在个人或者群体之间经过传递与反馈，而最终达成思想和情感的共识。[①]《不列颠百科全书》中对于沟通是如此定义的：[②]“沟通是指人与人之间通过各种手段彼此交流信息，即沟通主体以文字、语言或者其他传播媒介进行信息交流的方法。”根据字面含义来看，“沟”主要是指信息的交流反馈，“通”则是指最终达成一致，“沟通”就是指各主体之间根据既定目标通过彼此之间的信息交流反馈最终达成共识。其内涵包括以下几个方面：首先，沟通有一个既定的明确目标；其次，为了达成目标，信息的发送者通过一定的媒介发出明确的信息；再次，信息接收者对所收到的信息做出反馈，信息发送者则根据相应反馈信息修改原始信息；最后，经过多轮反馈交流达成共识，实现既定目标。沟通是否有效，取决于两个方面：信息的透明程度和信息的反馈程度。而所谓信息的反馈交流则是指下文中将要讨论的互动的概念，因此沟通与互动之间存在着十分重要的关系，本书将对此进行论述。

所谓交互，简单地讲是指交替作用，互相影响。从字面构成上来看，根据辞典的相关解释，“交”是指交替、交叉，“互”是指交替、相互。因此，从社会学的角度来说，“交互”是指相互使彼此发生作用或变化的过程。交互最早是在物理学中被应用的概念，以解释物体与系统之间的

---

① 王立莉：《电信运营企业地市公司集团客户工程项目沟通管理研究》，硕士学位论文，北京邮电大学，2011 年。

② 李娟：《乡镇公务员工作中的沟通问题探析——以公平正义的塑造为分析理路》，硕士学位论文，吉林大学，2011 年。

相互作用和影响。在传播学领域中，也有相关学者对交互的定义进行了相关的研究。约翰·费斯克（John Fiske）在《关键概念》一书中将传统传播与文化研究中的交互定义为：处在社会语境下的两个或多个参与者彼此进行的意义交换与协商。而早期 Blattberg 与 Deighton 则认为交互性是指个人在任何时间和任何地点都可以直接实现和其他个人或者组织的交流。[①] Deighton 认为交互性有两个关键的实现要素：一是和一个人讲话的能力；二是记住这个人的所有响应。[②]

综合目前各方学者所提出的观点，结合本文的研究内容，课题组将互动的含义界定为：互动是指社会上个人与个人之间、群体与群体之间等，为了达成共识、实现既定目标，通过语言或其他手段传播信息而发生的相互交流的行为过程。

然而，值得注意的一点是，“互动”这一概念随着计算机技术的不断兴起，已为大众所广泛接受，但在实际生活中很多人误认为交互即是互动，二者概念一致只是名称不同。然而根据本课题组的研究，交互与互动之间虽然概念相似，但仍有不同之处，即：交互主要是指个体与个体或者组织之间的双向信息交流互动，而互动不仅包括不同主体之间的双向信息交流互动，更重要的是，其强调经过交流反馈以及不断对初始信息的修正，最终达成共识，实现既定目的。

因此，本书中所涉及的互动性相关概念——互动、交互和沟通三者之间的关系为：互动的概念内涵包括交互和沟通两个方面，交互为手段，沟通为目的，即借由不断的信息双向互动交流，达到沟通协商以达成共识的目的。简单地讲，不同互动主体之间以交互为手段从而达成沟通目的的过程即为互动。

第四节　综合评价理论

一　综合评价的概念

评价即参照所设定的标准对客观事物价值进行评判，或对其优劣进

① 李鑫：《我国地方日报与受众间交互性传播行为研究——以成都地区四家日报为例》，硕士学位论文，电子科技大学，2010 年。

② 同上。

行比较的认知过程；从另一角度来看，也可以将评价视为一种决策的过程，以及认识客观事物的必要手段。

综合评价与单项评价相比较，其差异不在于评价对象数量上的多少，而是评价标准的复杂性。具体说来，如果评价标准是单一并且明确的，那么可将其评价过程界定为“单项评价”；如果评价标准是复杂并且抽象的，那么可将其评价过程界定为“综合评价”。评价标准的复杂性，主要表现为评价指标的多元化。所以，综合评价过程一般而言是采用多指标进行评价的过程，故也可以将“综合评价”称为“多指标综合评价”。①

二 综合评价基本步骤

综合评价过程一般可分为以下六个步骤：②

（1）评价目标的确立。

（2）评价指标的界定及其体系的构建，即先将评价目标进行结构化处理，初步确定指标体系，再将定性指标量化，之后采用统计方法进行指标体系的整体与单体检验，优化指标结构。

（3）评价方法模型的确定，即选择评价方法、确定评价规则、构造评价权重。

（4）评价过程的实施，即进行评价数据采集、评价数据处理、评价结果计算等。

（5）评价结果的评估，即采用一定标准判断评价指标体系和评价模型是否合理，如果发现存在不符合客观规律或评价要求的地方，则需要修正模型，重新返回上述（2）、（3）、（4）步骤中的一步。

（6）评价结果的报告，即完成评价报告，发布评价结果，储存评价资料。

三 评价指标体系构建的方法

综合评价指标体系的构建是一个辩证思维的过程，遵循具体与抽象交互发展的规律，是一个对现象总体特征的认识逐步深化与系统化的过程。通常来讲，这个过程包括四个环节：理论的准备、评价指标体系的建立、评价指标体系的检验、评价指标体系的应用。③

---

① 苏为华：《多指标综合评价理论与方法问题研究》，博士学位论文，厦门大学，2000 年。

② 同上。

③ 同上。

（1）理论的准备。设计者需对评价领域相关的基础理论深入学习掌握，全面了解该领域描述性评价的情况；对相关领域评价指标体系设计中的成果与经验进行调研总结，同时还应具备一定的统计理论方法素养。

（2）评价指标体系的建立。在第一步的基础上，设计者应在系统分析的基础上建立起综合评价指标体系的框架。

（3）评价指标体系的检验。第二步设计的评价指标体系通常不能准确与完整地反映评价目标，在必要性与可行性等方面也有可能存在问题，故需进一步进行指标的检验，使其臻于完善。

（4）评价指标体系的应用。选择具体评价对象，应用评价指标体系进行实际评价；在确定结果合理性的基础上，便可依据评价结果制定政策或对策建议。

四　综合评价的常用方法

（一）效用函数法

对于综合评价而言，有一种较为简明的评价思想，即按一定方法量化所有评价指标，求得对评价问题进行测度的“量化值”，这一“量化值”即效用函数值；再按所设定的合成模型加权求得总评价值。这种评价方法被称为“效用函数法”。其主要步骤为：确定评价指标之后，对所有评价指标合理进行量化，再确定每一指标权重，加权合成得出总评价值。

效用函数法具有评价结论直观、评价过程各环节相对独立、各环节均有很多方法供选择、方法间可进行多方位组合的特征。[①]

（二）层次分析法

层次分析法（Analytic Hierarchy Process，AHP）为美国著名运筹学家T. L. Santy 教授于 20 世纪 70 年代所创立的一种灵活且实用的决策方法，将复杂问题有序化为一个递阶层次结构，通过重要性度量的比较，计算各决策方案在多准则之下的相对优劣顺序，以选取最优方案。其核心是测度各决策方案的相对重要系数。

AHP 的一般步骤是：首先，将复杂问题中的各种因素，通过一定方法有序化为一个递阶层次结构；其次，将专家的主观意见有效纳入客观判断结构，定量描述同一层次不同元素两两比较的相对重要性；再次，

① 苏为华：《多指标综合评价理论与方法问题研究》，博士学位论文，厦门大学，2000 年。

采用统计方法求得同一层次不同元素的相对重要性权值；最后，通过所有阶层元素的总排序求得所有元素的相对权重。

（三）因子分析法

因子分析法的目标是用少数因子描述多个指标间的联系，将联系较密切的变量归入同一类之中，每类变量即为一个因子，以较少因子反映原有资料大部分的信息。而将其应用于综合评价中的基本思路是：将多个公共因子或公共得分进行加权平均，权数即为方差贡献率。

因子分析的基本步骤为，确认原变量适合作因子分析之后，进行因子变量的构造，再采用因子旋转方法使得所提取的因子更具可解释性，最后计算因子变量得分。其适用于各类问题的综合评价分析。

（四）主成分分析法

主成分分析法（Principal Components Analysis，PCA）最早是作为多元数据的降维处理技术而提出的。在采用统计方法研究多变量问题时，变量太多会增加问题分析复杂性。多数情况下，若变量间有一定关联，表明这些变量重复地反映了问题信息。PCA 法可以对原有变量进行一定的变换，建立尽可能少的新变量，使新变量之间两两不相关，并保证新变量保持尽可能多的原有信息。

主成分分析法的主要步骤是：第一，将指标数据标准化。第二，进行指标之间的相关性判定。第三，确定主成分个数。第四，确定主成分表达式，并为各主成分命名。

第五节 国内外相关研究综述

一 电子政务问题的研究现状与评述

为了把握电子政务领域研究的动态和整体现状，课题组通过 ISI Web of Knowledge、Elsevier Sci Verse Science Direct、CNKI 与万方数据库等平台检索文献，并结合 Google Scholar 的搜索结果，以 2005—2015 年作为研究期间，搜索题目、关键词或摘要中包含“Electronic Government”“Egovernment”“E - government”词组的英文文献与包含“电子政务”“政府网站”“政务微博”词组的中文文献。对于检索到的文献，逐一阅读摘要，剔除其实际内容与电子政务不相关或相关度不高的文献，并经多次验证后，最终确定选用文献628篇，这些文献包含期刊论文、会议论文、学位论文以及工作论文。相关文献年度数量统计如表2－1所示。

表2－1　电子政务相关文献年度数量统计

年份	2005	2006	2007	2008	2009	2010	2011	2012	2013	2014
论文数（篇）	34	24	44	86	89	88	61	42	116	44

通过对相关文献的深入分析发现，相关领域学者对电子政务服务系统与平台的建设与管理、电子政务对公共服务的改进与提升、电子政务发展水平和绩效评价三个主要方面进行了比较多的研究，有较丰富的研究成果，对电子政务相关法规及其对整体社会的影响方面也有所涉及。

在电子政务发展过程中，电子政务服务系统与平台是电子政务发展的软硬件基础支撑条件，因而成为研究重点之一。于文轩（2000）就政府上网工程全面实施过程中可能遇到的问题进行了分析，并提出了相应的解决对策。[①] 李志录（2001）对党政办公网络身份进行了系统的分析，解决了各种应用环境的身份认证问题，建立了跨系统的统一的安全访问控制系统。[②③] 曲成义（2002）认为，对我国的电子政务总框架来说，配套的电子政务安全体系框架必不可少，要从策略、法规、管理、标准、服务、基础设施、技术与产品等方面进行综合治理，才能保障电子政务的健康发展。[④] 范冰冰（2004）认为，应该针对国家或区域电子政务建设提出完整体系结构，其中包括功能体系、基础平台体系、资源体系和运行支撑体系，并描述了各自构成要素和相互关系。[⑤] 颜海（2004）论述了电子政务发展中标准化管理的内容以及实施标准化管理的策略。[⑥] 袁国贤（2004）认为，应通过管理和技术创新，为电子政务提供一个安全而可靠

---

① 于文轩：《推行政务电子化的问题与对策》，《党政论坛》2000年第3期。

② 李志录：《电子政务身份认证技术解决方案（一）》，《计算机安全》2001年第9期。

③ 杨志成、李志录：《电子政务身份认证技术解决方案（二）》，《计算机安全》2001年第10期。

④ 曲成义：《电子政务建设面临的挑战》，《网络安全技术与应用》2002年第1期。

⑤ 范冰冰：《电子政务框架体系结构》，《计算机应用》2004年第2期。

⑥ 颜海：《电子政务发展中的标准化管理》，《档案管理》2004年第1期。

的软硬件环境，从而推动电子政务建设的全面发展。[①] 金雪妹、王铭（2006）以美国为例阐述了电子政务中实施 CRM 所面临的三大障碍，分析了 CRM 的成功要素。[②] 钱蒙翔（2008）研究了数据挖掘技术在电子政务中的应用，以期对海量电子政务信息进行更好的处理。[③] 周杨（2012）提出构建 SaaS 模式电子政务服务云平台体系，将云计算技术与电子政务服务相结合，为我国电子政务服务模式提供了一个新思路。[④] 王云庆、刘佳慧（2013）基于对大数据时代特征和我国电子政务现状的分析，构建了一种以数据为核心的、四位一体的电子政务创新模式。[⑤] 李重照、刘新萍（2014）借鉴澳大利亚移动政务专家 El – Kiki 和 Lawrence 教授提出的移动政务用户满意度和使用分析模型，对政府移动 WAP 门户和 APP 客户端提供的信息和服务情况进行研究，探讨在技术不断革新的背景下推进中国移动政务平台建设的思路。[⑥]

在公共服务方面，通过电子政务提升和改进政府服务能力，越来越引起重视。周宏仁（2002）指出，电子政务公共服务是以政府为主体，构架跨部门协同工作平台，使公众可方便地在任何空间与时间享受政府的各项服务。[⑦] 李靖华（2003）对电子政务公共服务的机制进行了分析，关注的焦点从供给面转向了需求面，从以政府为中心转向以公众为中心。[⑧] 汪玉凯（2006）提出了电子政务实现服务导向的措施，高度注重核心政务应用系统与业务应用系统的对接。[⑨] 刘家真（2007）指出，电子政务工程高投入、低回报的主要原因是政府服务体系与网络服务不相匹配，新一轮的电子政务战略，应建立政府服务共享体系，为公众创造高质量

---

① 袁国贤：《当前电子政务建设面临的问题及对策》，《四川省干部函授学院学报》2004 年第 2 期。

② 金雪妹、王铭：《美国在电子政务中实施 CRM 的经验及对我国的启示》，《城市管理与科技》2006 年第 1 期。

③ 钱蒙翔：《数据挖掘在电子政务中的应用研究》，《江苏科技信息》2008 年第 11 期。

④ 周杨：《构建 SaaS 模式电子政务服务云平台》，《中国管理信息化》2012 年第 4 期。

⑤ 王云庆、刘佳慧：《大数据时代背景下我国电子政务创新模式》，《党政干部学刊》2013 年第 12 期。

⑥ 李重照、刘新萍：《中国省级移动政务平台建设现状研究：从 WAP 到 APP》，《电子政务》2014 年第 11 期。

⑦ 周宏仁：《电子政府：构造信息时代的政府》，《网络与信息》2002 年第 2 期。

⑧ 李靖华：《电子政府公众服务的机制分析》，《科研管理》2003 年第 4 期。

⑨ 汪玉凯：《电子政务应强调服务导向》，《人民论坛》2006 年第 6 期。

的公共服务。[①] 刘桂珍、孙国徽（2008）分析了我国电子化公共服务中存在服务对象的不均等化、整合度不高、资源重置、公共服务电子化完备性不够等问题，从公共服务的视角出发，提出要在“惠及全民”的理念下推行电子政务建设。[②] 王建玲、邱广华（2011）在公共部门变革回顾和公共部门服务质量内涵界定基础上，总结比较了公共部门服务质量测评的两类模式：差异模式和绩效模式，为我国公共部门电子服务建设提供理论参考。[③] 梁晓琴（2013）以电子政务实践为基础，提出基于云计算的政企互动的电子政务建设模式，以期有效提高政府提供公共服务的效率。[④]

电子政务发展水平和绩效评价问题也是相关研究的重要领域。联合国经济和社会事务部（DPEPA/UNDESA）与美国公共管理协会（ASAP）两大国际组织于 2001 年对全球 190 个国家的电子政务进程进行了调查，测算各国的电子政务指数。[⑤] 著名的咨询公司埃森哲（Accenture）在评价电子政务发展水平时采用了电子政务总体成熟度的概念，包括两个指标：服务成熟度指标和客户关系管理（CRM）指标。[⑥] 美国 Brown 大学在评估电子政务绩效水平时采用了电子政府指数的概念，包括三个指标：政府网站信息和服务成熟度指标、信息通信技术基础设施指标以及人力资本指标。刘燕（2006）从公众满意的角度对电子政务的绩效进行评估，根据电子政务公众服务自身的特点，建立了一套测评电子政务公众满意度的理论与方法，构建了电子政务公众满意度测评的结构模型，即 EGPSI 模型。[⑦] 焦微玲（2007）在借鉴加拿大、美国、英国和新加坡等国家的电

---

① 刘家真：《新一轮的电子政务战略——统一指导、协同工作》，《电子政务》2007 年第 7 期。

② 刘桂珍、孙国徽：《公共服务视角下的电子政务建设》，《滨州职业学院学报》2008 年第 2 期。

③ 王建玲、邱广华：《公共部门电子服务质量评价研究》，《中国行政管理》2011 年第 7 期。

④ 梁晓琴：《基于云计算的政企互动电子政务模式研究》，博士学位论文，天津大学，2014 年。

⑤ 王敏：《来自联合国电子政务报告的数据》，《信息化建设》2002 年第 12 期。

⑥ 王铭：《论加拿大电子政务的基本部署——加拿大电子政务建设之一》，《机电兵船档案》2004 年第 5 期。

⑦ 刘燕：《电子政务公众满意度测评理论、方法及应用研究》，博士学位论文，国防科学技术大学，2006 年。

子政务绩效评估体系的成功经验基础上，提出了我国电子政务公众满意度评估的七个基本要素，建立了我国电子政务公众满意度评估的测评模型。① 龚莎莎（2009）根据我国电子政务发展情况与特点，建立了基于SEM的电子政务公众满意度测评方法，分析了影响电子政务满意度的关键因素。② 孟庆国（2012）结合服务质量理论（SERVQUAL），进行ECT模型的适度扩展，注重“公共服务效能”和“网络系统支持”两个维度，提出并验证了基于全过程的电子政务公众采纳模型。③ 谢雪玲（2013）通过引入企业客户需求分析工具卡诺模型，构建了G2C电子政务下的客户需求卡诺模型，对我国G2C电子政务的服务有效性进行评价。④

综上，如何为民众提供高水平的公共服务是电子政务的主要发展目标，研究领域从最初对电子政务技术的研究，逐渐地更加关注电子政务条件下如何改进和提升公共服务；而量化模型是电子政务发展水平与绩效评价的主流方法；对电子政务中的政民交互性这一重大问题的研究也逐渐受到学术界的重视。

二 政民互动问题的研究现状与评述

课题组通过ISI Web of Knowledge、Elsevier Sci Verse Science Direct、CNKI与万方数据库等平台检索文献，并结合Google Scholar的搜索结果，以2005—2015年作为研究的时间跨度，搜索题目、关键词或摘要中包含“Government”与“Interaction” “Interactivity”词组（两类词组间使用AND逻辑字符）的英文文献，以及包含“政务” “政府”与“互动”“交互”“互动性”词组（两类词组间使用AND逻辑字符）的中文文献。对于检索到的文献，逐一阅读摘要，剔除实际内容与政民互动不相关或相关度不高的文献，并经多次验证后，最终确定选用文献533篇。相关文献年度数量统计如表2-2所示。

① 焦微玲：《我国电子政务公众满意度测评模型的构建》，《情报杂志》2007年第10期。

② 龚莎莎：《电子政务公众满意度模型构建及测评研究》，硕士学位论文，电子科技大学，2009年。

③ 孟庆国：《政府2.0——电子政务服务创新的趋势》，《电子政务》2012年第11期。

④ 谢雪玲：《G2C电子政务的客户需求及服务有效性研究——基于卡诺模型的视角》，《中外企业家》2013年第30期。

表 2-2　“政民互动”相关文献年度数量统计

年份	2005	2006	2007	2008	2009	2010	2011	2012	2013	2014
论文数（篇）	34	38	61	62	69	68	55	50	66	30

通过对相关文献的深入分析发现，关于“政府与民众互动”的研究主要集中于“两点一线”，即政府端的政府回应机制研究与公民端的参与机制研究，以及整体互动模式的研究；而且近年来，依托电子政务平台改善政民互动情形的研究成果正在逐步增加。

政府端的政府回应机制研究。2000 年 7 月在北京召开的国际行政院校联合会年会以“政府回应”为主题之一，使政府回应开始成为中国行政管理学界的一个研究热点。张成福、张贤明（2000）均从政府责任角度提出了政府回应问题。[①][②] 俞可平（2001）等提出“政府回应是善治的基本要素之一，公民参与过程中的政府回应性越强，善治程度就越高”[③]的观点。何祖坤（2000）的《关注政府回应》是政府回应研究的开篇之作，文章从政府回应的实践意义、有效载体、回应制度三个方面进行了论述。[④] 刘权、黄岩（2003）以“政府回应机制”为主题，开始关注政府回应的制度保障与体制机制建设问题。[⑤] 李伟权（2005）针对我国公众参与和政府回应互动机制缺乏的问题与原因，提出了政府公共决策过程中公众参与的回应机制建设策略。[⑥] 罗依平（2009）主张从建立政府决策承诺制、政府公开与决策公示制度、重大决策听证制度、政府决策复决权制度、政府规范性文件审查制度和政府决策责任制度等方面建立有效的公共决策回应机制。[⑦] 丁白云、顾丽梅（2012）针对网络舆论的优势与局限性，提出加大政府对网络舆论回应力度的可用手段，通过网络即时

① 张成福：《责任政府论》，《中国人民大学学报》2000 年第 2 期。

② 张贤明：《对人大代表政治责任问题的思考》，《长白学刊》2000 年第 1 期。

③ 俞可平、王颖：《公民社会的兴起与政府善治》，《中国改革》2001 年第 6 期。

④ 何祖坤：《关注政府回应》，《中国行政管理》2000 年第 7 期。

⑤ 刘权、黄岩：《论公共管理视野下的政府回应机制》，《广州广播电视大学学报》2003 年第 4 期。

⑥ 李伟权、杨江宁：《舆论之舌——大众传媒应对现代舆论》，《沈阳大学学报》2005 年第 5 期。

⑦ 罗依平、覃事顺：《民意表达与政府回应的决策机制构建——厦门 PX 事件引发的思考》，《科学决策》2009 年第 7 期。

回馈舆论诉求，在政府治理理念上实现从管制向服务、从垄断到合作转变等。[①] 晏晓娟（2014）探析了政府回应机制建设的基本路径，包括加强社会民众政治意识培养、提高政府回应效率、增加政府决策过程的透明度、推动电子政府建设。[②]

公民端的参与机制研究。朴贞子（2005）研究了具体的、切实可行的公民参与途径与方式，包括立法听证会、行政听证会、民意调查与咨询委员会。[③] 罗文剑、熊博（2007）指出，要进一步加强对公民的素质教育，把公民参与视为过一种“优良生活”的必然。[④] 祝全永（2008）指出，服务型政府的性质与内涵不仅影响了政府角色和职能的转变，同样也影响了公民角色的变化。[⑤] 董琳、王美龄（2010）指出，需要大力发展文化教育，使每一位公民都能运用自身知识和理性思维参与公共事务。[⑥] 齐海丽（2010）认为，要从树立社会主义法治理念入手，彻底根除人治型政治文化的负面影响。[⑦]

整体互动模式的研究。杜治洲（2008）将政府与公众互动的模式划分为管理型、协商型、参与型三种。[⑧] 胡然（2008）从还政于民的角度，提出以公民参与自治为中心建立多主体互助参与的公共服务管理模式。[⑨] 王慧军（2008）提出在电子治理语境下，扩大公民参与、构建服务型政府的理念。[⑩] 詹晓阳（2010）认为，主动纠正传统电子政务存在的民主赤字、数字鸿沟、信息超载等问题，通过对弱势群体的需求响应、数字鸿沟的降低、电子易用性的提高、文化融合共生，可以推动包容性电子政

---

① 丁白云、顾丽梅、陈贤生：《网络舆论与政府回应机制研究》，《中共浙江省委党校学报》2012 年第 5 期。

② 晏晓娟：《政府回应机制建设的困境与突破——基于网络民意视角的考量》，《江苏科技大学学报》（社会科学版）2014 年第 2 期。

③ 朴贞子：《政策制定与公民参与》，《中国行政管理》2005 年第 2 期。

④ 罗文剑、熊博：《公民参与的有效性与服务型政府建设》，《长沙大学学报》2007 年第 1 期。

⑤ 祝全永：《马克思主义政府服务观理论与实践探析》，《湖北社会科学》2008 年第 3 期。

⑥ 董琳、王美龄：《试论服务型政府建设中的公民参与》，《才智》2010 年第 25 期。

⑦ 齐海丽：《社会组织参与服务型政府建设——基于公民参与角度的考察》，《武汉学刊》2010 年第 2 期。

⑧ 杜治洲：《电子政务条件下政府与公众互动的三种模式》，《中州学刊》2008 年第 3 卷第 2 期。

⑨ 胡然：《电子政务与公众参与治理的服务型政府》，《科学决策》2008 年第 10 期。

⑩ 王慧军：《电子治理中的公民参与和服务型政府构建》，《中国信息界》2008 年第 6 期。

务的发展。[①] 金江军（2011）认为，智慧政府是电子政务发展的新阶段，是电子政务的必由之路，是解决中国电子政务一系列问题的有效选择。[②]

近年来，依托电子政务平台改善和提高政民交互的研究文献正在逐步增加。张兴刚（2009）对地市一级政府互动交流平台建设和使用情况进行实际抽样调查、分析并提出改进建议。[③] 程霞（2009）对电子政务环境下实施公众互动做了 SWOT 分析，提出了提升公众互动性的对策建议。[④] 杨飞（2009）提出，利用电子政务高效快捷的技术特性和对所承载业务动态应用情况可查可管的服务特征开展政民互动的工作方式具有其他传统方式不可替代的优势。[⑤] 康贻建（2009）亦指出，探讨政民互动平台建设，对促进电子政务发展，进而实现服务型政府有着重要的实践指导意义。[⑥] 潘华松（2010）基于电子政务视角，对政民在线互动机制进行了研究。[⑦] Sandoval - Almazan，R. 与 Gil - Garcia，J. R.（2011）探讨了 Internet 平台是否增加了政民互动与公民参与的问题。[⑧] Cordeiro，A. 与 Martins，C. S. F.（2012）探析了电子政务与社会网络间的关联。[⑨] 王法硕（2012）研究了公民通过网络参与公共政策制定的过程。[⑩] 王平（2012）以陕西省为例，研究了电子政务环境下的政民互动问题。[⑪] 刘合翔（2012）从政府网站用户行为特征出发，探讨了门户网站平台建设的

---

① 詹晓阳：《基层政府面向信息弱势群体的公共服务研究》，博士学位论文，武汉大学，2010 年。

② 金江军：《智慧政府：电子政务发展的新阶段》，《信息化建设》2011 年第 11 期。

③ 张兴刚：《地方政府电子政务互动交流平台建设和使用状况抽样调查分析》，《内蒙古科技与经济》2009 年第 4 卷第 7 期。

④ 程霞：《电子政务环境下提高公众互动性的策略分析》，《学术论丛》2009 年第 8 卷第 31 期。

⑤ 杨飞：《论电子政务政民互动与社会主义民主政治建设》，《理论月刊》2009 年第 9 期。

⑥ 康贻建：《建立电子政务环境下的政民互动服务型政府》，《中共乐山市委党校学报》2009 年第 3 期。

⑦ 潘华松：《基于电子政务视角的政民在线互动机制研究》，硕士学位论文，浙江大学，2010 年。

⑧ Sandoval - Almazan，R.，J. R. Gil - Garcia，*Are Government Internet Portals Evolvingtowards More Interaction，Participation，and Collaboration? Revisiting the Rhetoric Of E - government Among Municipalities*，Government Information Quarterly，2011，pp. S72 - S81.

⑨ Cordeiro，A. et al.，*E - Government and Social Networks：Information，Participation and Interaction - DOI*：10. 3395/*reciis. v6i2. 604en*，RECIIS，2012.

⑩ 王法硕：《公民网络参与公共政策过程研究》，博士学位论文，复旦大学，2012 年。

⑪ 王平：《电子政务环境下的政民互动研究》，硕士学位论文，长安大学，2012 年。

相关问题。[1] Joseph, R. C. （2013）分析了电子政务未来的发展趋势与机会。[2] Melin U. 与 Axelsson K. （2013）分别从公共与私有的视角，作了电子政务与电子商务之间的比较。[3] 王越（2013）研究了微博客在电子政务平台中的应用。[4] 蔡晶波（2013）尝试着构建了政府门户网站的服务性评估指标体系。[5] Zhou, L. J. （2014）研究了政务微博的发展情况。[6] Janssen M. F. W. H. 与 Bannister, F. （2014）研究了个体特性对电子政务平台使用行为的影响。[7] 索高盈（2014）以陕西为例，研究了基于网络的政民互动模式。[8] 张伟（2014）以上海区县门户网站为对象，研究电子政务政民互动的问题。[9] 陈贤师（2014）尝试进行了政民互动系统的设计与实现。[10]

综上，政民互动是近年来的公共管理、公共服务领域研究的热点之一。已有研究从政府端、公众端、互动机制、互动模式等多个视角展开，取得了一系列的成果；而电子政务是能够有效推进政民互动的手段，在电子政务条件下的政民互动问题研究也逐渐得到了学术界的重视。

第六节　本章小结

本章总结梳理了课题所依托和借鉴的相关理论，主要包括新公共服务理论、公民参与理论、互动性理论和综合评价理论等。在此基础上，

---

① 于施洋、王建冬、刘合翔：《基于用户体验的政府网站优化：提升搜索引擎可见性》，《电子政务》2012 年第 8 期。

② Joseph, R. C. , *A Structured Analysis of E - government Studies: Trends and Opportunities*, Government Information Quarterly, 2013.

③ Melin, U. , K. Axelsson, *Inter - Organizational Interaction in Public and Private Sectorsa Comparative Study*, Transforming Government: People, Process and Policy, 2013 (4), pp. 431 - 452.

④ 王越：《微博在电子政务平台中应用的研究》，硕士学位论文，北京邮电大学，2013 年。

⑤ 蔡晶波：《政府网站的服务性评估指标体系研究》，博士学位论文，吉林大学，2013 年。

⑥ Zhou, L. J. , *Government Microblogs: Innovative Approaches for E - Government*, Applied Mechanics and Materials, 2014 (631), pp. 1186 - 1189.

⑦ Janssen, M. F. W. H. et al. , *The Effects of Individual Differences on Trust in E - Government Services: An Empirical Evaluation*, Innovation and the Public Sector, 2014.

⑧ 索高盈：《基于网络的政民互动模式研究》，硕士学位论文，西北大学，2014 年。

⑨ 张伟：《上海区县门户网站政民互动研究》，硕士学位论文，上海交通大学，2014 年。

⑩ 陈贤师：《政民互动系统的设计与实现》，硕士学位论文，厦门大学，2014 年。

对互动、交互、沟通等概念及其相互关系进行了讨论。然后，对电子政务和政民互动两方面的研究现状进行了比较全面深入的总结和分析。文献调研发现，电子政务的主要发展目标是为民众提供高水平的公共服务，有效的政民互动是改进公共政策制定与执行效果、提升公共服务满意度的重要途径；电子政务作为一种先进的信息化技术，为政民互动提供了全新的途径和模式。现有研究对电子政务中政民互动进行了比较全面的探索，奠定了在这一领域持续深入研究的基础。但是对电子政务中政民互动进行定量评价的研究还较少，而评价问题研究对于提升政民互动的质量和效果具有重要的作用；因此，本课题将对“电子政务中的公众参与问题”进行深入探索，以政民互动的量化评价为研究目的，探索电子政务“政民互动度”的量化评价体系，同时进行广泛的实证研究，并提出针对性的政策建议。

第三章　电子政务中政民互动度评价的理论框架

科学合理地界定电子政务、政民互动、政民互动度等关键术语的概念与内涵，分析电子政务中政民互动的主要渠道和基本模式，构建电子政务中的政民互动度评价问题研究的理论框架，为下一步进行电子政务中政民互动度的评价体系及实证研究提供理论依据。

第一节　电子政务中政民互动度的概念界定

一　电子政务的概念

作为21世纪引领各国社会变革与发展的热点，许多学者和研究机构对电子政务进行了深入研究，从不同角度揭示了电子政务的概念与特征。

Gartner Group（2000）将电子政务定义为：政府等公共部门利用互联网和信息通信技术来改善其对内和对外的关系，从而实现政府的优化和连贯性，提高公众的参与程度，从而达到改善治理的目的。[①] Evans、Yen（2006）认为，电子政务是网络环境中政府和公民之间的交流。[②] 张维迎（2011）认为，电子政务是指政府利用互联网等信息技术为政府内部、公民、企业以及非营利性组织提供政务管理和公共服务，是政府管理与服务在网络信息环境下的新模式。[③] 虽然电子政务的定义呈现多样化的特征，但其本质就是政府利用现代信息通信技术转变其自身的工作方式。

按照服务对象来分，电子政务一般可以分为G2G、G2B、G2C、G2E

---

① Evans D.，Yen D. C.，*E-Government：Evolving Relationship of Citizens and Government，Domestic，and International Gevelopment*，Government Information Quarterly，2006，23（2），pp. 207-235.

② 张维迎：《中国电子政务发展报告》，北京大学出版社2011年版。

③ 孟庆国：《突出影响我国电子政务发展的三大瓶颈问题》，《电子政务》2006年第21期。

四种类别，[①] 具体含义如下：

（1）政府间电子政务（G2G）是指上下级政府之间、不同地方的政府之间，以及不同的政府部门之间，开展的电子政务活动。

（2）政府—商业机构间电子政务（G2B）是指政府通过网络化的电子业务系统为企业提供的公共服务。G2B 模式通过网络信息技术打破政府部门之间的边界，实现业务相关部门资源共享，精简办事业务流程，简化审批手续，快捷方便地为企业提供各种服务，提高办事效率，减轻企业负担，为企业发展提供良好的软环境。

（3）政府—公民间电子政务（G2C）是指政府通过网络化的各类电子政务系统为公民提供的各种公共服务。一方面，政府通过 G2C 模式，能够为公众提供方便、快捷、高质量的公共服务；另一方面，通过 G2C 模式电子政务，能够建立政府与公众的良性互动平台，实现更加畅通的公众参政、议政的渠道。

（4）政府—雇员间电子政务（G2E）是指政府与政府雇员之间的电子政务，是政府机构通过网络技术，改进内部管理的重要方式。G2E 电子政务主要采用内部网络系统，建立有效的行政办公和员工管理系统，提高政府工作效率和公务员管理水平。

根据本课题的研究内容，将政府—公民间电子政务（G2C）作为课题的研究范围，聚焦于探讨如何建立、维护和评价政府与公众的良性互动关系，为公众提供更多高水平的公共服务，提升公众满意度。

二　电子政务中政民互动的概念

电子政务领域现有研究成果中，很多都会涉及政民互动，但对其专门进行深入系统研究的成果较少；在目前收集到的大量文献中，尚未找到电子政务中政民互动的准确定义。

根据已有研究成果中对电子政务、公共服务、公民参与、互动、交互和沟通等相关概念的理解，课题组给出电子政务中政民互动的定义为：为了实现公众对公共政策制定、执行、监督等活动的平等参与，从而获得更好的公共服务，通过电子政务系统平台、公共信息平台等技术手段，政府与公众通过语言、文字、图形、视频等多模式的双向信息传递而发

① 黄丽娟：《电子政务环境下的政民互动途径研究》，硕士学位论文，华中师范大学，2008年。

生的沟通交互的行为过程。

三 电子政务中政民互动度的概念

“度”一般可以指事物所达到的水平或状况，如温度、湿度、硬度等。现有研究文献中，尚未有政民互动度的相关定义。

课题组根据已有研究中电子政务、政民互动、综合评价等相关概念，将电子政务中政民互动度定义为：一个反映政府部门通过电子政务系统平台和公共信息平台等技术手段，与公众交互沟通的广度、深度和效果的度量值。它与电子化互动平台的功能性能情况、公众参与情况、互动目标达成情况等的好坏程度有关。

第二节 电子政务中政民互动的主要渠道

随着现代信息技术的迅猛发展，公众参与政民互动方式和途径日益丰富和多样化，公众可以通过多种途径参与政民互动。电子政务环境下的政民互动渠道按照网络技术的不同，可以分为传统互联网、移动互联网和广电网三种主要类型。

一 基于传统互联网的政民互动渠道

传统互联网是指以 PC 机为主要访问入口的互联网技术体系，具体情况如下：

（一）政府门户网站[①]

我国政府网站一般分为三种：一是国网，即政府门户网站，包括中央政府门户网站（http：//www. gov. cn）和地方政府门户网站；二是国家部委局办的门户网站；三是地方政府所辖职能部门的门户网站。

政府门户网站，是各级政府在其政务信息化建设基础上，建立的跨部门综合政务应用系统，方便公民、企业与政府雇员快速地访问相关的政务应用，获取所需的政务信息和政务服务，提高整个行政管理及服务体系的运行效率。

政府门户网站对于一个地区公共体系的运行具有重要的作用。它是

① 王敏：《我国政府博客现状分析》，http：//www. xgdj. gov. cn/news _ view. asp？ newsid = 278。

政府运用信息手段，为社会提供公共管理和公共服务的主要窗口，是电子政务体系的核心。政府门户网站的主要功能定位一般为“信息公开、网上办事、政民互动”三大方面。而“政民互动”作为政府门户网站的核心功能，能够促进公众与政府的交流，帮助实现政府与公众“零距离”沟通，构建政府与公众“无缝”对接的桥梁，对于建立和维持政府与公众的良性互动关系具有不可替代的作用。

政府门户网站的“政民互动”功能，通常包括“领导信箱”“公众咨询”“民意征集”“在线访谈”“在线投诉”等栏目。

（二）网络问政平台

广义地讲，网络问政平台是指公众通过网络平台来“问政”的一整套技术体系和管理运营机制，它涵盖了政府网站、网络论坛、政府博客、政务微博/微信等全部可以用于问政的网络技术平台。

狭义地讲，网络问政平台是指在政府门户网站的基础上，通过互动交流专栏与有影响力的网络媒体合作，联合组建的以政民互动为核心定位的专有问政门户网站，由政府和媒体联合推进问政事项的落实和监督，以更好地实现政府与公众的互动交流。目前，这是我国网络问政平台建设运行较好的范式，在全国各地逐步得到了应用推广，例如，由重庆市政府与华龙网合办的重庆网络问政平台，兰州市政府与中国兰州网合办的兰州网络问政平台，长沙市政府与星辰在线合办的问政长沙等。为便于界定研究范围，本书所指网络问政平台特指其狭义的定义。

由于具有整合各方面资源的优势，且信息传播更通畅，网络问政平台作为政府与公众互动交流的专有门户，代表了互动平台的一种发展趋势。

（三）政府博客

“博客”一词，来源于英文 Blog 和 Blogger。Weblog，简称 Blog，是 Web 和 Log 的组合词。Web，指互联网；Log 的意思是“航海日志”，一般用来指关于任何事务的流水记录。因此，Weblog 即指网络上的流水记录，也可称之为“网络日志”。Blogger 则指习惯于使用 Blog 工具记录“网络日志”的人。①

博客在我国的发展大约起步于 2002 年；到 2005 年，博客开始出现较

---

① 王敏：《我国政府博客现状分析》，http：//www. xgdj. gov. cn/news _ view. asp？ newsid = 278。

快增长；2006年，博客空间注册账号数量超过了3300万个。随后，博客以极快的速度融入到社会生活中，并逐步大众化，成为了互联网的一种基础服务。博客具有个性化突出、私密性与共享性融合、互动性强、传播性速度快等特征，是一种标志性的自媒体传播模式。

政府博客是指政府以官方身份在博客平台上开设的自媒体账号。通过政府博客，政府能够快速、方便地发布政务信息和收集公众的反馈意见，从而增强政府工作的透明度，推进与公众或其他社会团体的良好沟通，逐渐成为政府信息公开的有效辅助手段。① 从具体实践来看，又可以将其分为政府机关博客和政府官员博客两种形式，公众通过关注、阅读、评论、转发博文等方式参与政民互动。但是，近年来随着以移动互联网为主要载体的微博和微信的蓬勃发展，政府博客已经逐渐被政务微博和微信取代。

二　基于移动互联网的政民互动渠道

移动互联网是指以智能手机为主要访问入口的互联网技术体系，具体如下：

（一）政务微博

微博的始祖Twitter最初是斯通和多尔西在短信服务（SMS）的基础上进行改进而成的，以求能够方便团队成员之间沟通信息。后来通过不断地完善，斯通和多尔西最终将其完善成为一种类似于微型博客的通信系统，并将其命名为Twitter。自2006年Twitter诞生以来，因其即时性和交互性而深受广大网民的推崇，在全球范围内迅速得到推广。微博一般都包括PC端和移动端两个版本，但是随着智能手机的迅猛发展，微博的主流平台已经转移到了移动互联网平台上。

国内的微博平台主要有新浪微博和腾讯微博。新浪微博于2009年开通上线，腾讯微博于2010年开通上线。截至2014年底，我国微博用户数量达到2.49亿，其中智能手机用户数量为1.71亿，占比近70%。微博在国内的迅速发展，特别是移动端微博用户的飞速发展，引起了各级政府部门对于微博在促进电子政务中政民互动的高度重视，政务微博迅速成为了各级政府部门网络问政的新平台，是政民互动交流的主要渠道之一。

政务微博是代表政府和官员面向公共事务而设立的官方微博账号。

---

① 电子政务理事会：《中国电子政务年鉴》(2014)，社会科学文献出版社2015年版。

它是以发布信息、收集意见、倾听民意、服务大众为核心定位的官方网络互动平台。其主要目的是：通过第三方的社交网络平台，搭建一个公众参政、议政、问政的网络交流新渠道。截至2014年6月，我国政务微博认证账号（含新浪、腾讯两大平台，包括政府官方微博和政府官员实名认证微博两大类）达到19.61万个。[①] 公众通过关注、阅读、评论、转发、私聊等方便灵活的方式广泛深入地参与政民互动。

（二）政务微信

微信是由腾讯公司于2011年初开发的一个免费交互式即时通信应用程序，在支持单人和多人参与的基础上，形成了一种建立在手机上的社交互动和信息传播方式。自2011年1月21日发布首个微信版本到2014年6月，微信注册用户数量已突破6亿。目前，微信已发布了20多种语言版本，用户覆盖全球200多个国家。[②]

自2012年8月17日"微信公众平台"推出以来，微信已从单纯的移动社交应用发展成一个以移动设备为接口、连接线上线下的大平台。相比其他平台，微信公众平台庞大的用户规模、较低的搭建成本、开放的生态体系为移动电子政务发展预留了极大的创新空间。截至2015年第一季度，微信公众账号已经达到800万个，自媒体形态的微信公众平台发展势头极其迅猛。

政务微信是指建立在微信公众平台上，代表政府机构或政府官员，用于政务信息传播和政民沟通交流的官方互动平台。截至2014年底，全国政务微信总量达到4.09万个，全面覆盖中国31个省（直辖市、自治区）的党政部门、直属事业单位和社会团体。政务微信逐渐成为政府施政和提供公共服务的新平台，有效地助力政府增强社会治理和公共服务的创新能力和水平。

（三）政务APP

APP是智能手机应用程序（Application）的缩写，指可以在移动设备（包括智能手机、PAD和其他移动设备）上运行的应用程序，俗称为客户端程序。随着3G、4G、Wi－Fi等高速无线通信网络的快速发展，智能移

---

① Curiosity China：《2015年微信用户数据报告》，http：//t.cn/R4a5ay.html，2015年5月31日。

② 腾讯研究院：《"互联网+"微信政务民生白皮书》，http：//law.tencent.com/Article/lists/id/3905.html，2015年5月6日。

动终端性能的大幅提升，极大地改善了APP的用户体验，拓展了APP的应用领域。APP逐渐渗透到电商购物、美食娱乐、地图导航、影视广播、出行旅游、金融保险等社会各领域，正迅速地改变着人们的工作和生活方式。

政务APP是指以APP形式实现电子政务功能的一整套前后台软件系统。目前政务APP发展比较迅速，截至2014年底，我国政务APP约400个，通过360手机助手、91助手、QQ应用宝、百度助手、豌豆荚、APP Store六大平台下载总量超5000万次。[①] 政务APP基本涵盖了公众最关心的医疗卫生、旅游交通、文化教育、社会保障、环境保护等各个方面。功能设置上已经突破了以政务信息发布为主的媒介形态，事务信息查询、办事预约、在线缴费等办实事的功能渐渐成为主流。政务APP一般都以提供便捷的公共服务为导向，通过智能手机这个便利的“入口”，让公众随时随地享受方便的自助式服务。因此，政务APP重在“办事”，虽然公众也能够通过APP与政府实现一定程度的交流互动，但是与政务微博、政务微信、政府门户网站等相比，其政民互动性较弱。

三 基于广电网的政民互动渠道

广电网作为国家“信息高速公路”的三大基础网络之一，是实现我国全面数字化、信息化发展的重要基础设施，也是实现家庭数字化的主要依托，更是推进电子政务发展的重要基础之一。当然，与互联网、电信网相比较，广电网在互动性方面处于相对的劣势地位，但通过加强广电网的互动性，促进广电网的双向化改造，广电网也能够逐渐成为政民互动的有效渠道之一。具体情况如下：

（一）数字电视

数字电视是指将电视信号的采集、编辑、传播、接收等环节构成的链路全部数字化的电视广播系统。在我国，数字有线电视和IPTV网络电视发展很快，相比传统电视，数字电视的互动服务内容大量增加，用户不仅可以收看高清数字电视节目，还能够方便地使用点播、录制和回看等互动电视功能。随着数字电视互动功能的进一步发展和丰富，短信、邮件、购物、证券、支付、投票等服务也会越来越多地在数字电视中实

---

① 郑磊、吕文增、王栋：《上海市政务微信发展报告：从发布走向服务》，《电子政务》2015年第2期。

现。因此，数字电视在政民互动方面的应用有很大的发展前景，利用数字电视不断加强的互动性功能，能够实现征集民意、参与电视访谈、电视“信访”等政民互动功能。①

（二）数字广播

数字广播是指将音频信号的采集、编辑、传播、接收等环节构成的链路全部数字化的音频广播系统。数字广播与传统的 AM、FM 使用模拟广播技术不同，它通过发射全数字信号来达到广播以及数据传输的目的。数字广播包括数字音频广播（Digital Audio Broadcasting，DAB）和数字多媒体广播（Digital Multimedia Broadcasting，DMB）两种主要形式。公众可以通过手机、电脑、便携式接收终端、车载接收终端等多种设备，收听到丰富的数字多媒体节目。对于一些不方便或没有条件使用电脑、收看电视等的人们，如老年人，广播是他们获取信息的主要渠道。广播节目主要通过热线电话或短信的方式与听众互动交流。随着数字广播技术的进一步发展，特别是 DMB 的推广应用，数字广播的互动性将得到加强，互动形式会不断地丰富，这能够促使数字广播成为政民互动渠道的有益补充。②

四　电子政务中政民互动的主流渠道

根据上面关于各种政民互动渠道的资料梳理，结合各种互动渠道的实际应用情况，可以得出：

（1）政府门户网站（包括专门定位于政民互动的网络问政平台），是以 PC 为主要访问入口的传统互联网体系中主流的政民互动渠道。

（2）政务微博、政务微信等政务社交平台，是移动互联网体系中主流的政民互动渠道。

（3）政务博客、政务 APP、数字电视、数字广播等方式，虽然也发挥着一定的政民互动功能，但不是主流的政民互动渠道。

第三节　电子政务中政民互动的基本模式

在电子政务的条件下，政府与公众的互动通常存在三种模式，即管

---

① 王敏：《我国政府博客现状分析》，http：//www. xgdj. gov. cn/news _ view. asp？ newsid = 278。

② 同上。

理型互动模式、协商型互动模式和参与型互动模式。①

一 管理型互动模式②

管理型互动模式的核心是“管理”，目标是提高行政效率。

在这种互动模式的视角下，政府机构之间的条块分割、信息不畅、效率低下是公众不满意的重要因素，而利用电子政务技术可以大幅度地减少这种低效率现象，从而提升公众满意度。

管理型互动模式能够突破部门信息边界的层层障碍，加快信息横向流动的速度；网络化政府平台可以超越时间和空间的界限，随时随地为公众提供政务信息服务，从而提升政府服务效率。

但是，按照管理型互动模式的观点，政务信息流被视为具有简单和直线型的特性，而实际上，政务信息流是非常复杂、非线性、发散型的；仅仅把政府看作公共信息的权威来源，信息来源范围就被大大地缩小了。政府单方面把政务信息发布在一个平台上，公众只是来访问和使用这些信息。政府和公众之间的关系是不平等的，政府处于信息强势的地位，而公众更多地处于信息接收者和使用者的位置，互动的机会较小、互动效率较低。

二 协商型互动模式③

协商型互动模式的核心是“协商”，目标是制定更符合公众利益的公共政策。

在协商型互动模式的视角下，信息被视为制定更好的政策和提供公共服务的资源。政府通过互动交流平台，了解公众对公共事务的意见、建议、观点和看法，为政策制定提供更充分的依据。

协商型互动模式能够创造出公众和政府直接沟通交流的条件，实现将低层次的信息发布和信息收集处理，提升为进行全面协商的互动过程。协商模式与管理模式相比，信息传递要频繁得多，互动的机会和效率较高。

在协商型互动模式下，公众主要通过电子投票、民意调查、电子会议等途径参与政民互动；但是，公众获得政府信息服务和参与协商的机

---

① 杜治洲：《电子政务条件下政府与公众互动的三种模式》，《中州学刊》2008 年第 3 卷第 2 期。

② 同上。

③ 同上。

会，一定程度上是受限的。提供协商型互动功能的信息化资源便捷性程度和功能丰富程度，会形成对于不具备足够信息化条件或信息能力的人群的限制；因此，并不是所有的公众或团体都具备参与的机会和能力。

因此，协商性互动模式与管理型模式相比是一种进步，但是，依然在互动的广度、深度、便捷度等方面存在不足。

三　参与型互动模式①

参与型互动模式的核心是“参与”，目标是政府和公众平等地参与公共政策的制定和执行过程。

前面的两种互动模式主要侧重于政府与公众之间的垂直交流，而参与型互动模式具有复杂、平行、多方位的互动特点。政府是众多互动主体中的一个成员，绝大多数公众都能够不同程度地参与政策制定和政策执行的过程；向公众公开与公共决策相关的所有信息；公众拥有自愿查阅相关政务信息，以及从自身的角度提供解决问题相关信息的权利；合作与互助精神与整个制度相融合；公众共同分担他们的所有得失；通过沟通、讨论、博弈、妥协等手段达成合理的决定；政策制定以后，所有公众都必须配合执行。

因此，在高度信息化的时代，“互动”已成为电子政务发展的必然趋势，而虚拟社区、移动社交平台等的迅速推广，也促进了市民社会的形成和快速发展。公众对于及时获取公共政策与公共服务信息、参与公共政策制定、参与公共政策的执行与监督，逐渐具有了更强的意愿，也同时具备了更好的手段与更强的能力。参与型政民互动模式是发展的主流方向。

第四节　政民互动度评价体系及实证研究的理论框架

绩效评价是电子政务领域研究的重要方法。对于电子政务中的政民互动度的评价问题，目前尚未有系统全面的方法和成果。综合第二章中的理论梳理和研究文献总结，以及本章对电子政务中政民互动度相关概

---

① 杜治洲：《电子政务条件下政府与公众互动的三种模式》，《中州学刊》2008 年第 3 卷第 2 期。

念界定、互动渠道和互动模式的系统阐述，本书将按照以下思路，建立研究的理论框架：以政府—公民间电子政务（G2C）作为研究范围，以政府门户网站（含网络问政平台）和政务社交平台（以政务微博为例）为政民互动主流渠道；在对我国电子政务中政民互动的发展现状进行全面调研的基础上，以参与型互动模式的观点为基本指导思想，分析研究影响政民互动接受和服务满意度的主要因素；进而提出电子政务中政民互动度评价的指标体系和评价方法，并抽取典型样本进行实证评价；最后通过对调研结果和实证评价结果的分析总结，提出改善和促进政民互动建设的政策建议。

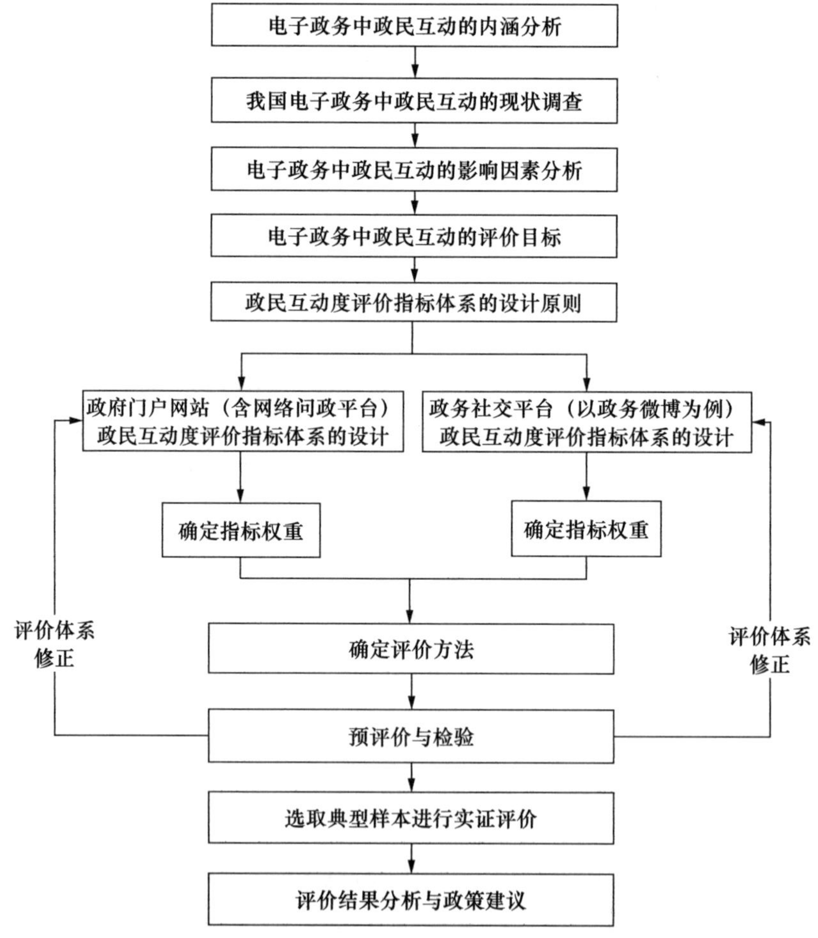

图3－1　电子政务中政民互动度评价体系及实证研究的理论框架

电子政务中政民互动度评价体系及实证研究的理论框架如图 3 - 1 所示。

第五节　本章小结

本章首先对电子政务、政民互动、政民互动度等关键术语的概念与内涵进行了定义；其次分析了电子政务的类别、政民互动的主要渠道和基本模式，明确了课题将以政府对公众的电子政务（G2C）类别为研究范围，以政府门户网站（含网络问政平台）和政务社交平台（以政务微博为例）作为主流互动渠道，以参与型互动模式为基本指导思想；最后在此基础上，结合第二章所进行的理论梳理和理论借鉴，构建了电子政务中的政民互动度评价问题研究的理论框架，为下一步进行电子政务中政民互动度的评价体系及实证研究提供了理论依据。

第四章　我国电子政务中政民互动的发展现状调查

近年来，我国各级政府对于电子政务中的政民互动交流的重视日益增加，通过在政府门户网站中增加和完善互动交流版块、开设政务社交平台（主要包括政务微博和政务微信）等开展了丰富多样的政民互动活动。本章在对我国电子政务发展历程进行总结的基础上，采用分层抽样的方式，对电子政务中政民互动的发展现状以及管理政策进行全面的调研，分析总结我国电子政务中政民互动发展的特点和存在的问题，为评价体系构建和政策建议制定奠定坚实的调研基础。

第一节　我国电子政务发展历程回顾

技术的进步、社会的演进推动着电子政务的发展，信息技术的突破为政务信息化夯实了基础。随着互联网的迅速发展以及国家信息化战略的不断推进，我国各级政府对电子政务的发展越来越重视。从历史进程来看，20 世纪 80 年代中期，我国政府已开始 OA（办公自动化）的建设，这是我国电子政务建设的开端。根据相关研究文献和资料可知，我国电子政务发展历程可划分为五个阶段，即 OA 建设阶段、“三金”工程建设阶段、政府上网建设阶段、电子政务系统建设阶段和电子政务全面发展阶段。

一　OA 建设阶段

OA（Office Automation，办公自动化），是指利用网络通信技术、计算机技术、工作流管理软件系统、信息化办公设备等来进行办公信息的处理，以提升办公效率和质量的信息化办公过程。

OA 于 20 世纪 80 年代中期被引入我国，1985 年“海内工程”建设标志着我国政府 OA 建设的开端。首先，在中央政府内部进行 OA 建设，使用计算机软硬件技术辅助完成基础的政务处理；其次，国务院又通过举办全国范围的 OA 研讨会，在全国各级别政府部门中推广使用计算机，为在政府管理中广泛应用信息技术奠定了初步的基础。OA 作为政府管理信息化的基础与重要组成部分一直受到重视，已经逐步发展成为了可以进行大规模协同办公的政务协同处理系统。

我国政府建设 OA 的目标是实现机关办公业务的电子化、自动化与网络化，共享政府办公业务信息资源，使政府的行政管理能力进一步提升，高效率、高质量地为各级政府部门的运作管理和科学决策服务。

二　“三金”工程建设阶段

“三金”工程建设是指我国政府为推进信息化发展，于 1993 年 12 月启动的金桥工程、金关工程与金卡工程。其建设重点是国家信息化基础设施，以及重点行业和部门的数据传输与应用处理，是电子政务发展的雏形阶段。

金桥工程，全称为国家公用经济信息通信网工程，是我国社会信息化建设的基石之一。“金桥”是指以邮电部门通信干线与各部门专用通信网为核心而建成的中速全国信息通信网。1996 年我国首次开通 Internet 业务，即以此为基础。金桥工程为我国全面进入信息化时代做出了重大的贡献。

金关工程是指为了提升外贸及相关领域的管理和服务水平而建立的网络化信息系统，通过连接海关、外贸及相关政府部门的网络化系统，实现面向企业进出口外贸业务的服务职能。2001 年 6 月，“中国电子口岸”，即由海关总署与信息产业部联合建设的国家口岸专网建成；2012 年初，海关总署启动“海关金关工程（二期）”建设，计划通过总体设计、丰富应用、整合资源、创新科技、强化安全等方式，将金关工程建设成进出口环节的企业诚信监督系统、优化口岸管理的辅助系统、口岸及进出口管理部门协作共建与信息共享的管理系统，持续优化海关监管与服务，保持国内相关领域领先，达到国际海关先进水平。

金卡工程是以电子货币为核心功能的卡基应用系统系列工程。其目标是：通过采用现代网络通信技术，推动银行卡跨行业务联营，为金融服务、商贸流通、工业制造等各行各业提供便捷的电子支付服务。随着金卡工程的大规模推广，银行卡转账与结算等电子银行业务已成为金融业的主流业态；相似的卡基系统，在电信、公交、路桥自动收费、社会保障、医疗等许多领域也得到了极其广泛的应用。

“三金”工程是我国整体信息化建设工程体系的重要组成部分。在“三金”工程之后，又相继建设了金税、金审、金盾等12项“金”字系列工程，对我国社会信息化建设与电子政务发展起到了极大的推动作用。

三　政府上网建设阶段

政府上网工程是指各级、各地政府部门采用互联网技术，建立和运营官方网站，推动政府办公自动化的进一步发展，为公众提供更加丰富的网上便民服务。

政府上网工程，由国家经贸委联合经济信息中心与中国电信集团公司及40多个部委于1999年1月共同倡议发起。政府上网工程的网络主站点（http：//www. gov. cninfo. net）和门户站点（http：//www. gov. cn）成为网上政府的导航与服务中心。各级各地政府部门积极响应，建设成效明显。据“中国互联网信息中心”公布的数据，截至2012年12月底，CN下注册的政府域名为52889个，标志着国内各政府职能部门的网络基础设施已颇具规模；随着政府网站数量的增加，服务内容、服务功能、政府内部信息共享等方面也不断提升，政府办公效率改进明显。从这一阶段开始，我国电子政务的建设和应用推广有了实质性和规模性的发展。

四　电子政务系统建设阶段

电子政府和电子政务（Electronic Government and Electronic Business）等概念，随着互联网技术及其在政府领域的广泛应用，逐渐成为了国内外的研究和实践热点。2000年10月，国家“十五”计划指出：“信息化是当今世界经济、社会发展的大趋势，也是我国产业优化升级、实现工业化现代化的关键环节，要把推进国民经济、社会信息化放在优先位置。”在这一指导思想下，电子政务正式成为“十五”规划重点建设内容。2001年，国务院制定发布了“全国政务信息化5年建设的规划”，明确规定了我国政府信息化建设的指导思想与政策方针。2001年11月，“电子政务试点示范工程”正式启动，通过规划、设计、标准的统一，为电子政务建设提供安全的应用支撑平台，探索适合我国实际情况的电子政务建设模式，避免重复与无效建设。国家逐步加大了对电子政务建设的投入，政府网站的内容、功能与互动性等方面建设水平都取得显著提高，我国电子政务进入以政务系统应用功能建设为核心的发展阶段。

五　电子政务全面发展阶段

“十二五”期间，国家工业与信息化部发布了《国家电子政务“十二五”规划》文件，我国电子政务迎来了新的发展时期。电子政务将全面支撑政务部门职责的履行，为公共服务、社会管理、市场监管、宏观调控等各项政务开展提供信息化的支撑平台，促进我国行政体制的改革与服务型政府的建立。在这一阶段，电子政务统筹协调发展不断深化，应用系统的发展取得重大进展，政府公共服务和管理应用成效明显，电子政务信息共享和业务协同取得重大突破，电子政务技术服务能力明显加强，电子政务信息安全保障能力持续提升，通过电子政务平台加强与民众的沟通交流越来越受到重视。我国电子政务的发展进入了以服务型政府建设为目标，以“信息公开、在线办事、政民互动”为核心功能的全面发展阶段。

第二节　我国电子政务中政民互动的发展现状调查

在梳理我国电子政务整体发展历程的基础上，本书以电子政务中政民互动的发展状况为主题，以政府门户网站中的互动交流版块、政务社交平台（以政务微博为例）为对象，采用分层抽样的方法，进行了全面的调研。

一　调研方案设计

（一）调研对象界定

1. 对象类别

按照政民互动的渠道，将调查对象分为两大类：一是政府门户网站（含网络问政平台）；二是政务社交平台（以政务微博为例）。

2. 对象分层

为保证调研的层次性与清晰性，将调研对象分为国家部委、省（直辖市、自治区）级政府、省会级城市政府、地县级城市政府四个层次分别展开调研工作。

国家部委、省（直辖市、自治区）级政府、省会级城市政府由于数量少，因此采取完全抽样法；地县级城市政府由于数量庞大，将其分为华北、东北、华东、华中、华南、西南、西北七个区域，采取分层随机的抽样方法进行调查对象选取。

（二）调研对象选择

1. 国家部委

我国各部委门户站系统数量众多，不同部委间的公共服务存在较大差异，本书选择了国务院 25 个组成部门中的 24 个网站系统作为研究对象，因中华人民共和国国家安全部网站不对外公开，所以未进入调研范围。样本情况如表 4－1 所示。

表 4－1　国家部委样本清单

编号	名称	门户网站地址	政务微博账号
1	外交部	http：//www. fmprc. gov. cn	外交小灵通
2	国防部	http：//www. mod. gov. cn	国防部发布
3	发改委	http：//www. sdpc. gov. cn	国家发改委
4	教育部	http：//www. moe. gov. cn	微言教育
5	科技部	http：//www. most. gov. cn	锐科技
6	工信部	http：//www. miit. gov. cn	工信微报
7	国家民委	http：//www. seac. gov. cn	无
8	公安部	http：//www. mps. gov. cn	公安部打四黑除四害
9	监察部	http：//www. ccdi. gov. cn	无
10	民政部	http：//www. mca. gov. cn	民政微语
11	司法部	http：//www. moj. gov. cn	中国普法
12	财政部	http：//www. mof. gov. cn	无
13	人社部	http：//www. mohrss. gov. cn	全国人才流动中心
14	国土部	http：//www. mlr. gov. cn	国土之声
15	环保部	http：//www. zhb. gov. cn	微言环保
16	住建部	http：//www. mohurd. gov. cn	无
17	交通部	http：//www. moc. gov. cn	无
18	水利部	http：//www. mwr. gov. cn	无
19	农业部	http：//www. moa. gov. cn	无
20	商务部	http：//www. mofcom. gov. cn	商务微新闻
21	文化部	http：//www. mcprc. gov. cn	文化部

续表

编号	名称	门户网站地址	政务微博账号
22	卫计委	http://www.nhfpc.gov.cn	健康中国
23	央行	http://www.pbc.gov.cn	央行微播
24	审计署	http://www.audit.gov.cn	无

2. 省（直辖市、自治区）级政府

我国省（直辖市、自治区）一级政府共34个，香港、澳门、台湾不计入本次调查，故只取31个样本，如表4－2所示。

表4－2 省（直辖市、自治区）级政府样本清单

编号	名称	门户网站地址	政务微博账号
25	山东	http://www.shandong.gov.cn	山东发布
26	江苏	http://www.jiangsu.gov.cn	微博江苏
27	上海	http://www.shanghai.gov.cn	上海发布
28	浙江	http://www.zhejiang.gov.cn	浙江发布
29	安徽	http://www.ah.gov.cn	安徽发布
30	福建	http://www.fujian.gov.cn	福建政务
31	广东	http://www.gd.gov.cn	广东发布
32	广西	http://www.gxzf.gov.cn	无
33	海南	http://www.hainan.gov.cn	海南政务服务
34	河南	http://www.henan.gov.cn	河南政府网
35	湖南	http://www.hunan.gov.cn	湖南省政府门户网站
36	湖北	http://www.hubei.gov.cn	湖北发布
37	江西	http://www.jiangxi.gov.cn	江西发布
38	北京	http://www.beijing.gov.cn	北京发布
39	天津	http://www.tj.gov.cn	天津发布
40	河北	http://www.hebei.gov.cn	河北发布
41	山西	http://www.shanxi.gov.cn	山西发布
42	内蒙古	http://www.nmg.gov.cn	无
43	宁夏	http://www.nx.gov.cn	宁夏发布
44	青海	http://www.qh.gov.cn	青海发布
45	陕西	http://www.shaanxi.gov.cn	陕西发布

续表

编号	名称	门户网站地址	政务微博账号
46	甘肃	http：//www. gansu. gov. cn	甘肃发布
47	新疆	http：//www. xinjiang. gov. cn	新疆发布
48	四川	http：//www. sc. gov. cn	四川发布
49	重庆	http：//www. cq. gov. cn	重庆微发布
50	贵州	http：//www. gzgov. gov. cn	微博贵州
51	云南	http：//www. yn. gov. cn	微博云南
52	西藏	http：//www. xizang. gov. cn	西藏发布
53	辽宁	http：//www. ln. gov. cn	辽宁发布
54	吉林	http：//www. jl. gov. cn	吉林发布
55	黑龙江	http：//www. hlj. gov. cn	黑龙江发布

3. 省会级城市政府

我国省会级城市政府共 34 个，香港、澳门、台北不计入本次调查，北京、上海、天津、重庆四个直辖市已经归入表 4－2，因此，本级只取 27 个样本，如表 4－3 所示。

表 4－3　　省会级城市政府样本清单

编号	名称	门户网站地址	政务微博账号
56	济南	http：//www. jinan. gov. cn	微博济南
57	南京	http：//www. nanjing. gov. cn	南京发布
58	杭州	http：//www. hangzhou. gov. cn	杭州发布
59	合肥	http：//www. hefei. gov. cn	合肥发布
60	福州	http：//www. fuzhou. gov. cn	福州发布
61	广州	http：//www. gz. gov. cn	中国广州发布
62	南宁	http：//www. nanning. gov. cn	南宁发布
63	海口	http：//www. haikou. gov. cn	海口发布
64	郑州	http：//www. zhengzhou. gov. cn	郑州发布
65	长沙	http：//www. changsha. gov. cn	长沙发布
66	武汉	http：//www. wuhan. gov. cn	武汉发布
67	南昌	http：//www. nc. gov. cn	南昌发布
68	石家庄	http：//www. sjz. gov. cn	石家庄发布

续表

编号	名称	门户网站地址	政务微博账号
69	太原	http：//www. taiyuan. gov. cn	太原发布
70	呼和浩特	http：//www. huhhot. gov. cn	呼和浩特发布
71	银川	http：//www. yinchuan. gov. cn	问政银川
72	西宁	http：//www. xining. gov. cn	夏都西宁
73	西安	http：//www. xa. gov. cn	西安发布
74	兰州	http：//www. lz. gansu. gov. cn	兰州发布
75	乌鲁木齐	http：//www. urumqi. gov. cn	乌鲁木齐发布
76	成都	http：//www. chengdu. gov. cn	成都发布
77	贵阳	http：//www. gygov. gov. cn	微博贵阳
78	昆明	http：//www. km. gov. cn	昆明发布
79	拉萨	http：//www. lasa. gov. cn	拉萨发布
80	沈阳	http：//www. shenyang. gov. cn	沈阳发布
81	长春	http：//www. ccszf. gov. cn	长春发布
82	哈尔滨	http：//www. harbin. gov. cn	哈尔滨发布

4. 地县级城市政府

地县级城市数量庞大，所以按照地理区域进行分层抽样，以增强样本的代表性。

按照常规划分方法，我国通常包括华北、东北、华东、华中、华南、西南、西北 7 大区域板块，如表 4－4 所示。从每一个区域板块中随机抽取 10 个城市，共产生 70 个样本。

表 4－4　　我国区域板块及所包含省（直辖市、自治区）的划分表

区域名称	所包含的省（直辖市、自治区）
华北	北京、天津、河北、山西、内蒙古
东北	辽宁、吉林、黑龙江
华东	上海、江苏、浙江、安徽、福建、山东
华中	河南、湖北、湖南、江西
华南	广东、广西、海南
西南	重庆、四川、贵州、云南、西藏
西北	陕西、甘肃、青海、宁夏、新疆

每个区域所包含的地县级城市数量如表4－5所示。

表4－5　　各区域板块包含的地县级城市数量统计表

区域	华北	东北	华东	华中	华南	西南	西北
城市数（个）	458	332	613	537	293	564	430

下面以东北地区为例，说明抽样过程。

（1）对东北地区的332个城市，从1—332进行编号。

（2）使用随机数生成工具（见图4－1），生成10个范围在1—332的随机数。

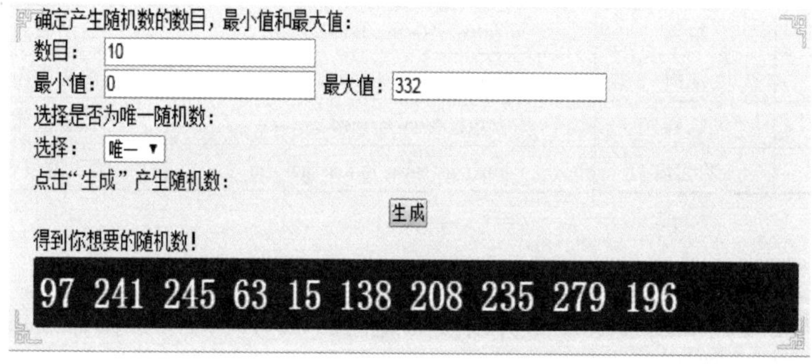

图4－1　随机数生成过程示意图

（3）按照生成的随机数，查询东北地区的地县级城市编号表。

（4）得到10个随机样本。

按照相同的处理方法，得到全国地县级城市的全部70个样本，如表4－6所示。

表4－6　　地县级城市样本清单

编号	区域	省份	名称	门户网站地址	政务微博账号
83	华北	河北	乐亭县	http：//www. laoting. gov. cn/	无
84		河北	馆陶县	http：//www. guantao. gov. cn/	无
85		河北	滦平县	http：//www. lpx. gov. cn/	无

续表

编号	区域	省份	名称	门户网站地址	政务微博账号
86	华北	河北	武强县	http：//www. wuqiang. gov. cn/	无
87		山西	阳泉市（地级市）	http：//www. yq. gov. cn/	无
88		山西	忻州市（地级市）	http：//www. sxxz. gov. cn/	忻州发布
89		山西	霍州市（县级市）	http：//www. huozhou. gov. cn/	无
90		内蒙古	石拐区	http：//www. shiguai. gov. cn/	无
91		内蒙古	科尔沁左翼后旗	http：//kzhq. tongliao. gov. cn/	科左后旗宣传
92		内蒙古	鄂托克旗	http：//www. eq. gov. cn/	鄂托克发布
93	东北	辽宁	铁西区	http：//www. sydz. gov. cn/	铁西发布
94		辽宁	鞍山市（地级市）	http：//www. anshan. gov. cn/	鞍山发布
95		辽宁	南芬区	http：//www. nanfen. gov. cn/	本溪市南芬区
96		辽宁	丹东市（地级市）	http：//www. dandong. gov. cn/	丹东发布
97		辽宁	双台子区	http：//www. stq. gov. cn/	无
98		辽宁	双塔区	http：//www. lnst. gov. cn/	无
99		辽宁	兴城市（县级市）	http：//www. zg – xc. gov. cn/	无
100		吉林	集安市（县级市）	http：//www. jilinja. gov. cn/	集安发布
101		黑龙江	依安县	http：//www. hljyian. gov. cn	
102		黑龙江	兴山区	http：//www. xingshan. gov. cn/	
103	华东	上海	杨浦区	http：//www. shyp. gov. cn/	上海杨浦
104		江苏	句容市（县级市）	http：//www. jurong. gov. cn	无
105		安徽	南陵县	http：//www. nlx. gov. cn/	无
106		安徽	谢家集区	http：//www. xiejiaji. gov. cn/	无
107		安徽	谯城区	http：//www. bzqc. gov. cn/	无
108		福建	莆田市（地级市）	http：//www. putian. gov. cn/	无
109		福建	龙文区	http：//www. lwq. gov. cn/	无
110		山东	槐荫区	http：//www. huaiyin. gov. cn/	无
111		山东	聊城市（地级市）	http：//www. liaocheng. gov. cn/	聊城发布
112		山东	巨野县	http：//www. juye. gov. cn/	巨野县政府
113	华中	江西	临川区	http：//www. jxlc. gov. cn/	临川区政府办
114		河南	西华县	http：//www. xihua. gov. cn/	无
115		湖北	黄石港区	http：//www. huangshigang. gov. cn/	无
116		湖北	襄樊市（地级市）	http：//www. xf. gov. cn/	无

续表

编号	区域	省份	名称	门户网站地址	政务微博账号
117	华中	湖北	公安县	http：//www. gongan. gov. cn/	无
118		湖北	团风县	http：//www. tfzf. gov. cn/	无
119		湖北	嘉鱼县	http：//www. jiayu. gov. cn/	无
120		湖北	随县	http：//www. zgsuixian. gov. cn/	无
121		湖南	华容县	http：//www. huarong. gov. cn/	无
122		湖南	江华瑶族自治县	http：//www. jh. gov. cn/	江华发布
123	华南	广东	越秀区	http：//www. yxst. gov. cn	无
124		广东	蓬江区	http：//www. pjq. gov. cn/	无
125		广东	徐闻县	http：//www. xuwen. gov. cn/	无
126		广东	郁南县	http：//www. gdyunan. gov. cn/	无
127		广西	龙胜各族自治县	http：//www. glls. gov. cn/	无
128		广西	平乐县	http：//www. pingle. gov. cn/	无
129		广西	梧州市（地级市）	http：//www. wuzhou. gov. cn/	无
130		广西	博白县	http：//www. gxbobai. gov. cn/	无
131		广西	西林县	http：//www. gxxl. gov. cn/	无
132		广西	天等县	http：//www. tiandeng. gov. cn/	无
133	西南	四川	青羊区	http：//www. cdqingyang. gov. cn/	锦绣青羊
134		四川	贡井区	http：//www. gj. gov. cn/	无
135		四川	米易县	http：//www. scmiyi. gov. cn/	无
136		四川	元坝区	http：//www. cngy. gov. cn/	无
137		贵州	花溪区	http：//www. hxgov. gov. cn/	无
138		贵州	荔波县	http：//www. libo. gov. cn/	贵州—荔波
139		云南	东川区	http：//www. kmdc. gov. cn/	昆明东川发布
140		云南	江川县	http：//www. ynjc. gov. cn/	水润九溪
141		云南	金平苗族瑶族傣族自治县	http：//www. jp. hh. gov. cn/	无
142		西藏	谢通门县	http：//xietongmen. gov. cn/	谢通门县发布
143	西北	陕西	金台区	http：//www. jintai. gov. cn/	金台发布
144		陕西	志丹县	http：//www. zhidan. gov. cn/	无
145		甘肃	甘谷县	http：//www. gangu. gov. cn/	无
146		甘肃	临潭县	http：//www. ltxzwdt. cn/	无

续表

编号	区域	省份	名称	门户网站地址	政务微博账号
147	西北	青海	囊谦县	http：//www. nangqian. gov. cn/	无
148		新疆	哈密市（地级市）	http：//www. xjhm. gov. cn/	哈密发布
149		宁夏	同心县	http：//www. nxtx. gov. cn/	和谐同心
150		新疆	特克斯县	http：//www. zgtks. gov. cn/	特克斯发布
151		新疆	乌苏市（县级市）	http：//www. xjws. gov. cn/	乌苏市政府网
152		新疆	呼图壁县	http：//www. htb. gov. cn/	呼图壁县政府微博

（三）调研内容设计

1. 政府门户网站（含网络问政平台）中互动交流版块的调查内容

根据各政府门户网站中互动交流版块的实际情况，对网站具备哪些互动功能以及对这些功能运行情况的总体感受进行调查。具体如下：

（1）政民互动功能调查。

咨询问答：指是否具有接收回复民众疑问/咨询的功能，例如我要咨询、领导信箱等。

民意调查：指是否有就公共政策、公共事务等征求民众意见的功能，例如网上信访、社情民意调查、民主评议、政策调查等。

在线访谈：指是否具有就各类公共事务话题与相关政府人员、专家进行在线访谈的功能。

公众留言：指是否具有留言板、论坛等让群众提建议、留意见的功能，例如留言板、民众论坛等。

投诉举报：指是否具有接收处理群众投诉的专门功能。

焦点梳理：指是否具有对民众咨询较多的问题分类汇总，并对常见、多发、重大等问题在专门功能区域展示，便于民众知情的功能，例如问题聚焦、热点邮件汇总等。

部门信息公开：指是否具有政府各相关部门及联系方式等信息公开的功能。

跨部门整合：指是否在互动版块中具有横向关联各职能部门、纵向关联上下级政府的功能。

满意度调查：指是否提供公众参与的政民互动满意度评价与排名公示的功能。

是否为独立交流版块：指互动交流功能是否为政府门户网站中的独立版块。

是否有独立网络问政平台：指是否存在具有单独网址的以政民互动为主要功能的网络问政平台，例如兰州网络问政平台、重庆网络问政平台等。

如果调研对象开设有独立的网络问政平台，还需要对其网络问政平台的功能设置进行调查，主要调查内容如下：

热点信息：指是否具有发布当地热点新闻、政策公开等政务信息的功能，例如政府声音、热点关注、政务新闻等。

问政专线：指是否具有专门的咨询、投诉、求助等功能，例如我要问政、我要投诉、我要求助、领导问政面对面等。

新闻爆料：指是否具有民众对身边人、事、新闻发帖公开，以及媒体对相关新闻进行跟进报道的功能，例如群众爆料、记者调查、媒体跟踪等。

民意征集：指是否具有对公共政策、公共事务等征求民众意见的功能，例如网上信访、社情民意调查、民主评议、××活动意见征集等。

公众留言：指是否具有留言板、论坛等方式让群众提建议、留意见的功能，例如留言板、民众论坛等。

焦点梳理：指是否具有对民众咨询较多的问题分类汇总，并对常见、多发、重大问题在专门功能区域展示，便于民众知情的功能，例如月度热帖排行、热点邮件汇总等。

问政成果总结公示：指是否具有定期对民众咨询问政的情况进行分析、总结、公示的功能，例如政务简报、问政数据公开。

跨平台整合：指是否具有对提供从门户网站到社交媒体等多种政民互动渠道整合的功能。

跨部门整合：指是否具有横向关联各职能部门、纵向关联上下级政府的功能。

部门信息公开：指是否具有政府各相关部门及联系方式等信息公开的功能。

服务满意度调查：指是否具有提供公众参与的政民互动满意度评价与排名公示的功能。

（2）总体使用感受调查。

用户访问和使用政府门户网站政民互动版块和网络问政平台时的综合主观感受主要从以下几方面进行描述：

界面美观：指政民互动版块的系统界面是否美观大方。

版块清晰：指政民互动版块的系统功能布局是否清晰，便于查找使用。

使用便捷：指政民互动版块的功能设计是否简单易用，便于操作。

功能全面：指政民互动版块的功能设计是否丰富全面。

互动活跃：指政民互动版块中的政民互动活动是否参与踊跃，互动频繁，气氛热烈。

响应及时：指政民互动版块中公众的诉求是否能够得到快速回应和处理。

调查者根据其访问和使用政府门户网站和网络问政平台时的实际感受，使用文字对其进行描述，并填写在调查表中。

2. 政务社交平台（以政务微博为例）的调查内容

根据政务微博实际情况，对账号基本信息、账号所具备互动功能和账号运行情况的总体感受三方面进行调查。具体如下：

（1）账号基本信息调查。

账号主体：指开设该账号的政府部门名称。

简介：指关于该账号的基本介绍资料。

微博等级：指由微博平台商给出的关于该微博账号的使用经验和活跃程度的分值。

开通年份：指该账号开始运营的年份。

认证情况：指该账号是否经过新浪/腾讯官方认证。

服务种类：指该账号提供公共服务的种类，主要包含：①基础教育；②公立医院；③土地房屋；④社会保障；⑤环境保护；⑥社会治安；⑦基础设施；⑧文体设施；⑨公共交通等。若还有以上九类之外的服务，则填写在“其他”栏中。

（2）政民互动功能调查。

信息发布：指该账号是否具备公开发布政务信息的功能。

信息反馈：指该账号是否具备民众反映、反馈意见和建议的功能，例如是否开通评论、转发、点赞、发帖等功能。

民意调查：指该账号是否具有开展政策、活动等相关民意调查的功能。

服务承诺：指该账号是否给出了提供公共服务的明确承诺，例如承诺民众的诉求在8小时之内响应、7个工作日之内办结等。

服务整合：指该账号是否具备协同相关职能部门响应和办理公众通过微博提出意见建议和办事诉求的功能。

垂直整合：指是否具有纵向关联上下级政府的功能。

（3）总体使用感受调查。

是指用户访问和使用政务微博账号时的综合主观感受，主要从以下方面进行描述：

侧重信息发布：指从该微博账号的功能设置和发帖内容方面来看，其主要定位是否为单一的政务信息发布；若为综合定位，则除了提供信息发布，也为公众提供具体的公共服务。

信息内容丰富：指该账号所呈现的内容，包括发帖、转发、评论等，信息种类和数量的丰富程度如何。

部门协同：指从该微博账号的功能设置和发帖内容方面来看，是否能够通过该账号的统一调度，协调不同的部门来响应公众的诉求，甚至最终解决公众提出的问题。

管理完善：指该账号是否对信息发布、政民互动活动、政民互动过程、政民互动结果等有比较好的组织管理。

氛围活跃：指该账号在发帖、评论、转发、点赞等活动中是否呈现出参与积极、互动热烈的气氛。

信息更新及时：指该账号的各种信息的发布是否快速及时。

调查者根据其访问和使用政务微博时的实际感受，使用文字对其进行描述，并填写在调查表中。

（四）调查数据处理方法

按照数据的不同类别分别按如下方法进行处理：

（1）开放式问题的数据处理方法。政府门户网站互动交流版块、政务微博、总体使用感受调查，以及政务微博、政务微信的账号基本情况调查，这两大类数据，都属于非结构化的文字类数据。处理方法是对文字调查结果进行汇总，提炼出重要的关键词，然后通过关键词统计，得出分析结论。

（2）判断式问题的数据处理方法。政民互动功能调查的问题均为判断是与非的问题，采取直接打分的方法。如果调查对象具有某项功能，记为1分，否则记为0分。最后通过对分数的统计，得出分析结论。

二　政府门户网站政民互动的发展现状分析

如前所述，政府门户网站政民互动的调研对象分为国家部委、省（直辖市、自治区）级政府、省会级城市政府、地县级城市政府四个层次，调研内容分为互动功能调查和总体使用感受调查。因此，首先对每一个层次的调查情况进行分析，其次得出总体调查结论。

（一）国家部委门户网站政民互动现状调查

1. 网站互动功能调查

国家部委门户网站中的政民互动功能设置调查情况如表4－7和图4－2所示。

表4－7　国家部委门户网站中的政民互动功能设置调查情况

样本编号	部委名称	咨询问答	民意调查	在线访谈	公众留言	投诉举报	焦点梳理	部门信息公开	部门间联合	服务满意度调查	独立互动版块
1	外交部	0	0	0	0	0	0	1	1	0	0
2	国防部	0	0	0	0	0	0	0	1	0	0
3	发改委	1	1	0	0	1	1	1	1	0	1
4	教育部	1	1	0	0	1	1	1	1	0	1
5	科技部	1	1	0	0	1	0	1	1	0	1
6	工信部	1	1	1	0	1	1	1	1	0	1
7	国家民委	0	0	0	0	0	0	1	1	0	0
8	公安部	1	1	1	0	1	1	1	1	0	1
9	监察部	1	0	1	0	1	0	1	1	0	1
10	民政部	1	0	1	1	1	1	1	1	0	1
11	司法部	0	0	0	0	0	0	1	1	0	0
12	财政部	1	1	1	0	1	1	1	1	0	1
13	人社部	1	1	1	0	0	0	1	1	0	1
14	国土部	1	1	0	0	1	1	1	1	0	1
15	环保部	0	1	1	0	1	1	1	1	0	1
16	住建部	1	1	0	0	1	0	1	1	0	0
17	交通部	1	1	1	0	1	0	1	1	0	1

续表

样本编号	部委名称	咨询问答	民意调查	在线访谈	公众留言	投诉举报	焦点梳理	部门信息公开	部门间联合	服务满意度调查	独立互动版块
18	水利部	1	1	1	0	1	0	1	1	0	1
19	农业部	0	1	1	0	0	0	1	1	0	1
20	商务部	0	0	0	0	0	0	1	1	0	0
21	文化部	1	1	1	0	0	0	1	1	0	1
22	卫计委	0	1	1	0	0	0	1	1	0	1
23	央行	0	1	1	0	0	0	1	1	0	1
24	审计署	0	0	1	0	1	0	1	1	0	1
合计		14	16	14	1	14	8	23	24	0	18
占比（%）		58.3	67.7	58.3	4.2	58.3	33.3	95.8	100.0	0	75.0

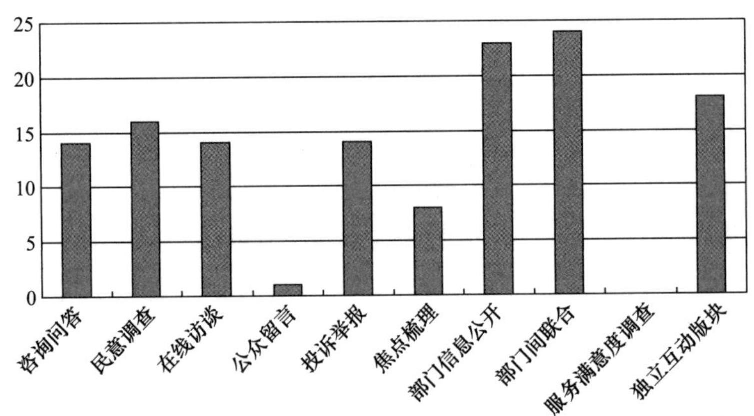

图4－2　国家部委政府门户网站政民互动功能统计图

从以上调查数据可以发现：

（1）国家部委层面门户网站中关于政民互动的基础建设总体上比较全面，应该具备的互动基础功能基本具备。

（2）信息公开方面与部门协同方面建设状况较好，而且大部分国家部委层面门户网站均设有独立互动版块。

（3）有些功能设置率较低，如公众留言、服务满意度调查等。

（4）从样本个体表现来看，外交部、国防部、国家民委、司法部与商务部的门户网站互动功能的建设状况亟须加强，仅在部门信息公开与部门间联合两方面建设尚可，且均没有设立独立互动交流版块；工信部、公安部、民政部、财政部的门户网站政民互动功能建设表现突出，几乎所有指标得分均为1。

2. 网站总体使用感受调查

国家部委门户网站中的政民互动模块使用感受调查情况如表4－8和图4－3所示。

表4－8　国家部委门户网站中的政民互动模块使用感受调查情况

样本编号	部委名称	界面美观	版块清晰	使用便捷	功能全面	互动活跃	响应及时
1	外交部	1	1	1	0	0	0
2	国防部	1	0	0	0	0	0
3	发改委	0	1	1	1	1	0
4	教育部	1	1	1	1	1	1
5	科技部	0	1	1	0	0	1
6	工信部	1	1	1	1	1	1
7	国家民委	0	1	0	0	0	0
8	公安部	0	1	1	1	1	1
9	监察部	1	1	0	1	1	1
10	民政部	0	1	0	1	0	1
11	司法部	0	1	0	0	0	0
12	财政部	0	0	0	1	0	0
13	人社部	0	1	1	0	0	0
14	国土部	1	1	1	1	1	1
15	环保部	1	1	0	0	0	0
16	住建部	0	0	0	0	0	0
17	交通部	1	1	1	0	0	1
18	水利部	1	1	1	1	1	1
19	农业部	0	0	1	0	0	1
20	商务部	1	0	0	0	0	0
21	文化部	1	1	0	1	1	0
22	卫计委	1	0	0	0	0	0
23	央行	1	0	0	0	0	0
24	审计署	0	1	0	0	1	0
合计		13	17	11	10	9	10
占比（%）		54.2	70.8	45.8	41.7	37.5	41.7

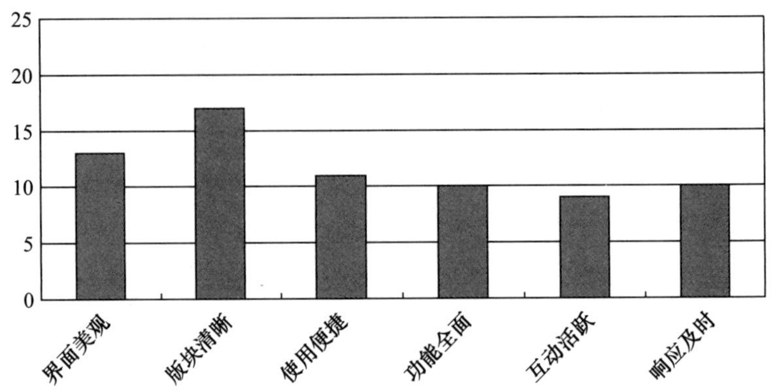

图4-3　国家部委政府门户网站政民互动模块使用感受统计图

从以上调查数据可以发现，国家部委层面门户网站政民互动版块的总体使用感受具有如下特点：

（1）界面美观、版块清晰方面的使用感受较好。

（2）使用便捷与功能全面存在不足。

（3）互动活跃与响应及时方面，总体感受一般，仅部分部委部门门户网站达到用户较为满意的水准。

（4）总体使用感受较好的部委是教育部、工信部、监察部、国土部、水利部等。

（5）总体使用感受较差的部委是司法部、住建部、农业部、商务部、央行等。

（二）省（直辖市、自治区）级政府门户网站政民互动现状调查

1. 网站互动功能调查

省（直辖市、自治区）级门户网站中的政民互动功能设置调查情况如表4-9和图4-4所示。

表4-9　省（直辖市、自治区）级门户网站中的政民互动功能设置调查情况

样本编号	省份名称	咨询问答	民意调查	在线访谈	公众留言	投诉举报	焦点梳理	部门信息公开	部门间联合	服务满意度调查	独立互动版块
25	山东	1	1	1	0	0	1	1	1	0	1
26	江苏	1	1	1	0	1	1	1	1	0	1

续表

样本编号	省份名称	咨询问答	民意调查	在线访谈	公众留言	投诉举报	焦点梳理	部门信息公开	部门间联合	服务满意度调查	独立互动版块
27	上海	1	1	1	0	1	0	1	1	0	1
28	浙江	1	1	0	0	0	1	1	1	0	1
29	安徽	1	1	1	1	1	1	1	1	0	1
30	福建	1	1	1	0	1	1	1	1	0	1
31	广东	1	1	1	1	1	1	1	1	0	1
32	广西	1	0	1	0	0	1	1	1	0	1
33	海南	1	1	1	1	1	0	1	1	0	1
34	河南	1	1	1	0	1	0	1	1	0	1
35	湖南	1	1	1	0	1	0	1	1	0	1
36	湖北	1	1	1	1	0	1	1	1	0	1
37	江西	1	1	1	1	1	1	1	1	0	1
38	北京	1	1	1	1	1	1	1	1	0	1
39	天津	1	1	1	0	0	0	1	1	0	1
40	河北	1	1	1	0	1	1	1	1	0	1
41	山西	1	1	1	1	1	0	1	1	0	1
42	内蒙古	1	1	1	0	1	0	1	1	0	1
43	宁夏	1	1	1	0	0	0	1	1	0	1
44	青海	1	1	1	0	1	1	1	1	0	1
45	陕西	1	1	1	1	1	0	1	1	1	1
46	甘肃	1	1	0	0	0	1	1	1	0	1
47	新疆	1	1	1	1	1	0	1	1	0	1
48	四川	1	1	1	0	0	1	1	1	0	1
49	重庆	1	1	1	1	1	1	1	1	1	1
50	贵州	1	1	1	1	1	0	1	1	0	1
51	云南	1	1	0	1	1	1	1	1	0	1
52	西藏	1	0	0	1	1	0	1	1	0	1
53	辽宁	1	1	0	0	1	0	1	1	0	1
54	吉林	1	1	1	0	1	1	1	1	0	1
55	黑龙江	1	1	1	1	1	1	1	1	0	1
合计		31	29	26	14	23	18	31	31	2	31
占比（%）		100.0	93.5	83.9	45.2	74.2	58.1	100.0	100.0	6.5	100.0

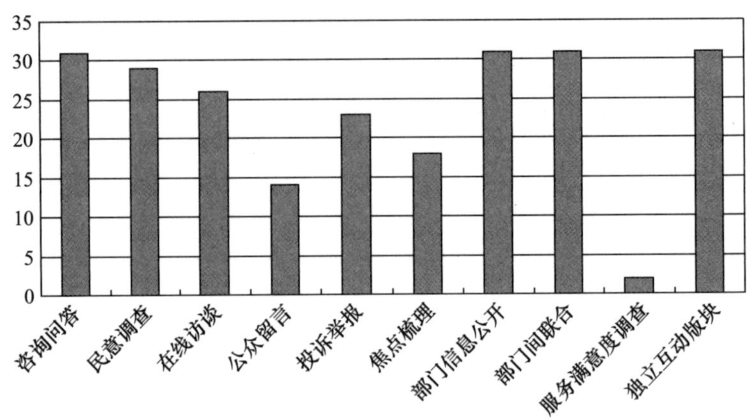

图 4－4 省（直辖市、自治区）级政府门户网站政民互动功能统计图

从以上调查数据可以发现，省（直辖市、自治区）级政府门户网站在政民互动功能设置方面具有如下特点：

（1）省（直辖市、自治区）级层面门户网站中政民互动平台的基础建设到位，应该具备的互动功能比较全面。

（2）所有的省（直辖市、自治区）都在门户网站中建立了独立的互动交流模块，体现了对于政民互动的重视。

（3）咨询问答、民意调查、在线访谈、部门信息公开等功能的设置率较高。

（4）公众留言、焦点梳理、服务满意度调查等功能的设置率稍低。

（5）从样本个体表现来看，辽宁、西藏、甘肃、宁夏、天津、广西等相对较差，政民互动功能建设需要改善；黑龙江、重庆、陕西、北京、江西、广东等表现较好，几乎所有互动功能设置的指标得分均为 1。

此外，在 31 个省（直辖市、自治区）中，有 18 个设立了独立的网络问政平台，占比 58.06%；18 个独立网络问政平台的功能设置统计情况如图 4－5 所示。从统计图中可知，网络问政平台的政民互动功能设置总体比较全面，特别是热点信息、问政专线、公众留言、跨平台整合、部门信息公开等重要功能设置率较高。

2. 网站总体使用感受调查

省（直辖市、自治区）级门户网站中政民互动模块的使用感受调查情况如表 4－10 和图 4－6 所示。

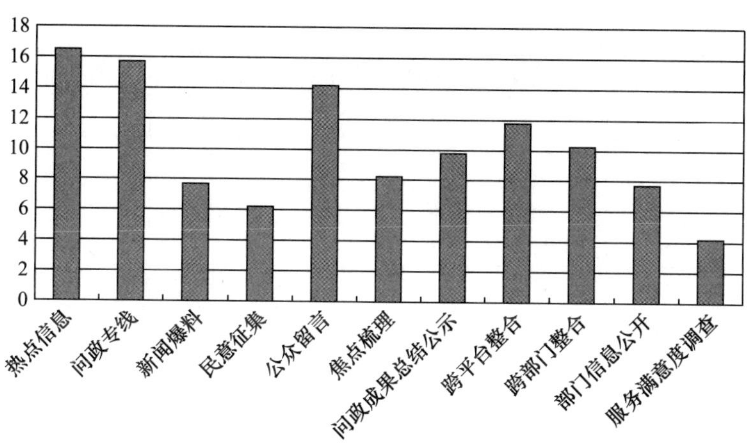

图 4-5　省（直辖市、自治区）网络问政平台的互动功能设置统计图

表 4-10　省（直辖市、自治区）级门户网站中的政民互动模块使用感受调查情况

样本编号	省份名称	界面美观	版块清晰	使用便捷	功能全面	互动活跃	响应及时
25	山东	0	1	0	1	0	1
26	江苏	1	1	0	1	1	1
27	上海	1	1	1	1	0	1
28	浙江	0	0	0	1	0	1
29	安徽	1	1	0	1	0	1
30	福建	0	1	1	0	0	1
31	广东	1	1	1	0	1	1
32	广西	0	0	0	1	0	1
33	海南	1	1	1	0	0	0
34	河南	0	1	0	0	1	0
35	湖南	1	0	1	1	0	1
36	湖北	0	0	0	0	1	1
37	江西	0	1	1	1	1	1
38	北京	1	1	1	1	1	1
39	天津	0	0	0	0	0	0
40	河北	0	0	0	0	0	1
41	山西	1	0	1	1	1	1

续表

样本编号	省份名称	界面美观	版块清晰	使用便捷	功能全面	互动活跃	响应及时
42	内蒙古	1	0	0	0	1	1
43	宁夏	0	0	0	0	0	1
44	青海	1	1	1	0	0	1
45	陕西	0	0	0	1	0	1
46	甘肃	0	1	0	0	0	1
47	新疆	0	0	0	0	0	0
48	四川	0	1	1	1	0	0
49	重庆	1	1	1	1	1	1
50	贵州	1	0	0	0	1	0
51	云南	0	1	0	0	1	0
52	西藏	0	1	0	0	0	0
53	辽宁	0	1	1	0	0	1
54	吉林	0	1	0	1	1	0
55	黑龙江	0	0	0	0	0	0
合计		12	18	12	14	12	21
占比（%）		38.7	58.1	38.7	45.2	38.7	67.7

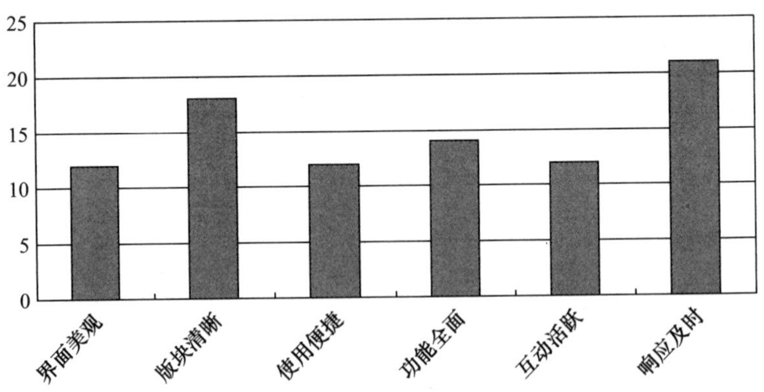

图4-6　省（直辖市、自治区）级政府门户网站政民互动模块使用感受统计图

从以上调查数据可以发现，省（直辖市、自治区）级政府门户网站政民互动版块的总体使用感受具有如下特点：

（1）界面美观、版块清晰、功能全面等使用感受较好。

（2）使用便捷方面评价稍低。

（3）在政民互动方面，响应及时方面的总体感受较好，但是互动活跃方面的感受稍差。

（4）总体使用感受好的省份有北京、重庆、广东、江西、上海等。

（5）总体使用感受差的省份有黑龙江、新疆、宁夏、河北、天津等。

（三）省会级城市政府门户网站政民互动现状调查

1. 网站互动功能调查

省会级城市门户网站中的政民互动功能设置调查情况如表4－11和图4－7所示。

表4－11 省会级城市门户网站中的政民互动功能设置调查情况

样本编号	城市名称	咨询问答	民意调查	在线访谈	公众留言	投诉举报	焦点梳理	部门信息公开	部门间联合	服务满意度调查	独立互动版块
56	济南	1	1	1	0	1	0	1	1	0	1
57	南京	1	1	1	0	1	0	1	1	0	1
58	杭州	1	1	1	1	0	0	1	1	0	1
59	合肥	1	1	1	0	1	0	1	1	1	1
60	福州	1	1	1	0	0	0	1	1	0	1
61	广州	1	1	1	0	1	0	1	1	0	1
62	南宁	1	1	1	0	1	1	1	0	0	1
63	海口	1	1	1	0	1	1	1	1	0	1
64	郑州	1	1	1	0	0	0	1	1	0	1
65	长沙	1	1	1	0	1	1	1	1	0	1
66	武汉	1	1	1	0	1	0	1	1	0	1
67	南昌	1	1	1	0	1	0	1	1	0	1
68	石家庄	1	0	0	0	0	0	1	1	0	1
69	太原	1	0	0	1	1	0	1	1	0	1
70	呼和浩特	1	1	1	0	1	0	1	1	0	1
71	银川	1	0	0	0	0	1	1	1	0	0
72	西宁	1	0	0	0	0	0	1	1	0	1
73	西安	1	1	1	0	1	1	1	1	0	1
74	兰州	1	1	0	1	1	0	1	1	0	1

续表

样本编号	城市名称	咨询问答	民意调查	在线访谈	公众留言	投诉举报	焦点梳理	部门信息公开	部门间联合	服务满意度调查	独立互动版块
75	乌鲁木齐	1	1	1	0	1	0	1	1	0	1
76	成都	1	1	0	1	1	1	1	1	1	1
77	贵阳	1	1	0	0	1	1	1	1	0	1
78	昆明	1	1	1	1	1	1	1	1	0	1
79	拉萨	1	1	1	0	1	0	1	1	0	1
80	沈阳	1	1	1	0	1	0	1	1	1	1
81	长春	1	1	1	0	1	0	1	1	0	1
82	哈尔滨	1	1	1	1	1	1	1	1	1	1
合计		27	22	19	6	19	9	27	26	4	26
占比（%）		100.0	81.5	70.4	22.2	70.4	33.3	100.0	96.3	14.8	96.3

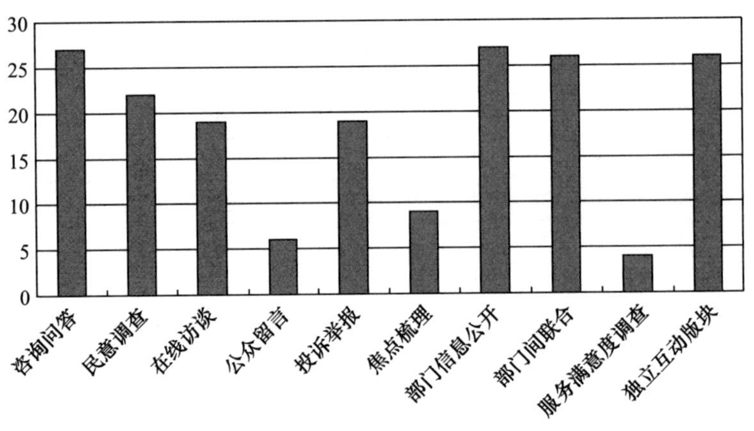

图4－7 省会级城市政府门户网站政民互动功能统计图

从以上调查数据可以发现，省会级城市政府门户网站在政民互动功能设置方面具有如下特点：

（1）省会级城市政府门户网站中政民互动平台的基础建设非常到位，应该具备的互动功能很全面。

（2）绝大多数省会级城市都在门户网站中建立了独立的互动交流模块，体现了对于政民互动的重视。

（3）咨询问答、民意调查、在线访谈、部门信息公开等功能的设置率较高。

（4）公众留言、焦点梳理、服务满意度调查等功能的设置率略低。

（5）从样本个体表现来看，成都、昆明、哈尔滨、西安、南京等表现较好，绝大多数互动功能设置的指标得分均为1；石家庄、银川、西宁等相对较差，政民互动功能建设需要改善。

此外，在27个省会城市中，有8个设立了独立的网络问政平台，占比29.6%，开设独立网络问政平台的比例较低；8个独立网络问政平台的功能设置统计情况如图4－8所示。从统计图中可知，网络问政平台的政民互动功能设置总体比较全面，特别是热点信息、问政专线、新闻报料、公众留言、跨部门整合等重要功能设置率较高；但是焦点梳理、问政成果总结公示、服务满意度调查等功能设置率较低。

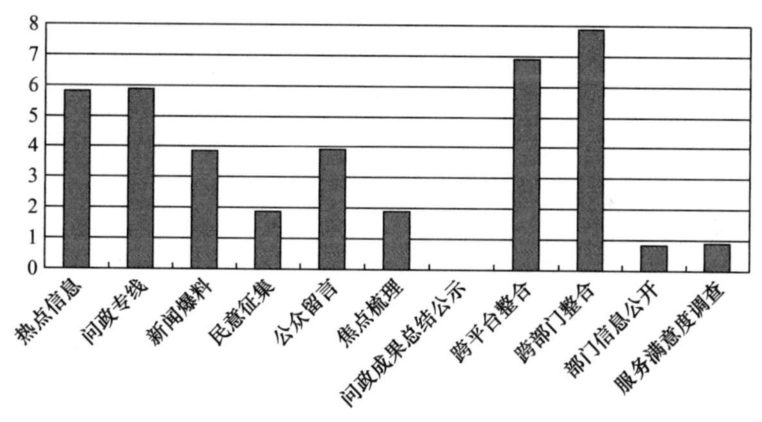

图4－8 省会级城市网络问政平台的互动功能设置统计图

2. 网站总体使用感受调查

省会级城市政府门户网站中的政民互动模块使用感受调查情况如表4－12和图4－9所示。

表4－12 省会级城市政府门户网站中的政民互动模块使用感受调查情况

样本编号	城市名称	界面美观	版块清晰	使用便捷	功能全面	互动活跃	响应及时
56	济南	0	1	0	1	0	1
57	南京	1	0	1	1	1	0

续表

样本编号	城市名称	界面美观	版块清晰	使用便捷	功能全面	互动活跃	响应及时
58	杭州	0	1	1	1	1	1
59	合肥	0	1	1	0	0	1
60	福州	1	1	1	0	1	1
61	广州	1	0	0	1	0	1
62	南宁	0	1	1	1	0	1
63	海口	0	1	1	1	1	1
64	郑州	0	0	1	1	0	1
65	长沙	1	1	1	1	1	1
66	武汉	1	0	0	1	1	1
67	南昌	0	0	1	0	1	0
68	石家庄	0	0	0	0	0	0
69	太原	0	0	1	0	1	0
70	呼和浩特	0	1	0	0	0	0
71	银川	0	1	0	1	0	1
72	西宁	0	1	0	1	0	0
73	西安	1	1	1	1	0	1
74	兰州	1	1	0	1	1	1
75	乌鲁木齐	1	1	0	1	0	1
76	成都	1	0	1	0	0	0
77	贵阳	0	1	1	1	1	1
78	昆明	1	1	0	1	0	1
79	拉萨	0	1	0	1	0	1
80	沈阳	1	1	1	1	1	1
81	长春	1	1	0	0	0	1
82	哈尔滨	1	0	1	0	0	0
合计		12	17	15	18	12	17
占比（%）		44.4	62.9	55.6	66.7	44.4	62.9

从以上调查数据可以发现，省会级政府门户网站政民互动版块的总体使用感受具有如下特点：

（1）版块清晰、使用便捷、功能全面等使用感受较好。

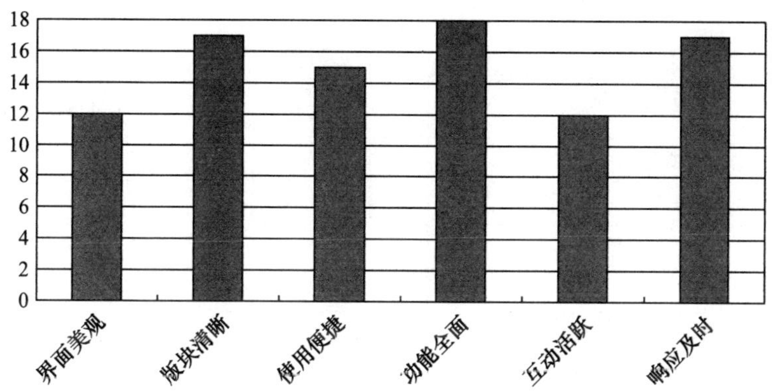

图4－9　省会级城市政府门户网站政民互动模块使用感受统计图

（2）在政民互动方面，响应及时方面的总体感受较好，但是互动活跃方面的感受稍差。

（3）总体使用感受好的城市有长沙、兰州、西安、南京、海口等。

（4）总体使用感受差的城市有石家庄、太原、呼和浩特、南昌、西宁等。

（四）地县级城市政府门户网站政民互动现状调查

1. 网站互动功能调查

地县级城市门户网站中的政民互动功能设置调查情况如表4－13和图4－10、图4－11所示。

表4－13　　地县级城市门户网站中的政民互动功能设置调查情况

样本编号	城市名称	咨询问答	民意调查	在线访谈	公众留言	投诉举报	焦点梳理	部门信息公开	部门间联合	服务满意度调查	独立互动版块
83	乐亭县	1	1	0	0	1	0	1	1	0	1
84	馆陶县	1	0	0	1	1	0	1	1	0	1
85	滦平县	1	1	0	0	1	0	1	1	0	1
86	武强县	1	1	0	1	1	0	1	1	0	1
87	阳泉市	1	1	1	0	1	0	1	1	0	1
88	忻州市	1	1	1	1	1	0	1	1	0	1
89	霍州市	1	1	1	1	1	0	1	1	0	1
90	石拐区	1	1	0	1	1	0	1	1	0	0

续表

样本编号	城市名称	咨询问答	民意调查	在线访谈	公众留言	投诉举报	焦点梳理	部门信息公开	部门间联合	服务满意度调查	独立互动版块
91	科尔沁左翼后旗	1	1	0	1	1	0	1	1	0	1
92	鄂托克旗	1	1	0	1	1	0	1	1	0	1
93	铁西区	1	1	1	0	1	0	1	1	0	1
94	鞍山市	1	1	0	1	1	0	1	1	0	1
95	南芬区	1	1	0	0	1	0	1	1	0	1
96	丹东市	1	1	0	0	0	0	1	1	0	1
97	双台子区	1	1	1	1	1	0	1	1	0	1
98	双塔区	1	1	1	1	1	0	1	1	0	1
99	兴城市	1	1	1	1	1	0	1	1	0	1
100	集安市	1	1	1	0	1	1	1	1	0	1
101	依安县	1	1	1	1	1	0	1	1	0	1
102	兴山区	1	1	1	0	1	0	1	1	1	1
103	杨浦区	0	1	0	0	0	0	1	1	1	1
104	句容市	1	1	1	0	1	0	1	1	0	1
105	南陵县	1	1	1	1	1	0	1	1	1	1
106	谢家集区	1	1	1	0	1	1	1	1	0	1
107	谯城区	1	0	0	1	1	0	1	1	0	1
108	莆田市	0	1	1	0	1	0	1	1	0	1
109	龙文区	0	1	1	0	0	1	1	1	0	1
110	槐荫区	0	1	0	1	1	0	1	1	0	1
111	聊城市	1	0	1	0	1	0	1	1	0	1
112	巨野县	1	0	0	1	1	0	1	1	0	1
113	临川区	1	1	0	0	0	1	1	1	0	1
114	西华县	1	0	0	0	0	0	1	1	0	1
115	黄石港区	0	1	0	0	0	0	1	1	0	1
116	襄樊市	1	1	1	0	1	0	1	1	1	1
117	公安县	0	1	1	1	1	0	1	1	0	1
118	团风县	1	0	0	0	1	0	1	1	0	1
119	嘉鱼县	1	0	0	0	0	0	0	0	0	0
120	随县	0	0	0	1	0	0	1	1	0	1

续表

样本编号	城市名称	咨询问答	民意调查	在线访谈	公众留言	投诉举报	焦点梳理	部门信息公开	部门间联合	服务满意度调查	独立互动版块
121	华容县	1	1	0	0	0	0	1	1	1	1
122	江华瑶族自治县	1	1	1	0	1	1	1	1	0	1
123	越秀区	0	0	0	0	0	0	1	1	0	0
124	蓬江区	1	1	0	0	0	0	1	1	0	1
125	徐闻县	1	1	0	0	0	0	1	1	0	1
126	郁南县	1	1	1	1	1	0	1	1	0	1
127	龙胜各族自治县	1	1	1	1	1	0	0	1	0	1
128	平乐县	1	1	0	0	1	1	0	1	0	1
129	梧州市	1	1	1	1	1	1	1	1	1	1
130	博白县	1	1	0	0	1	1	1	1	0	0
131	西林县	1	1	1	0	1	1	1	1	0	1
132	天等县	1	1	1	0	0	1	1	1	0	0
133	青羊区	1	0	0	0	1	1	1	1	0	1
134	贡井区	1	1	1	1	1	1	1	1	1	1
135	米易县	1	1	1	1	1	1	1	1	0	1
136	元坝区	1	1	1	0	1	1	1	1	0	1
137	花溪区	1	1	0	1	1	1	1	1	0	1
138	荔波县	1	1	1	0	1	1	1	1	1	0
139	东川区	0	0	0	0	0	0	0	1	0	0
140	江川县	0	0	0	0	0	0	0	1	0	0
141	金平苗族瑶族傣族自治县	1	1	1	1	1	1	1	1	1	1
142	谢通门县	0	0	0	0	0	0	0	0	0	0
143	金台区	1	1	1	1	1	1	1	1	1	1
144	志丹县	1	1	1	0	1	1	0	1	1	0
145	甘谷县	0	0	0	0	0	0	0	1	0	0
146	临潭县	1	1	0	0	0	0	1	1	1	0
147	囊谦县	0	0	0	0	0	0	0	0	0	0
148	哈密市	1	1	1	0	1	1	0	0	1	1
149	同心县	1	0	1	1	1	1	1	1	0	1

续表

样本编号	城市名称	咨询问答	民意调查	在线访谈	公众留言	投诉举报	焦点梳理	部门信息公开	部门间联合	服务满意度调查	独立互动版块
150	特克斯县	1	0	0	0	1	0	0	1	0	0
151	乌苏市	0	0	1	1	0	1	0	1	0	1
152	呼图壁县	1	1	1	1	1	1	0	1	0	1
合计		56	52	35	29	50	23	57	66	13	56
占比（%）		80.0	74.3	50.0	41.4	71.4	32.9	81.4	94.3	18.6	80.0

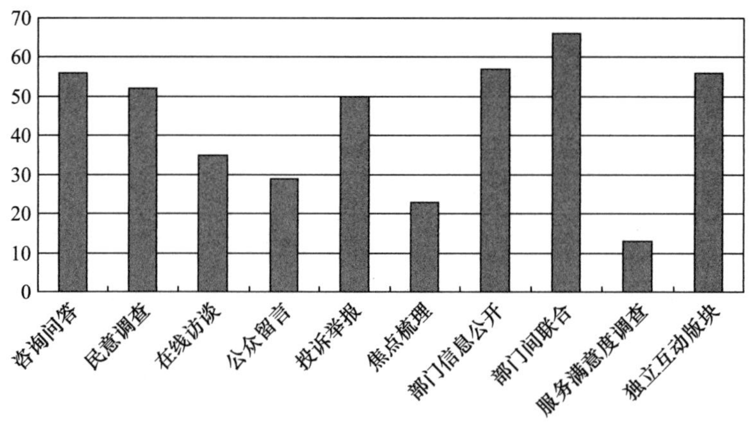

图4－10　地县级城市政府门户网站建设现状

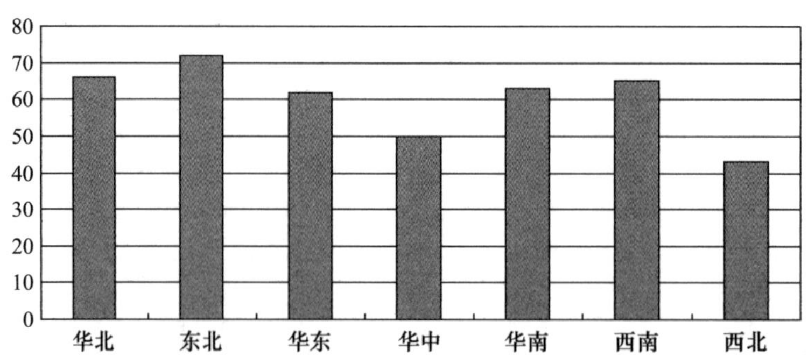

图4－11　地县级城市政府门户网站总体建设情况地域性比较示意图

从以上调查数据可以发现：

（1）地县级城市门户网站中政民互动版块的功能设置总体上比较

全面。

（2）民意调查、投诉举报、部门信息公开、部门间联合等功能设置率较高。

（3）在线访谈、焦点梳理和服务满意度调查等功能设置率相对较低。

（4）地县级城市门户网站中大部分都设置有独立的政民互动版块。

（5）从样本总体情况来看，存在一定的地域差异；华中、西北地区的样本在政民互动功能的设置方面总体得分相对偏低。

此外，地县级城市 70 个样本中，建设有问政平台的仅地级市梧州市 1 个。

2. 网站总体使用感受调查

地县级城市政府门户网站中的政民互动模块使用感受调查情况如表 4－14和图 4－12 所示。

表 4－14 地县级城市政府门户网站中的政民互动模块使用感受调查情况

样本编号	城市名称	界面美观	版块清晰	使用便捷	功能全面	互动活跃	响应及时
83	乐亭县	1	1	0	1	0	1
84	馆陶县	0	0	0	0	0	0
85	滦平县	0	1	0	0	1	0
86	武强县	1	1	1	0	0	0
87	阳泉市	1	1	1	1	1	1
88	忻州市	1	0	1	0	1	1
89	霍州市	1	1	1	1	1	0
90	石拐区	1	0	0	0	0	0
91	科尔沁左翼后旗	0	1	0	0	0	0
92	鄂托克旗	0	0	0	0	0	0
93	铁西区	1	1	1	0	0	0
94	鞍山市	1	1	1	1	1	1
95	南芬区	1	0	0	0	1	0
96	丹东市	1	0	1	0	0	0
97	双台子区	1	1	1	1	0	1
98	双塔区	0	1	1	1	1	1
99	兴城市	1	1	1	1	1	1
100	集安市	1	1	1	1	1	0

续表

样本编号	城市名称	界面美观	版块清晰	使用便捷	功能全面	互动活跃	响应及时
101	依安县	1	1	0	0	1	0
102	兴山区	1	1	1	1	0	0
103	杨浦区	1	1	1	1	1	1
104	句容市	1	1	1	1	1	0
105	南陵县	1	1	1	0	1	0
106	谢家集区	1	1	1	0	0	1
107	谯城区	0	0	1	0	0	0
108	莆田市	1	0	1	1	0	0
109	龙文区	0	0	0	1	1	0
110	槐荫区	1	0	0	0	0	0
111	聊城市	1	1	1	1	0	1
112	巨野县	1	0	0	1	0	0
113	临川区	1	1	0	0	0	0
114	西华县	1	1	1	0	1	0
115	黄石港区	1	0	1	0	0	0
116	襄樊市	1	1	1	1	0	1
117	公安县	0	1	1	1	0	1
118	团风县	1	1	0	0	0	0
119	嘉鱼县	1	0	1	0	0	1
120	随县	0	1	1	0	1	1
121	华容县	1	1	1	0	1	1
122	江华瑶族自治县	0	0	1	0	0	0
123	越秀区	0	1	1	1	0	0
124	蓬江区	1	1	0	1	0	1
125	徐闻县	1	0	0	1	0	0
126	郁南县	0	1	1	0	1	0
127	龙胜各族自治县	0	1	0	1	0	0
128	平乐县	1	1	1	1	1	1
129	梧州市	1	0	0	0	1	0
130	博白县	1	0	0	1	1	0
131	西林县	1	0	0	0	0	0

续表

样本编号	城市名称	界面美观	版块清晰	使用便捷	功能全面	互动活跃	响应及时
132	天等县	1	1	1	0	0	0
133	青羊区	0	1	0	1	0	0
134	贡井区	1	0	1	1	0	0
135	米易县	1	1	1	1	0	0
136	元坝区	1	1	0	1	1	0
137	花溪区	1	1	1	1	0	1
138	荔波县	0	1	1	1	0	0
139	东川区	1	1	0	0	1	0
140	江川县	1	1	0	1	0	0
141	金平苗族瑶族傣族自治县	0	0	0	0	0	0
142	谢通门县	0	1	0	1	0	0
143	金台区	1	1	1	0	0	0
144	志丹县	1	0	0	0	0	0
145	甘谷县	1	0	0	1	0	0
146	临潭县	0	0	0	0	0	0
147	囊谦县	1	1	1	1	1	0
148	哈密市	1	0	0	1	1	0
149	同心县	1	0	0	1	1	0
150	特克斯县	0	1	1	0	1	1
151	乌苏市	1	1	1	1	1	1
152	呼图壁县	1	1	1	1	1	1
合计		51	45	40	37	29	21
占比（%）		72.9	64.3	57.1	52.9	41.4	30.0

从以上调查数据可以发现，地县级政府门户网站政民互动版块的总体使用感受具有如下特点：

（1）界面美观、版块清晰、使用便捷等方面的使用感受较好。

（2）在政民互动方面，响应及时和互动活跃两方面的感受都稍差。

（3）从样本个体的表现来看，表现好的与表现差的样本之间存在明显的差异，有相当一部分样本城市表现很差。

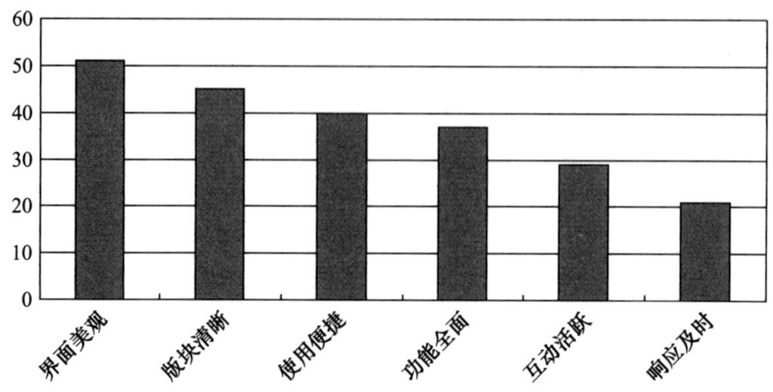

图 4-12 地县级城市政府门户网站政民互动模块使用感受统计图

（五）政府门户网站政民互动的调查分析小结

通过上述调查数据的统计分析，可以得出以下调查结论：

（1）从国家部委、省（直辖市、自治区）级、省会城市、地县级城市四个层面总体来看，各级政府门户网站中政民互动版块的功能设置基本具备，绝大部分门户网站内都设立了单独的政民互动模块，而且还有部分省、市、区设有独立的网络问政平台。

（2）在四个层面中，省会级城市和省（直辖市、自治区）这两级政府在门户网站互动功能设置和互动版块总体使用感受两大方面表现明显较好；国家部委级门户网站政民互动版块的表现较之稍差；而地县级城市政府，跟省会级城市和省（直辖市、自治区）级政府相比，总体上也有差距，且部分处于非常差的状态。

（3）从政民互动具体功能设置的情况来看，咨询问答、民意调查、在线访谈、投诉举报、部门信息公开、部门间联合等功能的设置率较高，而焦点梳理、服务满意度调查等功能的设置率相对较低。

（4）从政民互动功能的综合使用感受来看，界面美观、版块清晰、使用便捷等方面的使用感受较好，而政民互动的具体感受上，响应及时和互动活跃两方面的总体反映稍差，存在重“功能建设”轻“互动过程”的现象。

（5）网络问政平台作为政民互动平台的一种新形式，目前省（直辖市、自治区）和省会级城市分别设立了 18 个和 8 个，但在地县级城市层面，70 个样本城市中只设立了 1 个。

三 政务社交平台政民互动的发展现状分析（以政务微博为例）

以政务微博和政务微信为主要形式的政务社交平台近年来发展很快，逐步成为了一种新的政民互动主渠道。本部分以政务微博为调查对象，对152个样本的政务社交平台发展现状进行了调查。

（一）国家部委政务微博的现状调查

1. 政务微博功能设置的调查

24个国家部委共开通16个官方政务微博账号，开通率为66.7%。未开通官方政务微博的国家部委有国家民委、监察部、财政部、住建部、交通部、水利部、农业部和审计署。

国家部委层面已开通账号的政务微博功能设置调查情况如表4－15和图4－13所示。

表4－15 国家部委层面已开通账号的政务微博功能设置调查情况（已开通）

样本编号	部委名称	开通年数	信息发布	信息反馈	民意调查	服务承诺	服务整合	垂直整合
1	外交部	5	1	1	1	0	0	1
2	国防部	1	1	1	0	0	0	0
3	发改委	1	1	1	0	0	0	1
4	教育部	4	1	1	0	0	0	0
5	科技部	2	1	1	0	0	0	0
6	工信部	2	1	1	0	0	0	1
8	公安部	5	1	1	0	0	0	1
10	民政部	3	1	1	1	0	0	0
11	司法部	3	1	1	0	0	0	0
13	人社部	3	1	1	0	0	0	0
14	国土部	3	1	1	0	0	0	0
15	环保部	1	1	1	0	0	0	0
20	商务部	4	1	1	0	0	0	0
21	文化部	1	1	1	0	0	0	0
22	卫计委	4	1	1	1	0	0	1
23	央行	3	1	1	0	0	0	0
合计		—	16	16	3	0	0	5
占比（%）		—	100.0	100.0	18.8	0	0	31.3

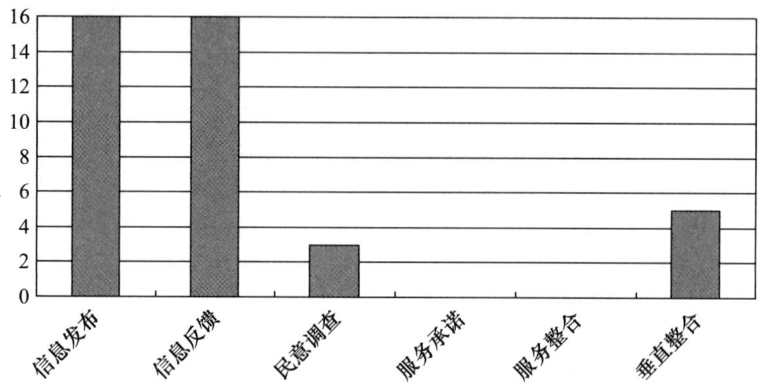

图4－13 国家部委政务微博（已开通）功能设置统计图

从以上调查数据可以发现，国家部委层面的政务微博功能设置主要有以下特点：

（1）主要使用信息发布和信息反馈这两大功能。微博作为社交媒体平台，信息发布和信息反馈是其最基本的功能，政务微博通过新浪或腾讯的微博平台，能够非常方便地发布政务信息，并接受民众的反馈意见。

（2）垂直整合设置率低，仅为31.3%，表明只有较少的部委在其微博账号中整合了下级部门的微博账号。

（3）民意调查、服务承诺、服务整合等功能基本上没有设置，表明国家部委层面政务微博的服务功能很弱。

（4）仅外交部、发改委、工信部、公安部等政务微博功能设置相对较全面，其余部门的政务微博功能都很单一。

2. 政务微博总体使用感受的调查

国家部委层面已开通账号的政务微博的使用感受调查情况如表4－16和图4－14所示。

表4－16 国家部委层面已开通账号政务微博的使用感受调查情况

样本编号	部委名称	侧重信息发布	信息内容丰富	部门协同	管理完善	氛围活跃	更新及时
1	外交部	1	1	0	1	1	1
2	国防部	1	1	0	0	1	1
3	发改委	1	1	0	1	1	1

续表

样本编号	部委名称	侧重信息发布	信息内容丰富	部门协同	管理完善	氛围活跃	更新及时
4	教育部	1	1	0	0	1	1
5	科技部	1	1	0	0	0	1
6	工信部	1	0	0	0	0	1
8	公安部	0	1	1	1	1	1
10	民政部	1	0	0	0	0	1
11	司法部	1	1	0	0	0	1
13	人社部	1	0	0	0	0	1
14	国土部	1	1	0	0	1	1
15	环保部	1	0	0	0	0	1
20	商务部	1	0	0	0	0	1
21	文化部	1	1	0	0	1	1
22	卫计委	1	1	0	1	1	1
23	央行	1	1	0	0	1	1
合计		15	11	1	4	9	16
占比（%）		93.75	68.75	6.25	25.00	56.25	100.00

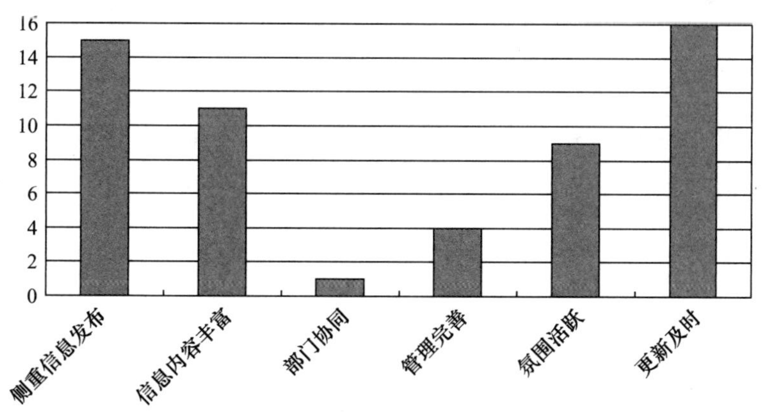

图4－14　国家部委层面政务微博（已开通）的使用感受统计图

从以上调查数据可以发现，国家部委层面政务微博的总体使用感受具有如下特点：

（1）开通官方微博的16个部委，有15个都侧重于信息发布，这表明国家部委层面的政务微博的基本定位是政务信息发布，而不是为公众提供具体的公共服务。这与国家部委的职能定位有关。

（2）在信息内容丰富和更新及时两个方面，已开通的部委政务微博给用户的总体感受都较好。

（3）部门协同、氛围活跃等方面总体感受较差。

（4）综合来看，总体感受较好的政务微博账号有公安部、外交部、卫计委等；总体感受较差的政务微博账号有商务部、工信部、民政部等。

（二）省（直辖市、自治区）级政府政务微博的现状调查

1. 政务微博功能设置的调查

31个省（直辖市、自治区）级政府共开通29个官方政务微博账号，开通率为93.6%。未开通官方政务微博的省（直辖市、自治区）级政府有海南省和广西壮族自治区。

已开通官方政务微博账号的省（直辖市、自治区）级政府政务微博的政民互动功能设置调查情况如表4－17和图4－15所示。

表4－17　省（直辖市、自治区）级政府政务微博的功能设置调查情况（已开通）

样本编号	省份名称	开通年数	信息发布	信息反馈	民意调查	服务承诺	服务整合	垂直整合
25	山东	3	1	1	0	0	1	1
26	江苏	4	1	1	0	0	1	1
27	上海	5	1	1	0	0	1	1
28	浙江	2	1	1	0	0	1	1
29	安徽	4	1	1	0	0	1	1
30	福建	5	1	1	0	0	0	0
31	广东	4	1	1	1	0	0	1
33	内蒙古	4	1	1	0	0	1	0
34	河南	5	1	1	0	0	0	0
35	湖南	5	1	1	1	0	1	1
36	湖北	5	1	1	0	0	0	0
37	江西	2	1	1	1	0	1	1
38	北京	5	1	1	1	0	1	1

续表

样本编号	省份名称	开通年数	信息发布	信息反馈	民意调查	服务承诺	服务整合	垂直整合
39	天津	5	1	1	1	0	1	0
40	河北	4	1	1	0	0	0	0
41	山西	4	1	1	1	0	0	0
43	宁夏	4	1	1	0	0	0	0
44	青海	4	1	1	1	0	0	0
45	陕西	4	1	1	0	0	1	0
46	甘肃	5	1	1	0	0	1	0
47	新疆	5	1	1	0	0	1	1
48	四川	6	1	1	0	0	1	0
49	重庆	5	1	1	1	0	0	1
50	贵州	5	1	1	1	0	0	0
51	云南	7	1	1	1	0	0	0
52	西藏	4	1	1	0	0	0	1
53	辽宁	1	1	1	0	0	0	0
54	吉林	3	1	1	0	0	1	1
55	黑龙江	3	1	1	0	0	0	0
合计		—	29	29	10	0	15	13
占比（%）		—	100.0	100.0	34.5	0	51.7	44.8

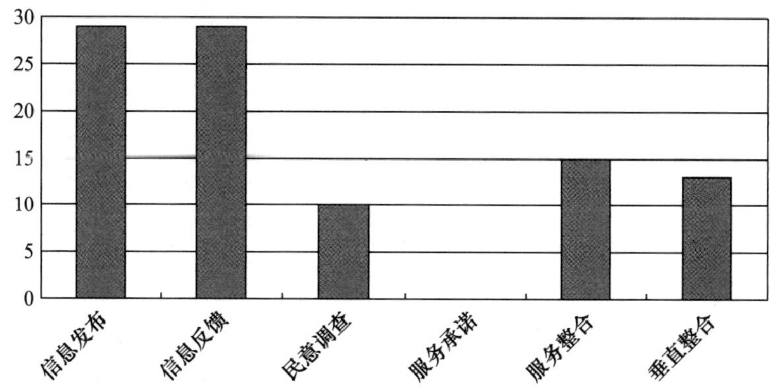

图 4－15　省（直辖市、自治区）级政府政务微博功能设置统计图（已开通）

从以上调查数据可以发现，省（直辖市、自治区）级政府的政务微博功能设置方面主要有以下特点：

（1）政务微博的基本功能，即信息发布和信息反馈设置率为100%。

（2）服务整合设置率为51.7%，表明省（直辖市、自治区）级政府政务微博比较重视将服务职能整合到微博中。

（3）垂直整合设置率为44.8%，表明省级政府的政务微博比较重视对所辖下级政府的政务微博的整合管理。

（4）服务承诺设置率为0，民意调查设置率为34.5%，表明对政民互动和为民服务的重视程度依然不足。

（5）上海、广东、湖南、江西、北京、天津、重庆7个省市的政务微博功能设置较为完善。

2. 政务微博总体使用感受的调查

已开通官方政务微博的省（直辖市、自治区）级政府政务微博的使用感受调查情况如表4-18和图4-16所示。

表4-18　省（直辖市、自治区）级政府政务微博的使用感受调查情况（已开通）

样本编号	省份名称	侧重信息发布	信息内容丰富	部门协同	管理完善	氛围活跃	更新及时
25	山东	1	0	0	0	0	1
26	江苏	1	1	0	0	0	1
27	上海	0	1	1	1	1	1
28	浙江	1	1	1	1	0	1
29	安徽	1	1	1	0	1	1
30	福建	1	0	0	0	0	0
31	广东	0	1	1	1	1	1
33	内蒙古	1	0	0	0	0	0
34	河南	1	1	1	0	0	0
35	湖南	0	1	1	1	1	1
36	湖北	1	1	0	0	0	1
37	江西	1	1	0	0	1	1
38	北京	0	1	1	1	1	1
39	天津	0	1	1	1	0	1

续表

样本编号	省份名称	侧重信息发布	信息内容丰富	部门协同	管理完善	氛围活跃	更新及时
40	河北	1	1	1	1	1	1
41	山西	1	0	0	0	0	0
43	宁夏	1	0	0	0	0	0
44	青海	1	0	0	0	0	0
45	陕西	0	1	1	0	0	1
46	甘肃	1	0	1	0	1	1
47	新疆	1	1	1	0	1	1
48	四川	1	1	0	0	1	1
49	重庆	0	1	1	1	1	1
50	贵州	1	0	0	0	0	1
51	云南	1	0	0	0	0	0
52	西藏	1	0	1	0	0	1
53	辽宁	1	0	0	0	0	0
54	吉林	1	0	0	0	0	1
55	黑龙江	1	0	0	0	0	1
合计		22	16	14	8	11	21
占比（%）		75.9	55.2	48.3	27.6	37.9	72.4

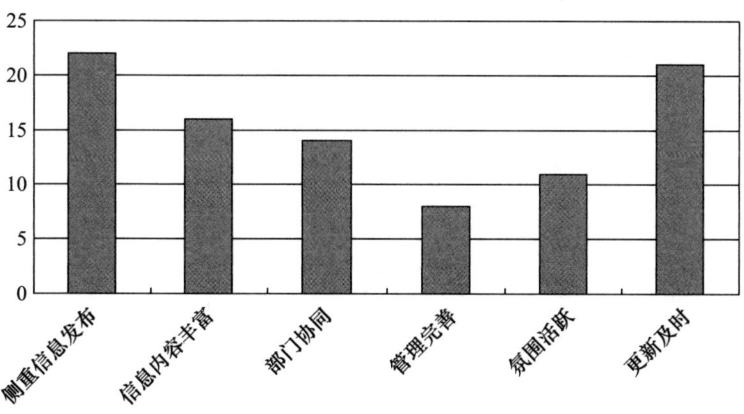

图 4－16　省（直辖市、自治区）级政府政务微博的使用感受统计图（已开通）

从以上调查数据可以发现，省（直辖市、自治区）级政府政务微博的总体使用感受具有如下特点：

（1）开通官方微博的29个省（直辖市、自治区），有22个都侧重信息发布，占比75.9%。这表明大部分省级政务微博的基本定位还是政务信息发布，而不是为公众提供具体的公共服务。

（2）在信息内容丰富和更新及时两个方面，已开通的省级政务微博给用户的总体感受都较好。

（3）管理完善、氛围活跃等方面总体感受较差，表明多数省级政务微博对互动活动和互动过程的组织和管理表现都不够好。

（4）综合来看，总体感受较好的政务微博账号有上海、北京、天津、重庆、湖南、广东等，总体感受较差的政务微博账号有吉林、辽宁、贵州、云南、山西、宁夏等。

（三）省会级城市政府政务微博的现状调查

1. 政务微博功能设置的调查

27个省会级城市政府共开通27个官方政务微博账号，开通率为100%。省会级城市政务微博的政民互动功能设置调查情况如表4－19和图4－17所示。

表4－19　省会级城市政府政务微博的政民互政功能设置调查情况

样本编号	城市名称	开通时长	信息发布	信息反馈	民意调查	服务承诺	服务整合	垂直整合
56	济南	3	1	1	0	0	1	0
57	南京	5	1	1	0	0	1	1
58	杭州	2	1	1	1	0	1	1
59	合肥	5	1	1	0	0	1	1
60	福州	4	1	1	0	0	1	1
61	广州	5	1	1	0	0	1	1
62	南宁	3	1	1	0	0	1	1
63	海口	1	1	1	0	0	0	0
64	郑州	5	1	1	0	0	1	1
65	长沙	3	1	1	0	0	1	1
66	武汉	4	1	1	1	0	1	1
67	南昌	5	1	1	0	0	1	1

续表

样本编号	城市名称	开通时长	信息发布	信息反馈	民意调查	服务承诺	服务整合	垂直整合
68	石家庄	4	1	1	0	0	0	1
69	太原	3	1	1	0	0	0	0
70	呼和浩特	2	1	1	0	0	0	0
71	银川	5	1	1	0	1	1	1
72	西宁	3	1	1	0	0	0	0
73	西安	3	1	1	0	0	0	1
74	兰州	4	1	1	0	0	1	1
75	乌鲁木齐	4	1	1	0	0	1	1
76	成都	6	1	1	0	0	1	1
77	贵阳	4	1	1	0	0	1	1
78	昆明	7	1	1	0	0	1	0
79	拉萨	3	1	1	0	0	0	0
80	沈阳	4	1	1	0	0	1	1
81	长春	3	1	1	0	0	0	0
82	哈尔滨	4	1	1	0	0	1	1
合计		—	27	27	2	1	19	19
占比（%）		—	100.0	100.0	7.7	3.7	70.4	70.4

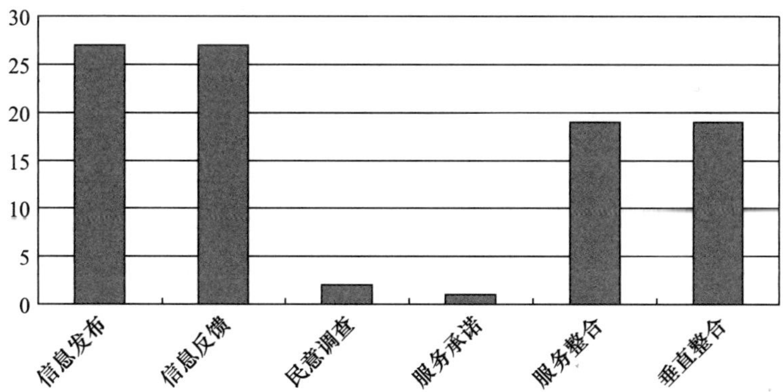

图 4-17　省会级城市政府政务微博的政民互动功能设置统计图

从以上调查数据可以发现，省会级城市政府政务微博的政民互动功能设置方面主要有以下特点：

（1）政务微博的基本功能，即信息发布和信息反馈设置率100%。

（2）服务整合设置率为70.4%，垂直整合设置率70.4%，表明省会级城市政府的政务微博中，对于整合各职能部门和所辖下级政府，共同为公众提供信息服务和公共服务越来越重视。

（3）服务承诺设置率为3.7%，民意调查设置率为7.7%，表明对政民互动和为民服务的重视程度依然不足。

（4）杭州、哈尔滨、武汉、南京、成都等城市政府的政务微博功能设置较为完善。

2. 政务微博总体使用感受的调查

省会级城市政府政务微博的使用感受调查情况如表4-20和图4-18所示。

表4-20　　省会级城市政府政务微博的使用感受调查情况

样本编号	城市名称	侧重信息发布	信息内容丰富	部门协同	管理完善	氛围活跃	更新及时
56	济南	0	1	1	1	1	1
57	南京	0	1	1	1	1	1
58	杭州	0	1	1	1	1	1
59	合肥	1	1	0	0	0	1
60	福州	1	1	1	1	0	1
61	广州	0	1	0	1	1	1
62	南宁	0	1	0	0	1	1
63	海口	1	1	0	0	0	1
64	郑州	1	0	0	0	0	1
65	长沙	1	1	0	0	1	1
66	武汉	0	1	1	1	1	1
67	南昌	1	1	0	0	0	1
68	石家庄	1	1	1	1	1	1
69	太原	1	0	0	0	0	0
70	呼和浩特	1	0	1	0	0	1
71	银川	0	1	1	1	1	1
72	西宁	1	1	0	0	0	1
73	西安	1	1	1	0	0	1
74	兰州	1	1	0	1	1	1

续表

样本编号	城市名称	侧重信息发布	信息内容丰富	部门协同	管理完善	氛围活跃	更新及时
75	乌鲁木齐	1	0	0	0	0	0
76	成都	0	1	1	1	1	1
77	贵阳	1	0	0	0	0	1
78	昆明	1	1	0	0	0	1
79	拉萨	1	0	0	0	0	0
80	沈阳	1	1	0	0	0	1
81	长春	1	1	0	1	0	1
82	哈尔滨	0	1	1	1	1	1
合计		18	21	11	12	12	24
占比（%）		66.67	77.78	40.74	44.44	44.44	88.89

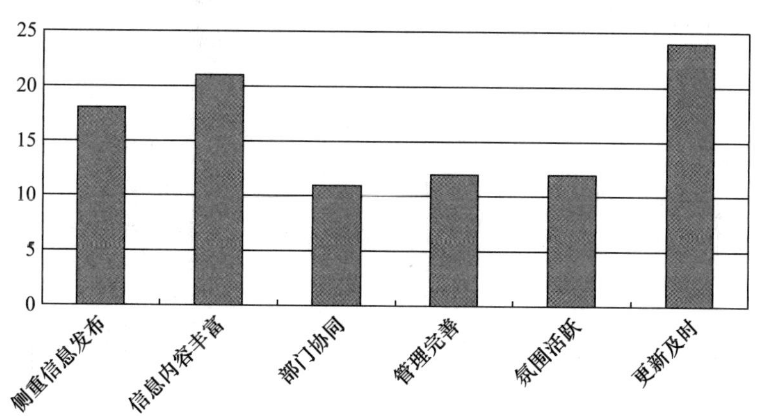

图 4－18　省会级城市政府政务微博的使用感受统计图

从以上调查数据可以发现，省会级城市政府政务微博的总体使用感受具有如下特点：

（1）开通官方微博的 27 个省会城市，有 18 个侧重于信息发布，占比 66.67%。同时定位于为公众提供具体的公共服务的比例显著高于国家部委和省（直辖市、自治区）级政府政务微博。

（2）在信息内容丰富和更新及时两个方面，已开通的省会级城市政务微博给用户的总体感受都较好。

(3) 部门协同、管理完善、氛围活跃等的提及率都达到了40%以上，表明省会级城市政府政务微博对互动活动和互动过程的组织和管理，表现也要显著好于国家部委和省（直辖市、自治区）级政府政务微博。

(4) 综合来看，总体感受较好的政务微博账号有哈尔滨、成都、银川、武汉、济南、南京、杭州等，总体感受较差的政务微博账号有太原、贵阳、郑州、乌鲁木齐、拉萨等。

（四）地县级城市政府政务微博的现状调查

1. 政务微博功能设置的调查

70个地县级样本城市政府共开通24个官方政务微博账号，开通率为34.3%。样本中未开通官方政务微博账号的地县级城市名单如表4－21所示。

表4－21　样本中未开通官方政务微博账号地县级城市名单

	华北	东北	华东	华中	华南	西南	西北
城市名称	乐亭县 馆陶县 滦平县 武强县 阳泉市 霍州市 石拐区	双台子区 双塔区 兴城市 依安县 兴山区	句容市 南陵县 谢家集区 谯城区 莆田市 龙文区 槐荫区	西华县 黄石港区 襄樊市 公安县 团风县 嘉鱼县 随县 华容县	越秀区 蓬江区 徐闻县 郁南县 龙胜各族自治县 平乐县 梧州市 博白县 西林县	天等县 贡井区 米易县 元坝区 花溪区 金平苗族瑶族傣族自治县	志丹县 甘谷县 临潭县 囊谦县

已开通的地县级城市政府政务微博的功能设置调查情况如表4－22和图4－19所示。

表4－22　地县级城市政务微博的功能设置调查情况（已开通）

样本编号	城市名称	开通时长	信息发布	信息反馈	民意调查	服务承诺	服务整合	垂直整合
88	忻州市	2	1	1	0	0	0	0
91	科尔沁左翼后旗	1	1	1	0	0	0	0
92	鄂托克旗	5	1	1	0	0	1	1
93	铁西区	3	1	1	0	0	0	0

续表

样本编号	城市名称	开通时长	信息发布	信息反馈	民意调查	服务承诺	服务整合	垂直整合
94	鞍山市	4	1	1	0	0	1	0
95	南芬区	5	1	1	0	0	0	0
96	丹东市	6	1	1	0	0	1	1
100	集安市	4	1	1	0	0	0	0
103	杨浦区	5	1	1	1	0	1	0
111	聊城市	3	1	1	1	0	1	0
112	巨野县	5	1	1	1	0	1	0
113	临川区	3	1	1	1	0	1	0
122	江华瑶族自治县	0	1	1	0	0	1	0
123	青羊区	0	1	1	0	0	0	0
134	荔波县	3	1	1	0	0	0	1
139	东川区	2	1	1	0	0	1	0
140	江川县	0	1	1	0	0	0	0
141	谢通门县	3	1	1	1	0	0	1
143	金台区	0	1	1	0	0	1	0
144	哈密市	5	1	1	0	0	0	1
149	同心县	4	1	1	0	0	1	1
150	特克斯县	4	1	1	1	0	1	0
151	乌苏市	4	1	1	1	0	1	0
152	呼图壁县	2	1	1	1	0	1	0
合计		—	24	24	8	0	14	6
占比（%）		—	100.00	100.00	33.33	0	58.33	25.00

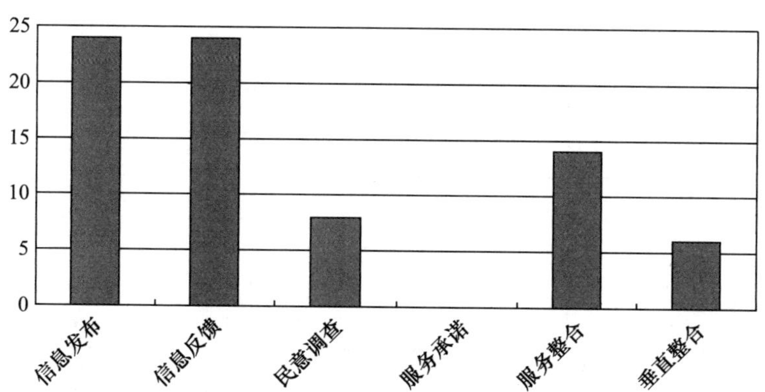

图 4－19　地县级城市政府政务微博的功能设置统计图（已开通）

从以上调查数据可以发现，地县级城市政务微博的功能设置方面主要有以下特点：

(1) 开通率很低，仅为34.3%，表明地县级城市在利用社交媒体平台这种信息技术作为电子政务的新形式开展政民互动的积极性和实施情况方面，总体不佳。

(2) 已开通的政务微博主要定位于信息发布和信息反馈这两大微博基本功能。

(3) 垂直整合设置率低，仅为25.0%，表明只有较少的地县级城市政府通过整合其下级部门的微博账号，来为公众提供更好的服务。

(4) 民意调查、服务承诺、服务整合等功能设置总体比例也较低。

(5) 聊城市、巨野县、杨浦区、乌苏市等政务微博功能设置相对较全面，其余部门的政务微博功能都比较单一。

2. 政务微博总体使用感受的调查

已开通地县级城市政府政务微博的使用感受调查情况如表4-23和图4-20所示。

表4-23　地县级城市政府政务微博的使用感受调查情况（已开通）

样本编号	城市名称	侧重信息发布	信息内容丰富	部门协同	管理完善	氛围活跃	更新及时
88	忻州市	1	1	0	0	0	1
91	科尔沁左翼后旗	1	0	0	0	0	1
92	鄂托克旗	1	1	0	0	0	1
93	铁西区	1	0	0	0	0	0
94	鞍山市	1	1	0	1	1	1
95	南芬区	1	1	0	0	0	1
96	丹东市	1	1	1	1	1	1
100	集安市	1	1	0	1	0	0
103	杨浦区	1	1	1	0	1	1
111	聊城市	1	1	1	1	0	1
112	巨野县	1	0	0	0	0	0
113	临川区	1	0	0	0	0	1
122	江华瑶族自治县	1	1	1	0	0	1
123	青羊区	1	0	0	0	1	0

续表

样本编号	城市名称	侧重信息发布	信息内容丰富	部门协同	管理完善	氛围活跃	更新及时
134	荔波县	1	0	0	0	0	0
139	东川区	1	0	0	0	0	0
140	江川县	1	1	0	0	0	0
141	谢通门县	1	0	0	0	0	0
143	金台区	1	1	1	0	0	1
144	哈密市	1	1	1	1	1	1
149	同心县	1	1	0	0	0	1
150	特克斯县	1	1	0	0	0	0
151	乌苏市	1	1	0	0	0	0
152	呼图壁县	1	0	0	0	0	0
合计		24	15	6	5	5	13
占比（%）		100.00	62.50	25.00	20.83	20.83	54.17

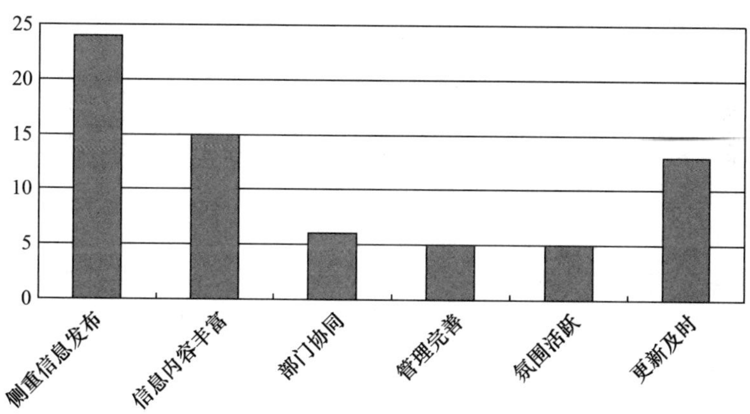

图4－20　地县级城市政府政务微博的使用感受统计图（已开通）

从以上调查数据可以发现，地县级城市政府政务微博的总体使用感受具有如下特点：

（1）开通官方微博的24个地县级城市，100%侧重于信息发布。这表明地县级城市中，对于通过政务微博为公众提供具体的公共服务都没有加以考虑和实施。

（2）在信息内容丰富和更新及时两个方面，已开通的地县级政务微博给用户的总体感受相对较好。

（3）部门协同、管理完善、氛围活跃等的提及率都较低，仅略高于20%，表明地县级城市政府政务微博对互动活动和互动过程的组织和管理，总体表现相对较差。

（4）综合来看，总体感受较好的政务微博账号有杨浦区、聊城市、哈密市、丹东市等，总体感受较差的城市有科尔沁左翼后旗、荔波县、东川区、铁西区等。

（五）政务社交媒体（以微博为例）的调查分析小结

通过上述调查数据的统计分析，可以得出以下调查结论：

（1）从国家部委、省（直辖市、自治区）级、省会级城市、地县级城市政府四个层面总体来看，相当比例都开设了官方政务微博，开设率分别为66.7%、93.6%、100.0%、34.3%。

（2）在四个层面中，省会级城市政府在政务微博功能设置和用户使用感受两大方面表现明显较好；省（直辖市、自治区）级政府的政务微博较之稍差；国家部委和地县级政府的政务微博，在功能设置和使用感受两方面的表现有非常明显的差距。

（3）从政务微博具体功能设置的情况来看，信息公开、信息反馈等功能的设置率较高，而民意调查、服务整合、垂直整合等功能的设置率相对较低，服务承诺功能仅有银川市明确设置。

（4）从政民互动功能的综合使用感受来看，侧重信息发布比例很高，表明大多数政务微博的基本定位为政务信息发布，对提供具体的公共服务并未予以足够的重视；信息内容丰富、更新及时等方面的使用感受也较好，表明各级政务微博在政务信息发布方面总体上做得比较好；而在政民互动的具体感受上，氛围活跃、管理完善、部门协同等方面的总体反映较差，表明存在重“信息发布”轻“互动过程”的现象。

第三节　我国电子政务及政民互动的相关管理政策调查

近10年来，特别是“十二五”期间，我国各级政府对于电子政务的建设与发展高度重视，将电子政务作为建设服务性政府的重要支撑。为了全面了解近年来，各级政府对电子政务规划、建设和管理政策方面的总体状况，课题组对国家部委、省（直辖市、自治区）级、省会级城市、地县级城市等关于电子政务发展与管理的政策文件进行了调查；并在对调查范围内的政策文件进行总体梳理的基础上，重点对政策文件中涉及政民互动的内容进行专门分析。

一 调查方案

各级政府近年来发布的电子政务方面的政策文件非常多，本书通过分层抽样和百度搜索相结合的方式，获取了共40份政策文件，其中国家部委、省（直辖市、自治区）级、省会级城市、地县级城市等各约10份文件；按类别分，“十二五”电子政务发展规划类文件16份，电子政务建设与管理类文件19份，政务微博/政务微信专项管理文件5份。具体情况见表4-24。

表4-24 国内电子政务发展规划与管理政策文件样本清单

编号	文件名称	发布部门	发布年份
1	《国家电子政务总体框架》	国家信息化领导小组	2006
2	《国家电子政务工程建设项目管理暂行办法》	国家发展改革委员会	2007
3	《国家电子政务“十二五”规划》	工业和信息化部	2011
4	《关于深化政务公开加强政务服务的意见》	国务院办公厅	2011
5	《关于开展依托电子政务平台加强县级政府政务公开和政务服务试点工作的意见》	全国政务公开领导小组	2011
6	《关于大力推进信息化发展和切实保障信息安全的若干意见》	国务院办公厅	2012
7	《关于加强和完善国家电子政务工程建设管理的意见》	国家发展改革委员会	2013
8	《2014年政府信息公开工作要点》	国务院办公厅	2014
9	《政务微博微信运行管理办法》	国家安监总局办公厅	2014
10	《关于开展国家电子政务工程项目绩效评价工作的意见》	国家发展改革委员会	2015
11	《广东省电子政务“十二五”规划》	广东省经信委	2010
12	《山东省电子政务“十二五”发展规划》	山东省人民政府	2011
13	《新疆维吾尔自治区电子政务外网“十二五”发展规划》	新疆自治区人民政府	2011
14	《杭州市“十二五”电子政务发展规划》	杭州市人民政府	2011
15	《郑州市“十二五”电子政务建设发展规划》	郑州市人民政府	2011
16	《海南省电子政务发展“十二五”规划》	海南省人民政府	2011

续表

编号	文件名称	发布部门	发布年份
17	《陕西省电子政务“十二五”发展专项规划》	陕西省人民政府	2011
18	《湖北省电子政务“十二五”发展规划》	湖北省人民政府	2012
19	《关于印发兰州市电子政务建设暂行管理办法的通知》	兰州市人民政府办公厅	2012
20	《关于印发上海市政府电子政务“十二五”发展规划的通知》	上海市人民政府	2012
21	《关于印发上海市电子政务管理办法的通知》	上海市人民政府	2012
22	《关于印发重庆市社会公共信息资源整合与应用实施方案的通知》	重庆市人民政府办公厅	2014
23	《重庆市加快建设信息惠民国家试点城市实施方案》	重庆市人民政府办公厅	2014
24	《云南省人民检察院微博、微信管理办法（试行）》	云南省人民检察院	2014
25	《关于加强政府网站信息内容建设的实施意见》	重庆市人民政府办公厅	2015
26	《促进电子政务协调发展重点任务年度工作计划》	重庆市人民政府办公厅	2015
27	《关于促进电子政务协调发展的实施意见》	重庆市人民政府办公厅	2015
28	《重庆市信息惠民应用平台工作方案》	重庆市人民政府办公厅	2015
29	《福建省电子政务建设和应用管理办法》	福建省人民政府	2015
30	《江苏省文化厅政务微博、微信运行管理办法》	江苏省文化厅	2015
31	《横峰县“十二五”电子政务发展规划纲要》	横峰县人民政府	2010
32	《零陵区电子政务内网管理暂行办法》	永州市零陵区政府办	2010
33	《青岛市电子政务发展“十二五”规划纲要》	青岛市人民政府办公厅	2011
34	《关于印发东营市电子政务“十二五”发展规划的通知》	东营市人民政府办公室	2012
35	《南通市电子政务“十二五”发展规划》	南通市人民政府	2012
36	《扬州市电子政务“十二五”规划》	扬州市人民政府	2012
37	《关于印发北碚区电子政务建设和管理办法的通知》	北碚区人民政府办公室	2013
38	《顺义区电子政务“十二五”规划》	顺义区政务信息化办	2013
39	《天全县人民检察院微博微信平台管理办法》	天全县人民检察院	2015
40	《佳木斯市城乡规划局微博、微信管理制度》	佳木斯市城乡规划局	2015

二　政策特征分析

（一）政策点整理与统计

在对上述40份政策文件全面研读的基础上，提炼出了各级政府电子政务建设与管理的10个主要政策点，具体如下：

（1）重视电子政务平台的建设与运行管理机制；

（2）大力提高部门协同水平；

（3）提升信息安全保障能力；

（4）重视电子政务平台信息发布功能的有效发挥；

（5）重视劳动就业、社会保障、医疗卫生、教育、文化等民生服务的应用建设；

（6）强调不断创新电子政务的服务方式；

（7）加强队伍建设，提高服务能力；

（8）增加网上办事服务事项，优化办事流程；

（9）建立健全公众意见及问题的受理、处理及反馈工作机制；

（10）重视政民互动交流平台的建设与发展。

从以上 10 个主要政策点入手，对调查范围内的文件逐一进行了梳理。政策文件中涉及某一政策点，则该政策点赋值为 1；文件中没有提及该政策点，则该政策点赋值为 0。

最终得到如表 4－25 与图 4－21 所示的政策点统计分析结果。

表 4－25　电子政务发展规划与建设管理文件的关键政策点统计分析表

政策文件编号	政策点（1）	政策点（2）	政策点（3）	政策点（4）	政策点（5）	政策点（6）	政策点（7）	政策点（8）	政策点（9）	政策点（10）
1	1	1	1	1	1	0	1	0	1	0
2	1	1	1	1	1	0	1	0	0	0
3	1	1	1	1	1	1	1	1	1	1
4	1	1	0	1	1	1	1	1	0	0
5	1	1	0	1	1	1	1	1	0	0
6	1	0	1	0	1	0	1	0	0	0
7	1	1	1	1	1	0	1	1	1	1
8	1	0	1	1	1	0	1	0	0	0
9	1	1	1	1	0	1	0	0	1	1
10	1	1	1	1	1	1	1	1	1	1
11	1	1	1	1	1	1	1	1	1	1
12	1	1	1	1	1	1	1	1	1	1
13	1	1	1	1	1	0	1	1	1	0

续表

政策文件编号	政策点（1）	政策点（2）	政策点（3）	政策点（4）	政策点（5）	政策点（6）	政策点（7）	政策点（8）	政策点（9）	政策点（10）
14	1	1	1	1	1	1	1	1	1	1
15	1	1	1	1	1	0	1	1	1	0
16	1	1	1	1	1	1	1	1	1	1
17	1	1	1	1	1	0	1	1	1	0
18	1	1	1	1	1	1	1	1	1	1
19	1	1	1	1	1	0	1	0	0	0
20	1	1	1	0	1	0	1	1	1	0
21	1	1	1	1	1	1	1	1	0	1
22	1	1	1	1	1	0	1	1	1	0
23	1	0	1	1	1	0	1	1	1	1
24	1	1	0	1	0	1	0	0	0	1
25	1	1	1	1	1	0	1	1	1	1
26	1	1	1	0	1	1	1	1	0	0
27	1	1	0	0	0	1	1	0	1	0
28	1	0	1	1	1	1	1	1	1	1
29	1	1	1	1	1	0	1	1	1	1
30	0	1	1	1	0	1	0	0	0	1
31	1	1	1	1	1	0	1	1	1	0
32	1	1	1	1	0	0	0	0	0	0
33	1	1	1	1	1	1	1	1	1	1
34	1	1	1	1	1	0	1	1	1	0
35	1	1	1	1	1	0	1	1	1	0
36	1	1	1	1	1	1	1	1	1	1
37	1	1	1	1	1	0	1	1	1	1
38	1	1	1	1	1	0	1	1	1	0
39	1	1	1	1	0	1	0	0	1	1
40	1	1	1	1	0	1	0	0	1	1
合计	39	36	36	36	33	20	34	28	29	21
占比（%）	97.5	90.0	90.0	90.0	82.5	50.0	85.0	70.0	72.5	52.5

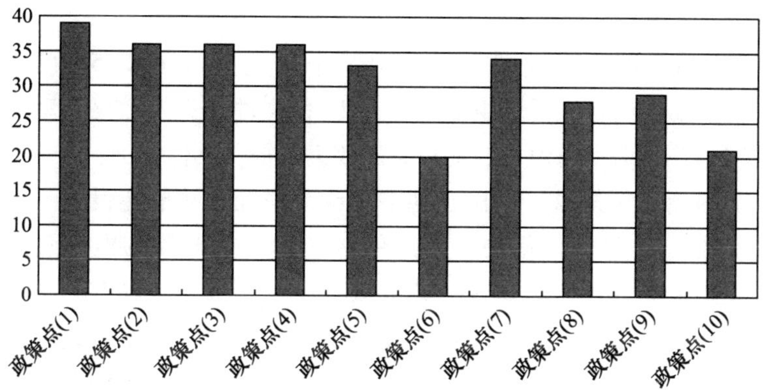

图 4-21　电子政务发展规划与建设管理文件的统计分析图

（二）政策总体特征分析

从上面的统计数据可知，近年来我国电子政务建设与管理政策总体上具有以下特点：

（1）电子政务平台的建设与运行管理机制、大力提高部门协同水平、提升信息安全保障能力、重视电子政务平台信息发布功能的有效发挥是最受关注和重视的四个方面；在所有样本文件中的提及率都在 90% 以上，充分说明了这四大方面对于电子政务健康发展的基础保障作用。

（2）重视民生服务的应用建设和提高服务能力等两方面的提及率也较高，达到了 80% 以上；这表明，电子政务的建设和发展中，“以服务为中心”的理念越来越受到重视。

（3）增加网上办事服务事项，优化办事流程，建立健全公众意见及问题的受理、处理及反馈工作机制这两大方面的提及率相对稍低，在 70% 左右；这表明，尽管有 30% 的政策文件未提及这方面，但是多数政策对电子政务中操作层面的机制设计、流程优化等越来越重视，越来越务实。

（4）强调不断创新电子政务的服务方式、重视政民互动交流平台的建设与发展方面的提及率最低，约为 50%；这表明，使用新技术创新服务方式，发挥电子政务的政民互动功能，正在逐渐成为新的关注点和趋势，但是必须看到，其尚未成为建设的重点和主流，还有很大的改进提升空间。

（三）与政民互动有关的政策特征分析

如前所述，在调查的40份文件中，有21份、占比52.5%的文件涉及了政民互动的内容。课题组梳理了这21份文件中涉及政民互动方面的具体内容，并总结了与政民互动有关的政策特征，具体如下：

（1）现有政策侧重于政民互动平台或政民互动功能建设的规划和指导。涉及政民互动的21份文件中，有14份为各级政府的电子政务“十二五”发展规划，占比达67%，主要政策要点侧重于政民互动平台的建设目标和功能规划，基本不涉及政民互动平台的运营管理；其余的7份文件中，关于政民互动的政策内容，也主要集中在政民互动平台的具体功能规划和建设计划方面。

（2）对政民互动平台建设的目标定位尚存在不清晰、不准确的情况。国家电子政务“十二五”发展规划指出：“推进政府网站政民互动服务发展，建立健全公众意见及问题的受理、处理及反馈工作机制，实现网上信访、领导信箱、在线访谈等互动栏目的制度化和规范化，注重民意收集与信息反馈，保障人民的知情权、参与权、表达权、监督权。”这个定位基本清晰明确，但明显侧重于信息发布与民意沟通，未明确提及通过政民互动平台提供公共服务的功能。各地政府的相关规划中，对于政民互动平台建设的目标定位也提及较少，或有提及但未明确阐述。

（3）政民互动平台的建设规划方面，多数文件强调“建立一号式呼叫、一表式诉求、一站式办理的政民互动平台”。

（4）政民互动平台建设中的组织结构方面，有近一半的文件强调，要建立整合各职能部门和所辖下级政府的“一体化平台”，必须注重政民互动过程中的部门协同。

（5）现有政策文件中，关于政民互动平台的运营机制、政民互动活动的组织管理、政民互动和公共服务的满意度评价等方面的内容比较少。在少数提到这方面内容的文件中，也仅仅是提出了基本的原则，没有可行的机制和办法。

（6）关于政务微博、政务微信等新兴政民互动渠道的管理，课题组查阅到各级政府出台的正式文件较少，列入调查样本的是国家安监总局、云南省人民检察院、四川省天全县检察院、佳木斯市城乡规划局这4个不同层级的职能部门发布的政务微博微信管理办法，未能搜索到一级政府发布的政务微博微信正式管理文件。这表明，政务微博微信近年来发展非常迅猛，各级政府对于其规范化的运营管理却还没有完全跟上，需要进一步完善。

第四节　本章小结

综上所述，我国电子政务中政民互动的发展呈现出了迅速推进、总体向好的态势；但是在快速发展的过程中，也存在着明显的问题。具体总结如下：

（1）我国电子政务的总体发展正处在注重服务导向、注重一体化运营、注重应用系统建设、注重公众参与的全面发展阶段；其中，政民互动平台的建设与运营越来越受到各级政府的重视。

（2）政府门户网站政民互动版块和政务社交平台（以政务微博为例）两大主要互动渠道的发展，都呈现出了“中间好、两头差”的态势，即省会级城市、省（直辖市、自治区）两级政府在互动平台功能建设和用户实际使用感受两方面的表现，都明显好于国家部委和地县级政府的表现。其中，地县级政府的表现两极分化比较严重，相当比例的地县级政府，在政民互动平台功能建设和实际运营方面的表现处于很差的水平，官方政务微博的开通率也仅为34.3%。

（3）政府门户网站方面，从互动功能设置情况来看，部门信息公开、民意调查、部门间联合、投诉举报、咨询问答、在线访谈等基础功能的设置率较高，而焦点梳理、服务满意度调查等互动管理功能的设置率相对较低；从公众的综合使用感受来看，界面美观、版块清晰、使用便捷等方面的使用感受较好，而响应及时和互动活跃两方面的总体反映稍差，存在重“功能建设”轻“互动过程和互动管理”的现象。

（4）政务微博方面，从功能设置的情况来看，信息公开、信息反馈等功能的设置率较高，而民意调查、服务整合、垂直整合等功能的设置率相对较低，服务承诺则仅有银川1个城市明确设置；从公众的综合使用感受来看，大多数政务微博定位为政务信息发布，对提供具体的公共服务未能足够重视，信息内容丰富、信息更新及时等方面的使用感受也较好，表明各级政务微博在政务信息发布方面总体上做得比较好；而在政民互动的具体感受上，氛围活跃、管理完善、部门协同等方面的总体反映较差，政务微博也存在着重“信息发布”轻“互动过程和互动管理”的现象。

（5）现有的电子政务中，在政民互动管理政策方面，政策目标定位尚存在不清晰、不准确的情况，存在重“系统建设”轻“互动管理”的政策制定倾向，关于政民互动平台运营机制、政民互动活动组织管理、政民互动和服务的满意度评价与考核等方面的政策内容非常不足，政府对社交网络平台中的政民互动新模式的规范性管理文件还比较缺乏。政务微博、政务微信等新兴政民互动渠道发展迅猛，但是课题组未能搜索到一级政府发布的政务微博微信正式管理文件，表明政府相关的规范性管理政策总体上还比较缺位。

第五章　影响电子政务中政民互动的因素研究

本章从电子政务中政民互动的接受度和满意度两个视角，以政民互动渠道中最具代表性的政务微博为例，分别采用 UTAUT 模型和多案例研究法，对影响电子政务中政民互动的主要因素进行研究，为下一步建立政民互动度的评价指标体系和评价模型提供理论依据。

第一节　分析政民互动影响因素的基本思路

电子政务中的政民互动，是指为了实现公众对公共政策制定、执行、监督等活动的平等参与，从而获得更好的公共服务，通过电子政务系统平台、公共信息平台等技术手段，政府与公众通过语言、文字、图形、视频等多模式的双向信息传递而进行的沟通交互的行为过程。因此，要考察电子政务中政民互动的广度、深度和效果受到哪些因素的影响，应该从政民互动的根本问题出发，即：

（1）公众是否广泛地接受这种新型的信息化交流手段，积极踊跃地参与政民互动？

（2）通过电子政务平台参与各种形式的政民互动后，公众对于政府提供的公共服务是否满意？

这两个方面又是相互影响、相互促进的。如果没有公众的广泛接受和积极参与，搭建再先进的信息化沟通平台也起不到预期的作用，更谈不上由此提升公众的满意度；反之，如果公众在参与电子政务中的各类政民互动活动后，接受到了高水平、高质量的公共服务，感受到了满意度的提升，那么不仅公众自身对于电子政务中的政民互动活动的接受度和参与度会持续上升，还能够影响和带动更多的公众参与。

因此，分析电子政务中政民互动的影响因素，应该从接受度和满意度两个方面入手。

另外，不同技术基础的互动交流平台，比如政府门户网站中的互动交流版块、网络问政平台、政务社交平台（含政务微博/政务微信）等，都是为政民互动提供的信息化基础设施。正如第三章和第四章相关内容所述，不同的技术平台在互动功能、互动途径、使用模式等多方面都有差异，各有特色。但是，我们也应该看到，它们具有一个最大的本质上的共同点，即都是现代信息化条件下的新型政民互动途径和方式，它们的目标和主体内容是一致的。从目前的实际情况来看，政府门户网站（含网络问政平台）和政务社交平台（含政务微博/政务微信）已经成为电子政务条件下的主流政民互动渠道，本章的研究将着眼于两大主流渠道的本质共性，选择政务微博为代表来探索电子政务中政民互动的影响因素。

电子政务中政民互动的接受度影响因素（以政务微博为例）的研究方法选择技术接受模型（TAM）中的UTAUT模型，电子政务中政民互动的服务满意度影响因素（以政务微博为例）的研究方法选择多案例研究法。

第二节　政民互动的接受度影响因素（以政务微博为例）

一　问题背景

微博作为自媒体时代社交网络的代表，以其社交性、多平台、传播快、互动强等特点为用户提供了优质便捷的沟通渠道。政务微博也逐渐受到社会各界重视，逐渐地发挥出了其公开、透明、互动性的特点对公共服务和社会管理的重要作用，成为了电子政务条件下最具代表性的政民互动平台。

但政务微博的发展也存在明显的问题。截至2013年末，新浪微博的注册用户接近6亿，而同期政务微博用户注册数为24万，为新浪微博注册用户总数的1/25000；积极使用并与政府进行互动交流的政务微博用户占微博总用户数的比例则更小。在政务微博的开博数以较快速度增长的同时，其总体质量并未同步增长。许多政务微博注册后，发博频率低，更新不及时，内容不相关，仅作为“宣传板”使用；与民众的沟通互动非常少，没有充分利用微博最具价值的互动性特征；比较广泛地存在“政务微博开博数量庞大，但是民众接受和使用情况不佳”的问题。

因此，探讨和研究影响政务微博接受度的关键因素，改进政民互动效能，对扩大政务微博的应用范围和提升应用效果很有必要。本节将依托 UTAUT 模型的原型，结合政务微博的实际特点，研究影响大众接受并且使用政务微博的关键因素。

二　UTAUT 模型介绍

信息技术接受度（TAM）研究领域经过十几年的发展，产生了诸多相关概念模型，UTAUT 模型是其中的典型代表。

在回顾和总结信息技术接受度领域八类代表性模型的基础上，Venkatesh、Morris 和 Davis 于 2003 年提出了“技术采纳与利用的整合理论”（Unified Theory of Acceptance and Use of Technology，UTAUT），构建了 UTAUT 的联合模型，并验证了其可行性（见图 5－1）。

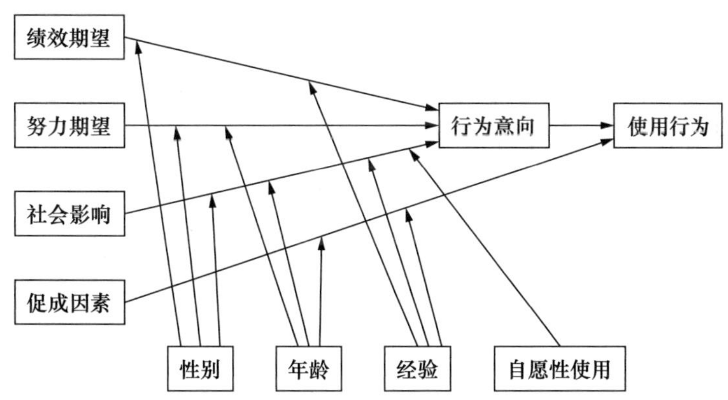

图 5－1　技术接受和使用统一模型（UTAUT）

UTAUT 模型将影响个体行为的因素概括为四个核心变量，即绩效期望（Performance Expectancy，PE）、努力期望（Effort Expectancy，EE）、社会影响（Social Influence，SI）和促成因素（Facilitating Conditions，FC），四个调节变量，即性别（Gender）、年龄（Age）、经验（Experience）及自愿性使用（Voluntariness of Use）。绩效期望（PE）是指个体相信使用此信息技术系统能够在多大程度上帮助其提高工作绩效，行为意向最显著的影响因素就是工作绩效预期。努力期望（EE）是指个体使用此信息技术系统所需付出努力的程度，努力期望影响行为意向要受到性别、年龄和使用政务微博经验的干扰。社会影响（SI）是指个体使用者感受到的对其有重要影响的人认为其应该使用此信息技术系统的程度，行为意向受社会影响的程度会因性别、年龄、经验及自愿性而有所不同。促成因素（FC）是指个体使用者察觉到的组织和技术设备对于其使用此信息技术系统的支持程度。相关研究表明，UTAUT 模型能更准确有效地解释使用行为，解释力度高达 70%，比之前的模型都更加有效。国内外研究学者利用 UTAUT 模型进行了多领域的实证探索。Said S. Al - Gahtani、Geoffrey S. Hubona、Jijie Wang（2007）将 UTAUT 模型进行了非西方文化的验证，结果表明 UTAUT 模型存在着社会的文化差异；[①] Yong-beom Kim、Hyo - Joo Han（2008）考虑了调节变量在技术接受模型中的影响，实证结果表明感知风险、技术类型和性别均为显著的调节变量；[②] Erik M. van Raaij、Jeroen J. L. Schepers（2008）建立了一个概念模型去解释个体学生在接受和使用虚拟学习环境水平上的差异性；[③] Tracy Ann Sykes、Viswanath Venkatesh、Sanjay Gosain（2009）提出了一个有着同伴支持的接受模型（MAPS），集成了个人层面与社交网络研究构建，超出了先前个体层面的采纳研究预测。[④]

综上，本节选择采用 UTAUT 模型对政务微博的接受度影响因素进行探讨，将政务微博的具体特征与 UTAUT 模型相结合，既拓展了 UTAUT 模型的研究范围，也能深入发掘影响民众接受并使用政务微博的关键因素，为进一步建立电子政务条件下政民互动度的评价体系提供理论依据。

---

① Yongbeom Kim, Hyo - Joo Han, *The Effects of Perceived Risk and Technology Type on Users' Acceptance of Technologies*, Information Management, 2008, pp. 1 -9.

② Erik M. van Raaij, Jeroen J. L. Schepers, *The Acceptance and Use of a Virtual Learning Environment in China*, Computers & Education, 2008, pp. 838 -852.

③ Tracy Ann Sykes, Viswanath Venkatesh, Sanjay Gosain, "Modle of Acceptance with Peer Support a Socialnetwork Perspective to Understand Employees' system Use", *Mis Quarterly*, 2009, 33 (2), pp. 371 -393.

④ Tracy Ann Sykes, Viswanath Venkatesh, Sanjay Gosain, "Modle of Acceptance with Peer Support a Socialnetwork Perspective to Understand Employees' system Use", *Mis Quarterly*, 2009, 33 (2), pp. 371 -393.

三　研究设计

（一）总体思路

新浪微博用户注册数居国内微博平台首位，新浪政务微博也是政府部门开展信息公开、网络舆情、政民互动以及网络问政的主要平台，选择新浪政务微博为对象，具有代表性和可行性。因此，本书以新浪微博的政务微博平台为研究对象。

借鉴UTAUT模型原型，选取“绩效期望、努力期望、社会影响、促进条件”作为分析政务微博民众接受度的客观影响因素。

结合政务微博的实际特点进行了调节变量的选择，使其更适应研究需要。在性别、年龄和使用政务微博经验三个调节变量的基础上，增加了学历和职业两个调节变量。考虑到UTAUT模型原型中的“自愿性使用”调节变量在本书中难以量化，且实际意义不大，因此未考虑该指标。研究的概念模型如图5－2所示。

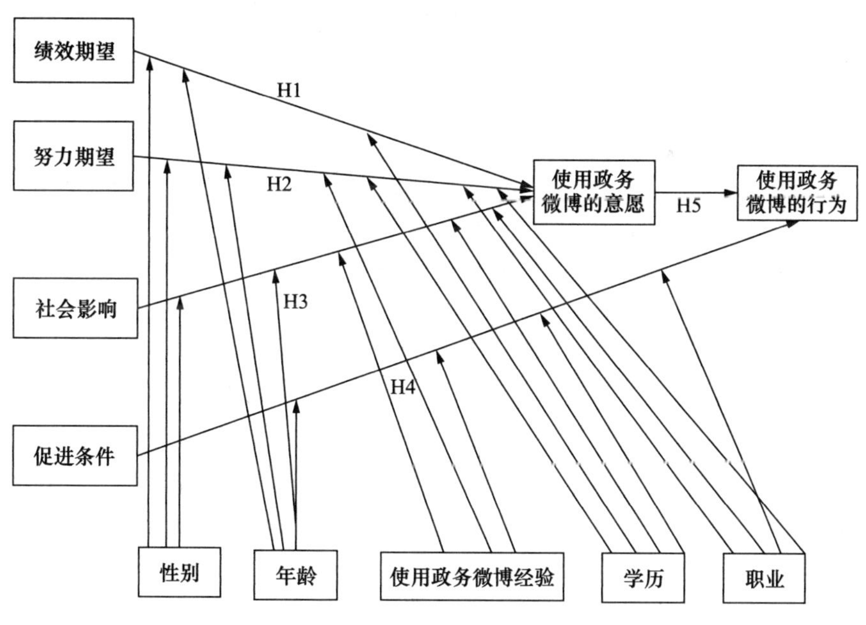

图5－2　政务微博接受度影响因素模型

本书采用结构方程模型分析法，研究数据的获取采用问卷调查法，变量测度采用李克特5点尺度量表，分值从1到5，1表示非常不同意，2

表示比较不同意，3 表示中立，4 表示比较同意，5 表示非常同意。

（二）研究假设描述

1. 政务微博的绩效期望对使用政务微博行为意愿的影响

绩效期望是指政务微博的使用者对使用政务微博能否为其带来效率及收益的期望。人们使用一种新的技术系统方式来取代旧者，一定是对新的技术系统所产生的效益有较高的期望，认为其能创造比旧系统高出许多倍的收益。所以，用户对政务微博有正面的绩效期望，认为其可以帮助提高工作绩效，取得好的收益，这种认知会增加用户使用政务微博的行为动机。

H1：政务微博使用者的绩效期望会对其使用政务微博的意愿产生显著正向影响。

绩效期望的测量方案见表 5 －1。

表 5 －1　　　　绩效期望的测量方案

问题编码	问题描述
PE1	我认为政务微博对我的工作、学习和生活有所帮助
PE2	通过政务微博的使用，我能够随时随地获取我所需要的高质量信息和服务
PE3	政务微博使得工作更加节省时间，提高了我的工作效率
PE4	比起其他社交媒介，我觉得政务微博使用便捷，能让我的工作变得更容易
PE5	使用政务微博取得的工作成效令我满意，它能使工作被更好地完成

2. 政务微博的努力期望对使用政务微博的意愿的影响

努力期望是使用者感知的系统是否易用的程度，类似于 TAM 中的感知易用性。学习与使用一项技术需要付出的努力往往会直接影响用户对该技术的接受及使用情况。这里将努力期望具体为政务微博的使用者认为政务微博容易使用的程度。新的技术系统使用便捷将大大减少用户接受的障碍。

H2：政务微博使用者的努力期望会对其使用政务微博的意愿产生显著的正向影响。

努力期望的测量方案见表 5 －2。

表 5-2 努力期望的测量方案

问题编码	问题描述
EE1	我清楚地了解政务微博是什么，并且认为使用起来很简单
EE2	我认为学会使用政务微博是容易的，不需要花费太多时间
EE3	我认为熟练使用政务微博很容易，并且可以很快适应用其来帮助我工作

3. 社会影响对使用政务微博的意愿产生的影响

微博中常见的“名人效应”和“精神领袖”表明了社会影响对微博用户影响的重要性。社会影响可分为三个层次：①主观规范，政务微博使用者认为对其重要和有影响的人认为其应该使用政务微博。②社会因素，政务微博使用者对微博自媒体文化的认同。③形象，政务微博使用者认为使用政务微博有助于提升自己的社会形象和地位。

H3：社会影响会对其使用政务微博的意愿产生显著的正向影响。

社会影响的测量方案见表 5-3。

表 5-3 社会影响的测量方案

问题编码	问题描述
SI1	我周围的亲朋好友或者对我很重要的人（领导、客户等）也使用政务微博
SI2	亲朋好友或其他对我很重要、很有影响力的人对政务微博的推荐程度会影响我的选择
SI3	我使用政务微博是为了与某个特定群体沟通融洽、赢得认同
SI4	工作、学习和生活中，大家都期望或需要我使用政务微博
SI5	我身边使用政务微博的人比不用的人声望要高

4. 使用政务微博的促进条件对使用政务微博意愿的影响

促进条件也分为以下三个层次：

（1）感知行为可控性：政务微博使用者在使用政务微博遇到问题时可以自己找到解决的办法，这是自我效能；使用者具备使用政务微博的资源条件；使用者具备使用政务微博必备的技术条件。

（2）促进条件：政务微博使用者遇到问题可得到外界帮助。

（3）兼容性：政务微博使用者认为政务微博的媒体方式与自己的价值观、需要以及过去的经验一致的程度。

H4：使用政务微博的促进条件会对使用政务微博的行为有显著的正向影响。

促进条件的测量方案见表5－4。

表5－4　促进条件的测量方案

问题编码	问题描述
FC1	我可以很容易地获取使用政务微博所必需的资源（电脑、手机）
FC2	可以轻易找到使用政务微博所需的知识，具备相应的使用能力
FC3	即便过去没有使用政务微博的经验，我依然能够使用它
FC4	政务微博同我使用的其他系统都兼容，使用它不受时间、地域的限制
FC5	如果在使用政务微博的过程中遇到问题，我可以寻找相关人士帮我解决问题
FC6	政务微博这种媒介方式同我的价值观、需要以及过去的经验一致

5. 政务微博的使用意愿对使用行为的影响

H5：政务微博使用者的意愿会对其使用政务微博的行为产生显著的正向影响。

政务微博使用意愿的测量方案见表5－5。

表5－5　政务微博使用意愿的测量方案

问题编码	问题描述
BI1	我愿意学习使用政务微博，不论是否真的有明确的现实需要
BI2	我只在有现实需要的时候才会学习使用政务微博
BI3	我愿意经常使用政务微博
BI4	我愿意推荐给我的朋友使用政务微博

6. 政务微博的使用行为测量方案

政务微博使用行为的测量方案见表5－6。

表5－6　使用行为的测量

问题编码	问题描述
Use1	我对政务微博有一定的了解并有自己独特的认识或建议
Use2	每日使用政务微博频率
Use3	使用政务微博的具体用途

四 实证研究

研究数据的来源采用问卷调查，通过发放纸质问卷和网络平台投放问卷两种方式来获取问卷。其中纸质问卷的发放对象为在职MBA学生，网络平台问卷投放随机进行，以确保抽样样本的代表性。

问卷调查共发放纸质问卷122份，回收96份，问卷回收率78.69%，有效问卷数69份，有效问卷占发放问卷总数的56.56%。

网络平台发放问卷因进行了陷阱设计（主要以是否使用过微博为衡量指标，同时参考问卷IP及作答时间，超过60秒为有效问卷），故回收的问卷都属于有效问卷，网络问卷回收数为133份。

总有效问卷数为202份。

采用SPSS17.0和Mplus 6.0进行数据分析。

（一）调查对象基本情况统计

1. 年龄、性别与受教育程度分布特征

男性与女性样本数基本持平，年龄段在18—35岁的人群占此次抽样调查样本总数的93.15%，样本中学历分布以本科为主，占样本总数的65.75%，硕士和大专分别占样本总数的23.29%和10.96%，博士及以上学历人数为零。

2. 职业分布特征

表5－7 调查对象职业情况

单位性质	占比（%）	职位	占比（%）	职业类别	占比（%）
外企	2.74	高层管理人员	1.37	市场/公关/广告	13.70
国家机关	2.74	中层管理人员	8.22	财务/税务/金融	30.14
国有企业	39.73	一般员工	82.19	行政/人事/后勤	12.33
私营企业	45.21	学生	8.22	生产/营运/工程	15.07
事业单位	9.59			通信/计算机/网络	8.22
				教育/培训/科研院校	4.11
				销售/贸易/物流	10.96
				非盈利机构/政府	2.74
				其他	2.74
合计	100	合计	100	合计	100

3. 微博及政务微博使用经验特征

表5-8 微博和政务微博使用经验特征 单位:%

	从未使用	1—3个月	3—6个月	6—12个月	一年以上
微博	0.00	9.59	6.85	12.33	71.23
政务微博	65.75	19.18	5.48	1.37	8.22

数据表明，微博使用时间在一年以上的超过70%，而从未使用过政务微博的用户接近70%，即有很大一部分微博的用户从未关注和使用过政务微博。这既说明了政务微博关注率和使用率低的问题，也表明政务微博有极大的改进潜力。

（二）问卷信度效度检验

采取Cronbach's Alpha来检验问卷的信度。所有变量的信度系数值大于0.9，表明该问卷或量表具有良好的可靠性；所有变量的组合信度均大于0.78，内部一致性良好。

在进行因子分析前，首先进行KMO样本检验以及Bartlett球形检验来检验各个变量之间的相关性程度，以判断变量是否适合做因子分析。

表5-9 变量相关性检验结果

变量	KMO样本检验	Bartlett球形检验		
		近似卡方（Approx. Chi-Square）	自由度（df）	显著性（sig.）
绩效期望	0.834	629.042	45	0.000
努力期望	0.669	211.281	15	0.000
社会影响	0.789	648.207	66	0.000
促进条件	0.798	670.682	66	0.000
使用意愿	0.682	367.295	28	0.000
使用行为	0.517	60.395	6	0.000

可以看到，所有变量的KMO值都大于0.5，即适合做因子分析。同时Bartlett球形检验结果的sig.=0.000（小于0.01），说明具有显著差异性，表明本书的数据是适合做因子分析的。

使用SPSS17.0和MPLUS 6.0软件，对理论假设以及结构模型的拟合度进行了实证检验，结果表明模型整体拟合度较好，可用于验证假设。

表 5 – 10　　模型总体拟合检验结果

拟合指标	指标值	拟合情况
近似误差均方根（RMSEA）	0.068	越接近于0，拟合越好，建议 < 0.08
相对拟合指数（CFI）	0.92	越接近于1，拟合越好，建议 > 0.9
塔克—刘易斯指数（TLI）	0.938	越接近于1，拟合越好，建议 > 0.9

（三）假设检验结果

表 5 – 11　　假设检验结果

假设	关系	路径系数	p 值	结果
H1	绩效期望→使用意愿	0.435	0.000	成立
H2	努力期望→使用意愿	0.357	0.000	成立
H3	社会影响→使用意愿	0.608	0.000	成立
H4	促进条件→使用意愿	0.070	0.522	不成立
H5	使用意愿→使用行为	0.716	0.000	成立

总体而言，模型中各标识变量均可有效表达对应的潜变量。但是，对 H4 的检验结果表明，使用政务微博的促进条件与使用意愿的相关系数为 0.070，p 为 0.522，没有通过显著性水平检验，故 H4：使用政务微博的促进条件会对使用政务微博的意愿有显著的正向影响未能通过验证，该假设不成立。

五　分析与讨论

（一）假设检验的结果分析

本次实证研究验证了四个假设的成立，即绩效期望、努力期望、社会影响均对政务微博的使用意愿有显著的正向影响，政务微博的使用意愿对使用行为有显著的正向影响。

1. 绩效期望

绩效期望表示个体相信使用这种系统会帮助其在工作绩效上获得收益。最本质的表现之一是感觉有用性，认为使用一种新型的技术或者系统能够提高生产力，增加工作效率，让原本的工作变得更为简单。问题 PE4："比起其他社交媒介，我觉得政务微博使用便捷，能让我的工作变得更容易”和PE5：“使用政务微博取得的工作成效令我满意，它能使工作被更好地完成”估计值更高，反映了使用政务微博的网民对政务微博的绩效期望。因此，政务微博服务范围应该尽可能广泛地覆盖民众需求，更为人性化地设置版块和功能，提升操作便捷度，让民众能有主动使用的基本动机和意愿，才能有更多的民众使用政务微博。

2. 努力期望

努力期望的结果主要反映了技术层面对使用政务微博群体的影响，即使用主体对使用一种新型的系统或技术所需要的学习时间和精力的评价，一般女性尤其是工作经验较少的女性表现尤为突出。如果使用政务微博不是一件十分困难的事情，则会有较多的网民可能会接受并且使用政务微博。问题EE2：“我认为学会使用政务微博是容易的，不需要花费太多时间”估计值最高，表明使用了政务微博的人认为其使用便捷度较佳，因此，政务微博的运营者应该更加重视改善政务微博的使用性能和便捷性，吸引更多的民众加入到政务微博使用的群体中来。

3. 社会影响

社会影响主要刻画了外界因素对使用政务微博群体的影响。从研究结果看，主要是“社会因素”和“形象”直接决定了社会影响的作用大小，问题SI3：“我使用政务微博是为了与某个特定群体沟通融洽、赢得认同”和SI4：“工作、学习和生活中，大家都期望或需要我使用政务微博”以及SI5：“我身边使用政务微博的人比不用的人声望要高”估计值较高，说明社会影响对政务微博使用意愿的影响主要体现在用户的工作期望度和对“意见领袖”的认同度上。因此，政务微博的建设应该特别重视公信力和实用性的加强。

4. 使用意愿

使用意愿作为政务微博使用群体的主观感受影响着使用行为的发生。问题BI3：“我愿意经常使用政务微博”和BI4：“我愿意推荐给我的朋友使用政务微博”估计值较高，这直接表明了使用意愿对使用行为的显著正向影响。因此，政务微博建设和运营在公信力和实用性等方面更加优异的功能和性能，能够吸引更多的潜在用户群体，让民众产生使用和推荐给朋友使用的强烈主观意愿，有效地促进政务微博的健康发展。

（二）调节变量影响分析

调节变量包含性别、年龄、使用政务微博的经验、学历和职业。

表 5－12　　调节变量影响分析表

因素	调节变量影响描述
绩效期望	①男性的绩效期望较高；②年轻人的绩效期望较高；③受教育程度和工作职称高低对绩效期望有一定影响；④工作时间、工作类别、上网时间、使用政务微博经验、登录微博方式均不显著影响绩效期望；⑤使用政务微博时间对绩效期望的影响显著
努力期望	①女性努力期望较高；②年轻人努力期望较高；③受教育程度、工作职称高低和政务微博使用经验对努力期望有一定影响；④使用政务微博时间对努力期望的影响显著；⑤工作时间、工作类别、上网时间、登录微博方式均不显著影响努力期望
促进条件	女性与受教育程度高、使用政务微博经验多与时间长的人更看重促进条件
使用意愿	①使用政务微博时间长的人的使用动机更强烈些；②受教育程度、工作职称高低对使用动机有显著的负影响；③工作时间、上网时间与使用经验对使用动机没有显著影响
使用行为	①年轻用户和高学历用户每日使用政务微博的频率相对更高；②大部分用户主要运用政务微博查询生活资讯和有关政治信息

数据分析表明，年龄、学历、职业三个调节变量对各关键因素有显著影响，具体如下：

（1）年轻用户群体的绩效期望、努力期望较高。其受到升职加薪的正向激励，加上年轻用户群体思维相对活跃，学习新技术知识更为容易，故其对政务微博的接受及使用度相比年纪较长的用户更高。

（2）高学历用户群体的绩效期望、努力期望、社会影响、促进条件、使用意愿都较高。受教育程度相对较高使得这部分用户群体更能明确地感知政务微博的实际价值，能较快地掌握它的使用方法，并从中获取自己所需要的信息，达成自己的诉求。

（3）职业变量中主要是工作职称对绩效期望、努力期望、社会影响、使用意愿影响较大。职位较高的人相对更加愿意使用政务微博来不断扩大自己的社会影响，也愿意与社会影响大的用户互动交流，从中获取实用信息。

六　研究结论

绩效期望、努力期望、社会影响、使用意愿对政务微博的接受与使用具有显著的正影响，因此，政务微博的建设与运营应该从注重功能实用、操作便捷、信息权威等方面，打造有效的公共服务和政民交互平台。主要建议如下：

（一）切实用好每一条微博，提升用户的绩效期望和使用意愿

影响民众使用政务微博意愿的直接原因源于政务微博的实用价值，这种价值体现在政务微博给民众带来的便利及提升工作绩效的程度上，具体可以通过政府机构发布的每一条微博的价值来评判。应该注重微博实用功能的建设和拓展，突出高价值性，满足广大公众日益增长的政府信息需求和政民互动交流的意愿。

（二）简化政务微博操作机制，让便捷的操作方式提升用户努力期望

一方面，政务微博运营机构应不断加强对政务微博的运营维护，建立起规范的管理和运行机制，制定突发事件的应对预案，提供完备的信息资源、高性能便携的技术设备及网络环境；另一方面，在具体的操作性能上，应该突出政务微博操作的简洁性。调查结果显示，女性尤其是工作经验欠缺的女性为政务微博所花费的学习精力相对更高；基于此，应该有针对性地设计出恰当可行的操作方案，例如根据女性用户特点设立相应的栏目版块，更多吸引该用户群体的注意，同时降低用户使用所花费的时间和精力，为行政办公、政民互动提供简单易行和迅捷便利的使用形式，以操作便捷性吸引更多民众使用政务微博。

（三）依托意见领袖的社会影响，吸引更多粉丝关注

意见领袖和身边重要人士对民众的政务微博使用意愿有显著的正面影响，因此，政务微博应该重点关注粉丝群中自然形成的意见领袖，了解他们的需求和特点，通过他们的影响力，建立与广大民众之间的良性沟通渠道，并影响更多的民众使用政务微博与政府沟通交流和解决实际问题。同时，鼓励公务人员开设认证微博，在规范有序的前提下，积极参与政务微博的政民互动。公务人员既具有政府的公信力，又具有个体的灵活性和亲和力，在针对舆论热点事件发表意见时，其权威性和亲和力兼具的特性，能够更好地达成改善舆论环境和沟通效果的目标，也能够吸引更多的民众关注和使用政务微博。

第三节　政民互动的服务满意度影响因素（以政务微博为例）

一　问题背景

服务型政府的打造，以给全社会提供必要的和优质的公共服务为目的，以政府自身职能的科学定位、服务内容的优化组合、施政过程的廉洁高效为手段，以公众的参与权、评价权和选择权为前提，以公众是否满意为归宿。因此，衡量服务型政府建设的好坏，最终的标准是民众是否满意，民众是否有表达权、评价权和选择权。以微博为代表的新媒体的出现，为政府部门提供的公共服务带来了一定的方式革新；政务微博的迅速发展，为民众与政府的沟通提供了便利，也提升了政府电子政务公共服务的效能。越来越多的政府部门开始利用这一新型媒介辅助日常的行政事务管理，但提供的服务质量和侧重点存在着很大的差异。有的政务微博真正做到了有问必答，有问题必解决，立下了限时解决和答复的“军令状”，民众对此满意度很高；而有的政务微博则是充当地方民俗风情及交通状况通告的宣传板，互动性不佳，民众的满意状况也较差。

政务微博的核心是服务，因此探索政务微博建设和运营过程中影响其服务满意度的主要因素，寻找更有效的方式和路径以改进其服务效能很有必要。

本节以“服务于民、追求公共利益”的核心理念为指导，选择具有代表性的政务微博样本进行跟踪研究，一方面观察其结构特征和运行特征；另一方面通过与样本用户的粉丝互动访谈，了解当地政府政务微博提供的公共服务水平和效能，探索政务微博对政府公共服务满意度的影响因素，为下一步建立电子政务中政民互动度的评价体系提供理论依据。

二　研究设计

（一）服务理念与政务微博的关系分析

新公共服务理论中“服务于民、追求公共利益”的核心理念，与政务微博所发挥的作用在一定程度上十分契合，具体表现为以下几点：

1. 服务于民的思想

新公共服务理论认为政府的作用在于帮助公民表达和实现其共同利

益，不再试图掌控社会的发展，社会发展变为众多组织和团体的互动、多方观点和利益的融合造就和推动的社会演变。微博作为新媒体的典型代表，消息传递发散而迅速，提升了信息交换的效率，降低了信息成本。政务微博让政府可以将权威性与高效性相结合，让民众第一时间了解政务信息，反馈民众诉求，节省行政成本，缩短民众等待周期，是政府服务于民的有效载体。

2. 公共利益的凸显

传统的政府运行模式一般没有将民众利益诉求放到最优先的位置，而是以贯彻和执行国家意志为主要目的。新公共服务的理论认为公共利益是政府服务的终极目标，政府在保障和实现人民的利益时，与人民进行友好的协商和对话是极为必要的。政务微博提供合适的平台，其对话的直接性和便捷性能让政府第一时间倾听民众的声音，吸纳有益的建议，让民众和政府共同考虑公共利益良性发展的办法，增强民众的参与意识。政务微博是实现公共利益最大化的有益平台。

3. 责任的承诺与实践

政府肩负的责任具有极强的现实性和复杂性。新公共服务理念认为，政府责任的承诺性和可实践性对政府实现其公共服务目标具有重要作用。政务微博的开放性和信息传播的快速广泛性，使得其成为发布其承诺和检验其承诺有效性的平台，帮助民众知晓政府的责任承诺，参与监督和管理，从而提升和维护政府的公信力，最终提高政府服务水平。

（二）研究思路

本书采用多案例分析法进行研究，通过对样本政务微博进行跟踪记录，并与粉丝进行私信访谈，获得研究的数据基础；通过对案例调查数据和访谈事实的分析研究，解决下列问题：

（1）政务微博的建设和运营特征如何影响政府公共服务的效能。

（2）在研究（1）的基础上，提炼优秀案例经验，探索通过政务微博提升公共服务效能的途径。

对政务微博特征的研究主要从静态特性和运行特性两方面展开：

（1）静态特性包括“结构体系、功能构成、突出特色”三方面。

（2）运行特性包括“运营概览和问题解决”两方面。

对政务微博公共服务水平的评价，主要通过“民众对通过微博提供的公共服务的满意度”来衡量。

政务微博的静态特性描述如表 5－13 所示。

表 5－13　　政务微博的静态特性描述

项目	分类	内涵
结构体系	单一微博型	各部门微博账号独立运营管理
	垂直结构型	针对某一具体领域事务，按照行政区划来联合运营管理
	微博群型	政府明确专门部门牵头，整合各领域、各部门微博资源联合运营管理
功能构成	功能覆盖度	微博提供的功能丰富程度，如生活助手、新闻百科、网上办公、网上投诉、监督提醒等
功能构成	政务覆盖度	微博涵盖的公共服务范围，如基础教育、公立医院、房价稳定、社会保障、环境保护、社会治安、基础设施、文体设施、公共交通等
突出特色	服务承诺	（1）承诺标志：是否对醒目的公共服务承诺标志 （2）承诺内涵：承诺的内容、时效性和监督机制
	特色专栏	为了弘扬民族文化、突出地区特点等目的设立的特色栏目

政务微博的运行特性描述如表 5－14 所示。

表 5－14　　政务微博的运行特性描述

项目	分类	内涵
运营概览	数量特征	（1）基本面情况：每天的粉丝数、关注数、微博总数、辖区人口总数 （2）发微博情况：日均发博数（发博频率） （3）受响应情况：每条微博平均被评论数，每条微博平均被转发数 （4）发博时间分布情况：是否每天发博，是否均匀发博
	内容特征	（1）政务化水平：日均政务性微博数，日均政务性微博比率，微博群互动协作微博数 （2）评论情感倾向：民众在微博评论中的情绪倾向（正面、负面、中性）
问题解决	日均响应数	在承诺时限内，日均响应民众诉求类型微博数
	日均办结数	在承诺时限内，日均办结民众诉求类型微博数

政务微博提供的公共服务效能评价描述如表 5－15 所示。

表 5-15　　政务微博提供的公共服务效能评价

项目	内涵
满意度	指民众对公共服务水平的主观感受和评价，主要从以下角度进行调查： （1）政务微博的事务办结时间及效果 （2）政务微博的政务公开透明性，是否能及时、准确地公开政府公共服务内容及评价信息 （3）政务微博的公民参与性，指民众是否能够有效地参与公共服务规则的讨论和制订，参与监督评价政府公共服务

（三）调查对象与调查方式

为保证研究对象的可比性，确定以省会级城市（含直辖市）政府的官方微博为取样范围。根据《2013 年新浪政务微博年度报告》对国内主要政务微博的评价，并综合考虑所在城市的地理区位和总体发展情况的代表性，确定了以下 10 个城市的官方微博为本书的案例样本，如表5-16所示。

表 5-16　　政务微博研究案例抽样

微博名称
@问政银川、@成都发布、@北京发布、@南京发布、@重庆微发布、@长沙发布、@武汉发布、@微博济南、@微博贵阳、@兰州发布

对样本政务微博进行了为期两周共 14 天（2014 年 4 月 14 日至 27 日）的连续数据追踪调查和粉丝私信访谈，形成了本书的数据基础。

数据追踪调查以样本微博的静态特性和运行特性为核心。粉丝私信访谈以民众对政务微博提供的公共服务满意度为核心。对于每一个微博样本，通过广泛的在线接触、沟通和筛选，确定 10 个当地民众为粉丝私信访谈对象。整个研究确定 100 个访谈对象。

（四）具体研究问题设定

根据研究目标，设定以下具体研究问题：

Q1：政务微博的结构体系对公共服务满意度评价是否有影响？

Q2：政务微博的承诺情况对公共服务满意度评价是否有影响？

Q3：政务微博的运营特性对公共服务满意度评价是否有影响？

Q4：政务微博提供公共服务的覆盖度对公共服务满意度评价是否有影响？

Q5：政务微博为民众解决问题的情况对公共服务满意度评价是否有影响？

三 实证研究

以样本案例调查数据和访谈结果为基础，进行整理分析，得到如下结果：

（一）样本微博的结构体系特点

三种微博结构体系在 10 个样本中均有体现，微博群型最多，如表 5－17 所示。

表 5－17 样本微博结构体系统计

结构体系	微博账号
单一微博型	@微博贵阳、@兰州发布
垂直结构型	@重庆微发布
微博群型	@问政银川、@南京发布、@长沙发布、@武汉发布、@微博济南、@成都发布、@北京发布

单一微博型表明政务微博运营机制是分散的，没有有效地整合运营。单一微博型只做到了政府从宏观上与民众的沟通，其沟通效率和事物办理能力与垂直结构型和微博群型相比，存在明显的差距。

垂直结构型微博结构体系，针对某一类具体的服务职能或部门按照行政区划等级联合管理政务。如@重庆微发布，以市级政府政务微博为主导，整合下属各个区县政府政务微博账号，形成了典型的垂直型结构。这种结构的特点是能形成“上传下达”的良好协调局面，让下级行政区和上级的联系紧密，更好地行使行政服务职能。

微博群型政务微博结构体系是在垂直型的结构上延伸发展了平行的结构，不局限于某一类具体的服务职能或机构，而是将其联合起来，予以整合管理。该结构政务微博建设与运营水平要求高，要求各个具体职能部门都要按照行政区划开设政务微博，政务覆盖无盲点；懂得运营的方法和技巧，政民交互和政政交互效率高，协同高效解决民众反映的诉求。@问政银川是采用微博群型结构的突出代表。

(二) 样本微博的公共服务覆盖度情况

用A－I代表了A基础教育、B公立医院、C房价稳定、D社会保障、E环境保护、F社会治安、G基础设施、H文体设施、I公共交通九个关注民生利益的方面，用“公共服务覆盖率”指标表征公共服务覆盖度。统计数据来源于粉丝私信访谈的综合结果，如表5－18所示。

表5－18　　样本的公共服务覆盖度表

微博账号	公共服务覆盖面情况	公共服务覆盖率（%）
@问政银川	B、D、E、F、G、I	66.67
@成都发布	A、E、F、I	44.44
@北京发布	A、F、I	33.33
@南京发布	A、F、I	33.33
@重庆微发布	D、I	22.22
@长沙发布	A、B、I	33.33
@武汉发布	E、G、I	33.33
@微博济南	A、F、I	33.33
@微博贵阳	E、I	22.22
@兰州发布	G、I	22.22

可以看出，@问政银川的公共服务覆盖面是最广的，其次是@成都发布。

(三) 样本微博的承诺情况

承诺情况主要通过承诺标志以及承诺内涵来表示。承诺标志主要是指政务微博样本在微博的主页、公告或者个性签名处有针对民众反馈的问题限时答复或者解决办理的承诺；承诺内涵是主要是指政务微博样本对于民众反映的问题给出具体的解决方案或办理时间等承诺细节（见表5－19）。

表5－19　　样本承诺情况

微博账号	承诺标志	承诺内涵
@问政银川	突出醒目	清楚明确
@北京发布		
@南京发布		

续表

微博账号	承诺标志	承诺内涵
@成都发布	明晰	不十分明显
@重庆微发布		
@长沙发布		
@武汉发布		
@微博济南		
@微博贵阳		
@兰州发布		

@问政银川和@成都发布提供了服务承诺的两个样本，其余样本未做到服务公开承诺。@问政银川的服务承诺标识突出醒目，承诺内容、时限、民众参与和监督方式等清楚明确，传递给民众权威、清晰、可靠的信息，能够表明该政务微博的公信度，是以解决和反馈网民诉求为主的政务平台，在其所属的微博群中起到了整合资源、协调分配的中心作用。@成都发布的服务承诺标识明晰，问题处理平台和回应时限、处理问题类别及处理方式都清晰呈现，但其微博内容以发布政务相关信息为主，并未设有具体的回复网民诉求的承诺内涵，服务承诺由其微博群中“成都市人民政府政务服务中心”的官方微博@成都服务负责；@成都服务与@成都发布发博内容总体较为类似，但@成都服务中多了针对网友诉求解决的“服务案例”小栏目，将相关问题的责任部门回复发博告知民众，可见@成都发布与@成都服务等微博子群是相互协作和补充的平行关系，但是这种模式造成了主账号@成都发布的承诺内涵不够完善。

（四）样本微博的运营特性统计

1. 数量特征

表5－20　样本运营情况特性的数量特征表

微博账号	基本面			发博情况	被响应情况		发博时间分布	
	粉丝数	关注数	辖区常住人口（万人）	发博频率（次）	微博平均被评论数	微博平均被转发数	是否每天发博	时间是否相对均匀
@问政银川	345578	1302	204	17	3	4	是	是

续表

微博账号	基本面			发博情况	被响应情况		发博时间分布	
	粉丝数	关注数	辖区常住人口（万人）	发博频率（次）	微博平均被评论数	微博平均被转发数	是否每天发博	时间是否相对均匀
@成都发布	5825386	785	1404	23	14	22	是	是
@北京发布	4875972	361	2069	21	6	18	是	是
@南京发布	2857860	1926	816	14	14	29	是	是
@重庆微发布	1274157	241	2945	13	2	5	是	是
@长沙发布	114145	188	704	8	1	3	否	是
@武汉发布	1268803	380	1002	16	6	9	是	是
@微博济南	369076	620	695	13	3	16	是	是
@微博贵阳	596758	389	445	10	4	1	是	是
@兰州发布	231384	23	361	2	5	7	否	是

2. 内容特点

表 5-21　　研究样本运营特性的内容特点表

微博账号	政务化水平			评论倾向水平
	日均政务相关性微博数	日均政务性微博比率（%）	微博群互动协作微博数	
@问政银川	16	99.3	5	积极
@成都发布	17	99.5	0	中性
@北京发布	13	99.6	0	中性
@南京发布	11	99.2	0	中性
@重庆微发布	10	99.1	0	中性
@长沙发布	7	99	0	中性
@武汉发布	15	99.2	0	中性
@微博济南	13	99	0	中性
@微博贵阳	9	98.7	0	中性
@兰州发布	2	99	0	消极

日均政务相关性微博是指平均每天发送微博中与自身政务职能密切相关的微博数，日均政务性微博比率是指平均每天的政务性微博占发博总数比率，微博群互动协作微博数是指微博群里相互协作共同回应解决民众诉求的微博数。

在数量特征上做得较好的是@成都发布、@北京发布、@南京发布和@重庆微发布。这几个政务微博首先能做到每日更新，且发博时间分布相对均匀；其次其基本面数据基数大，表明其开博时间较长，运营经验丰富，影响力大；最后其发博情况和被响应情况在样本中排名靠前，再次证明了这几个样本的影响力。有了数量层面的基础，能够初步说明政府在提供公共服务时的不间断性，这也符合新公共服务理念的以公民利益为重、凸显政府的责任意识的核心观念。

在内容特点上，做得较好的分别是@问政银川、@成都发布、@北京发布和@武汉发布。在这几个样本中，虽然@问政银川存在发帖原创性不佳的问题（这与其微博定位有关联，该微博定位为银川政府机构的整合运营集中点，主要着眼于集成解决问题，起到传声筒的作用），但民众对其处理和答复时间的评论倾向大多持积极态度，肯定了政府在服务方面所发挥的功效，满足了民众的基本要求；并且所有样本中，只有@问政银川微博群有发挥微博群账号之间相互协作解决问题的功效，其政务处理效率最高，回复解决民众诉求更为及时和公开透明。@成都发布、@北京发布、@武汉发布的内容特点主要体现在其原创微博和政务含量高的微博的数目相对较大，说明了其政务水平处于较高状态，其民众评论倾向多为中性，表明这三个微博在公用服务的质量上仍有较大的上升空间。民众的评价这一指标最能体现政府公共服务水平高低，只有得到群众的认可，才能真正反映政府的服务意识和具体实践能力，因此，在这方面@问政银川有许多优势值得借鉴和学习。

（五）样本微博解决民众问题的情况

以政务微博对民众办事诉求的日均响应数和办结数来评价其解决问题的能力（见表5－22）。

表 5－22　　样本解决问题的情况

微博账号	日均响应数	日均办结数
@问政银川	8	7
@成都发布	0	0
@北京发布	0	0
@南京发布	0	0
@重庆微发布	0	0
@长沙发布	0	0
@武汉发布	0	0
@微博济南	0	0
@微博贵阳	0	0
@兰州发布	0	0

特别值得注意的是，所有样本中只有@问政银川有实质性的响应民众诉求和反馈处理结果，这是@问政银川与其他样本微博相比最突出的特点。

（六）样本微博的公共服务满意度评价情况

采用民众满意度来衡量公共服务效能。统计数据来源于粉丝私信访谈的综合结果。访谈在政务微博的大背景下，对公共服务质量改善情况进行提问，包含以下几个方面的问题：

（1）公共服务质量提升的类别。

（2）公共服务质量提升的具体方面和细节。

（3）结合个人经历谈谈事务反馈时间及办结情况相对以前的变化。

（4）政府信息尤其是公共服务相关信息公开透明度变化情况。

（5）政府解决问题的时效性情况。

（6）政府制定公共政策时听取民众意见相对以前的变化。

（7）对微博平台上政府提供公共服务的改进建议。

访谈对每个样本的粉丝有针对性地抽取 10 名进行了有效互动访谈，这些粉丝均是当地的民众，都有使用过或者与样本进行过互动的经历，其意见具有较强的参考性（见表 5－23）。

表 5-23　研究样本的民众满意度统计表

用户名	用户对政务微博平台提供公共服务的满意度情况		
	满意（%）	比较满意（%）	不满意（%）
@问政银川	80	20	0
@成都发布	56	36	8
@北京发布	48	28	24
@南京发布	48	32	20
@重庆微发布	44	44	12
@长沙发布	40	24	36
@武汉发布	40	24	36
@微博济南	40	36	24
@微博贵阳	32	24	44
@兰州发布	32	44	24

@问政银川的粉丝满意度最高，其他样本的粉丝访谈普遍认为通过政务微博平台提供的公共服务质量相比以前没有明显提升。

四　分析与讨论

（一）案例实证数据分析

表 5-24　研究样本总体情况汇总表

微博用户名	民众满意度（%）	结构特点	承诺情况	公共服务覆盖率（%）	日均办结/响应诉求数≥1	民众情感倾向
@问政银川	80	微博群	√	66.67	√	积极
@成都发布	56	微博群	√	44.44		中性
@北京发布	48	微博群		33.33		中性
@南京发布	48	微博群		33.33		中性
@重庆微发布	44	垂直型		22.22		中性
@武汉发布	40	微博群		33.33		中性
@长沙发布	40	微博群		33.33		中性
@微博济南	40	微博群		33.33		中性
@微博贵阳	32	单一型		22.22		中性
@兰州发布	32	单一型		22.22		消极

表5－24中的数据分析表明，民众对通过政务微博提供的公共服务的满意度与政务微博的结构特性和运行特性存在明显的关系，具体如下：

（1）政务微博的结构体系对政府提供的公共服务效能有重要的影响，采用微博群型结构体系的政务微博，民众满意度高于采用垂直结构型和单一微博型的政务微博。

（2）政务微博的承诺情况对政府提供的公共服务效能的影响不确定，@问政银川的承诺标志和承诺内容清楚醒目，履行承诺的情况也得到了民众认可，应该对其民众的高满意度有着直接的影响；但是，@成都发布和@成都服务等微博群分工协作，协同处理民众诉求，并予以有效回应，也受到了民众的认可。可见承诺情况针对的是微博群总体而非单一子微博。

（3）政务微博的自身运营情况（发博数量、发博内容）对政府提供的公共服务效能影响力一般，然而有序的运营情况是民众满意的基础，政务微博用户也应重视每日的运营情况。

（4）政务微博提供的公共服务覆盖度对政府提供的公共服务效能有重要影响，@问政银川、@北京发布、@南京发布三个覆盖度较高的微博，民众满意度较高。

（5）政务微博解决民众问题的能力对政府提供的公共服务效能有重要的影响，所有样本中，只有@问政银川有实质性的回应民众诉求和反馈处理结果，表现出了突出的特点。

综上，@问政银川在所有样本中综合表现突出，民众满意度高，下面具体总结和分析其特点，形成可推广的经验。

（二）个案经验分析——@问政银川

@问政银川微博运营方式和特点与新公共服务理论“服务于民、追求公共利益”的理念非常贴合，其经验值得总结和推广：

1. 发挥微博群的整合优势——交互联合，响应迅速

整合形成优势，个别的明星微博只能造就局部的繁荣，无法形成优质高效服务民众的整体能力。@问政银川通过在功能和职能上整合资源，实现了线上协调、高效服务的目标。@问政银川是银川政府体系微博资源的核心账号，下属主要区县、职能部门都通过它形成几个有机整体，实现了微博群资源的纵向和横向配合；同时，通过流程的整合，大幅度提升了整个微博群处理民众诉求的能力和效率。

2. 凸显强大的责任意识——承诺性

可践行和可监督的承诺能够有效建立政务微博的公信力。@问政银川利用清晰醒目的承诺标志和可行性极强的承诺内涵表达，将承诺的内容、时效和民众参与监督的方式公告于众，向民众庄严承诺。实践中，通过强有力的部门资源整合和办事流程整合，以及严格的内部管理体系与惩戒机制，将对民众的庄严承诺真正落到实处，在对每件小事的认真办理中履行了承诺，塑造了强大的公信力，赢得了民众对政府的信任。

3. 树立效率至上的服务理念——快速反馈，限时解决

@问政银川微博主页和公告栏中明确宣示："我们承诺：对您@问政银川的问题，本微博在工作时间1小时内、节假日休息时间8小时内，有呼必应！"@问政银川非常重视处置民众诉求的时效性。民众诉求通常琐碎细致，诸如小到民众咨询不锈钢报箱的定做地址、夜间施工项目审批结果、每日儿科病房床位使用情况等，@问政银川都能够以时效性为优先，追求以秒为单位的响应速度，提高办事效率，从细微处体现了政府服务的意义所在。

4. 注重细节的作用——评论亦可以成为问题的第二解决平台

@问政银川重视网友评论的作用。很多网友自身没有提出具体问题诉求，但使用跟帖评论的方式来表达对某事的看法和倾向。网友如果对特定的问题有着极强的认同感，将表现出明显的情感倾向，甚至联想到其他相关或类似的事件，并在评论中表述。一般政务微博对网友的评论帖子通常都不会回应或处理；但是，@问政银川非常重视这种细节问题，对网友评论中的大部分问题仍然予以回复和解决。对于细节的重视表明@问政银川不追求华丽的形式，而重视服务于民的优良理念。

五　研究结论

政务微博是网络时代政府践行"服务于民、追求公共利益"新公共服务理念的有效手段和平台，能够在政府公共服务职能和民众的需求之间，搭建起高效率的沟通桥梁，帮助政府把服务资源精确有效地投入真正需要的地方，最终提升民众对公共服务的满意度。

政务微博的建设和运营，对其作用的发挥具有重要的影响。资源整合型的政务微博群、可践行可监督的服务承诺、广泛全面的政务服务覆盖度、政务微博解决民众实际问题的能力等因素，对于政务微博提供的公共服务的满意度有着重要的影响。

第四节 本章小结

综上所述，对以政务微博为例的电子政务条件下政民互动的接受度和公共服务满意度影响因素的实证分析可知，公众是否愿意接受并积极使用电子政务平台中的政民互动功能，是否对通过政民互动平台获得的公共服务感到满意，受到信息基础设施的完备程度、公共服务的覆盖范围、政府对民众诉求的响应速度等诸多因素的影响，具体总结如下：

1. 政民互动平台的有用性

影响民众使用政民互动平台的直接原因源于其实用价值，即是否有用。具体体现为政民互动平台提供的服务功能、政务信息、互动交流活动，对于参与政民互动的公众是否具有实际的价值。应该注重政民互动平台实用功能的建设和拓展，突出高价值性，满足广大公众日益增长的政府信息需求，提升公众积极参与政民互动交流的意愿。

2. 政民互动平台的易用性

政民互动平台是否好用、易用，会影响到公众的使用意愿。政民互动平台在规划设计和实施建设时，在界面设计、功能布局、操作流程等方面，应体现美观、简洁、大方、操作简便、易学易用的原则，降低公众接受和使用政民互动平台的技术障碍。特别是，对于工作经验欠缺的女性、年龄较大的群体等，操作的简便性能够有效降低他们学习并接受政民互动平台的时间成本和精力投入，从而促进更多的公众积极参与。

3. 政民互动平台信息的权威性

意见领袖和重要人士对民众是否接受和使用政民互动平台有显著的影响。事实上，公众认同的是意见领袖和重要人士所具有的认知或信息权威性。对于政务互动平台来说，信息的权威性主要来自两方面：一是政府一方通过严格高效的内部机制，保证从政府一端发出的信息及时、准确、权威；二是公众一方会逐步形成一批意见领袖，政民互动平台可以与意见领袖建立有效的互动交流，利用他们的影响力，建立与民众之间的良性沟通渠道，并影响更多的民众使用政务互动平台与政府沟通交流和解决实际问题。

4. 政民互动平台结构体系的完备性

政民互动平台的组织结构体系对政府提供的公共服务效能有重要的影响。一般而言，政民互动平台本身并不能够直接有效地响应公众的诉求，解决公众的问题，而是需要通过信息的流转，协调具体的政府职能部门来完成相应的任务。所以，在政民互动平台中建立完善的组织结构体系，对政民互动活动的有效开展具有重要的影响。

5. 政民互动平台公共服务的全面性

一般来说，政民互动平台通常具有信息服务和公共服务两大类服务内容。早期更注重信息服务，而现在与民生事务直接相关的公共服务越来越受到重视。政府通过政民互动平台提供的公共服务是否全面，对政民互动的民众满意度有重要影响。

6. 政民互动平台的承诺清晰与可信性

承诺包括对于公众诉求的响应时限和问题办结时限以及服务内容范围的承诺。政民互动平台的承诺清晰与可信，有助于民众积极参与互动，也有助于公共服务水平和质量的提高。

7. 政民互动平台运营的高效率性

政民互动平台的运营管理水平与运营效率，比如信息发布的及时性、民众诉求的快速响应、焦点问题的及时梳理与公开等，是提高民众满意度的基础，政务互动平台应重视每日的具体运营，通过重视细节提高服务效能。

8. 政民互动平台解决问题能力的可靠性

能否通过政民互动平台切实解决民众提出的诉求与问题，对政府提供的公共服务效能具有根本性的影响。公众积极参与政民互动平台中的互动交流活动，是因为电子政务平台相比其他渠道，能够更快速、更方便、更有效地表达其意见和建议，提出需要解决的具体问题。如果公众的诉求和问题总是能够得到有效的响应和切实的解决，就能够逐渐建立政民互动平台的权威性和可靠性，从而促进公众更加踊跃地参与互动，公众的满意度就会更高。

第六章　电子政务中政民互动度的评价体系研究

本章在前述理论分析和影响因素研究的基础上，明确了评价体系设计的指导思想和基本原则；结合我国电子政务中政民互动的两种主流渠道，即政府门户网站与政务微博，分别构建相应的政民互动度评价指标体系；最后根据政府门户网站与政务微博各自的特征，确定了两个指标评价体系中权重的具体分配方案，以及指标数值处理和评价结果计算的具体方法。

第一节　指导思想和基本原则

一　指导思想

电子政务中，政民互动度是一个反映政府部门通过电子政务系统和平台，与公众沟通交互的广度、深度和效果的度量值。

通过前述章节的调查与分析可知，电子政务中政民互动的广度、深度和效果受到诸多因素的影响。总体来说，观察和评价电子政务中政民互动的关键词是“平台”“参与”和“服务”。

“平台”是政民互动的客观条件和物质基础，比如政府门户网站、政务微博等信息化系统等，公众只有通过具体的平台才能够参与到政民互动中来。“平台”的界面设计、功能规划、流程优化、运行效率等方面的质量高低，对于吸引和促进公众的参与具有重要的、基础性的、不可替代的作用。

“参与”是政民互动的过程。公众利用各种政民互动的信息化“平台”所提供的互动渠道和功能，以邮件、在线访谈、发帖、评论、转发、点赞等各种互动方式，对自己感兴趣的问题或与自己切身利益相关的事宜，以建议、投诉、求助等形式与有关的政府部门进行互动。公众“参与”的广度、深度和效果，既受到“互动平台”基础条件的促进或限制，更与政府对“互动”内容和过程的管理水平直接相关。反过来说，公众“参与”的广度、深度和效果，也能够反映出政府部门在“政民互动”方面的运营和管理水平，二者之间是相辅相成、互相促进的辩证关系。

“服务”是政民互动的目标。政府积极组织和参与政民互动，是为了在公共政策的制定、执行过程中，更好地了解公众的诉求，更多地汇集民众的智慧，更深入地发挥公众的监督作用，从而为公众提供更多更好的公共服务。公众积极踊跃地参与政民互动，是为了体现自己作为国家主人的责任和义务，在关系到重大公共利益和自身切身利益的事务上，能够行使自己的知情、建议、监督等权力，从而使自己和相关的公众能够获得更好的公共服务。“参与”与“服务”二者之间，是互为表里的辩证关系；政府和公众积极地“参与”政民互动，是为了提供或获得更好的公共服务，而越来越好的公共服务，能够促进政府和公众更加积极地参与政民互动。“平台”“参与”和“服务”三个关键词，构成了分析和评价电子政务中政民互动度的有机整体。

政民互动度评价体系研究的基本指导思想是：

（1）评价指标体系的构造，应该以“服务”为核心价值导向，综合考虑上述三方面的因素。

（2）评价对象的确定。根据我国的具体国情，政府在政民互动平台的建设和运营、互动的内容和过程管理、公共服务提供三个方面，承担着主要的责任，具有一定的主导权和主动权。因此，确定政府为本书中电子政务中政民互动度的评价对象。

（3）评价主体的选择。评价主体通常可以考虑政府自评、第三方机构评价和公众评价三种方式；从电子政务中政民互动的内涵和目标来看，从公众的视角进行评价是恰当的。因此，选择公众为评价的主体。

（4）方法的选择。根据本书的具体情况，选择层次分析法（AHP）和专家评分法，作为研究制定电子政务中的政民互动度评价体系的方法。从研究可行性出发，选择管理学实验作为实证评价的研究方法。严格按照管理学实验的方法，筛选和培训实验对象，并安排从实验对象为公众的视角，对电子政务中的政民互动度进行评价，保证评价过程和结果的可靠性。

二 基本原则

电子政务中政民互动的评价指标体系必须从我国国情出发，参照国外有关的理论及实践成果，综合考虑电子政务系统、政府、公众等之间关系、政民互动影响因素等多方面的特征，选择指标时遵循下列基本原则：

1. 指标完整性原则

指标体系作为一个有机整体，不但应该从各个不同角度反映出被评价系统的主要特征和状况，而且还要能体现出系统的发展趋势。政民互动度评价指标体系作为一个系统是十分复杂的，每个因子之间既相互独立，又相互制约。故所建指标体系必须要有系统性、层次性，从宏观到微观层层深入，形成一个完整的评价体系。

2. 指标体系的层次性

指标体系的设置应当根据最终的评价目标和评价主体的特征，设置明确的指标体系结构，区分指标体系的层次，并在此基础之上具体细化各评价指标，使得整个评价指标体系层次清晰、结构明确，以利于其在实践和研究之中的应用。

3. 分析可行性原则

建立指标体系应考虑资料的来源和现实可能性、指标数据获取的难易程度，尽量选择那些在评估期间内可获取的、有代表性的综合指标和主要指标。主要考虑从政民互动平台系统中通过观察和记录能够获得可靠数据的指标项，提高指标体系在实际工作中应用的可操作性。

4. 体系稳定性原则

指标体系内容不宜频繁变动，在一定时期内应保持其相对稳定性，这也便于科学分析和研究指标体系及协调目标的实现。指标统计必须连续、稳定、规范，不同地区、不同年份的同一指标要能够进行对比分析。

5. 价值导向性原则

政民互动的根本目的在于通过信息化的手段，通过政府和公众共同努力，实现高质量的公共服务；因此，评价指标的选择应该体现这种价值导向，从而有利于公共政策与战略的制定、调整和实施。

第二节　评价指标体系框架

一　总体框架

根据前述章节关于政民互动问题的全面调查与分析，以新公共服务理论、公民参与理论、互动性理论等为依据，电子政务中政民互动度的评价指标体系可以依据三个准则进行设立，分别为渠道完整性准则、公众参与性准则和服务全面性准则。

渠道完整性准则是指电子政务中政民互动平台所提供的基础设施和物质基础的完备性状况，主要包括两个方面：一是互动平台的性能与功能；二是通过平台参与政民互动的部门架构和协同机制的状况。

公众参与性准则是指公众通过政民互动平台参与政民互动的广度、深度和效果的总体状况，主要包括互动的参与度、时效性、有效性等主要方面，另外还需要考虑政府对政民互动的管理能力和水平。

服务全面性准则是指通过政民互动平台公众能够获得的服务种类和质量状况，主要包括两方面：一是信息服务的种类和质量；二是公共服务的种类和质量。

在如图6－1所示的总体框架指导下，考虑不同类型的政民互动渠道特征，分别进行具体的指标设计。

图6－1　电子政务中政民互动度评价指标体系总体框架

如前所述，目前主流的电子政务政民互动渠道包括政府门户网站（含网络问政平台）与政务社交平台（以政务微博为例）大类；二者虽然在目标和主体内容上具有共性，但是在技术架构、功能设计、互动方式、服务范围等方面都有其鲜明的特点。因此，需要分别设计具体的评价指标，即：

（1）政府门户网站的政民互动评价指标体系框架；

（2）政务微博的政民互动度评价指标体系框架。

说明：课题组从政务微博和政务微信目前的发展状况和具体特征方面考虑，决定选择政务微博作为政务社交平台政民互动评价的研究对象。

二 政府门户网站的政民互动度评价指标体系框架

指标体系框架如图6－2所示。

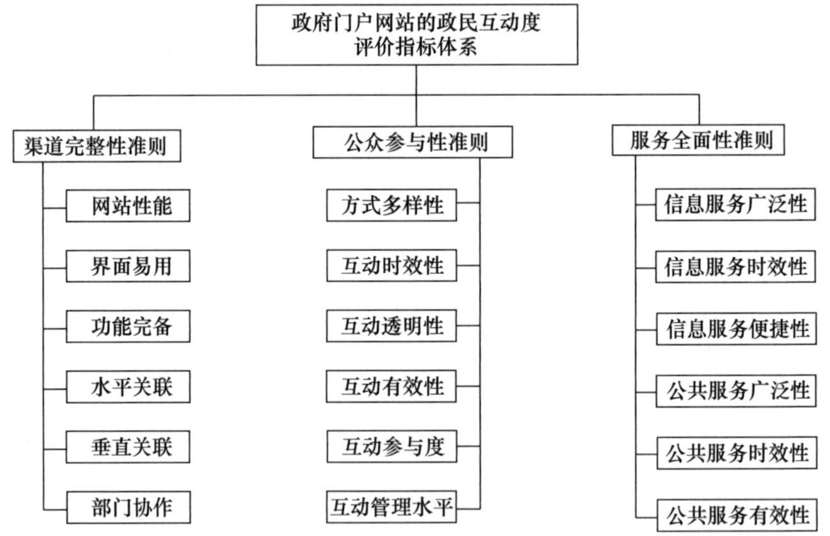

图6－2 政府门户网站的政民互动度评价指标体系

渠道完整性准则主要由三方面的指标构成：

（1）平台性能状况，包括网站性能、界面易用两个指标；

（2）功能是否全面，包括功能完备一个指标；

（3）参与部门的架构和协同机制状况，主要包括水平关联、垂直关联、部门协作三个指标。

公众参与性准则主要由四方面的指标构成：

（1）公众参与方式的丰富程度，包括方式多样性一个指标；

（2）互动的效果，包括互动时效性、互动透明性、互动有效性三个指标；

（3）公众参与人数的状况，包括互动参与度一个指标；

（4）政府对互动交流的管理能力状况，包括互动管理水平一个指标。

服务全面性准则主要由两方面的指标构成：

（1）信息服务的种类和质量情况，包括信息服务广泛性、信息服务时效性、信息服务便捷性三个指标；

（2）公共服务的种类和质量情况，包括公共服务广泛性、公共服务时效性、公共服务有效性三个指标。

三　政务微博的政民互动度评价指标体系框架

与政府门户网站相比，政务微博平台的特殊性主要表现在所有开设和运营官方微博号的政府部门，都使用第三方微博运营商（如新浪和腾讯）提供的系统平台和相关技术，因此在系统性能、系统安全性、信息发布和传播方式等方面，不同的政务微博账号并没有差异性。因此，在确定政务微博的政民互动度评价指标体系时，应该不考虑这一类指标；并在保持总体评价体系一致的前提下，适当增加能够反映政务微博特点的指标。指标体系框架如图 6－3 所示。

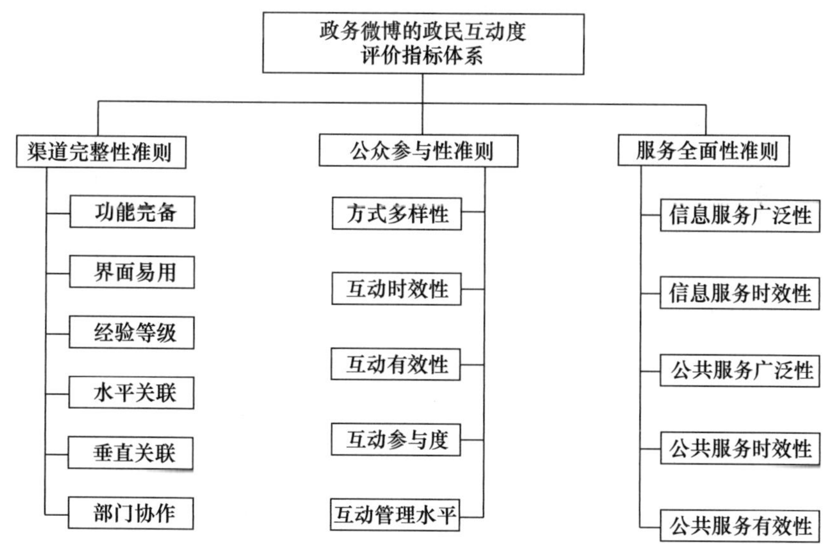

图 6－3　政务微博的政民互动度评价指标体系框架

渠道完整性准则主要由三方面的指标构成：

（1）平台性能状况，包括界面易用、经验等级两个指标（说明：取消了网站性能指标，原因是第三方微博运营商提供了微博平台性能的保证，不同的政务微博账号在这方面没有差异性；保留了界面易用，原因是微博允许账号管理者对界面进行个性化设计和定制，因此不同的政务微博账号在界面美观易用上具有明显的差异；新增了经验等级指标，它描述了运营政务微博账号的经验丰富程度，能够反映微博运营者充分发挥出微博平台性能的能力的高低）。

（2）功能是否全面，包括功能完备一个指标。

（3）参与部门的架构和协同机制状况，主要包括水平关联、垂直关联、部门协作三个指标。

公众参与性准则主要由四方面的指标构成：

（1）公众参与方式的丰富程度，包括方式多样性一个指标。

（2）互动的效果，包括互动时效性、互动有效性两个指标（说明：取消了互动透明性指标，原因是微博特有的信息传播模式，保证了互动过程的透明和可追溯性，不同的政务微博账号在这方面没有差异性）。

（3）公众参与人数的状况，包括互动参与度一个指标。

（4）政府对互动交流的管理能力状况，包括互动管理水平一个指标。

服务全面性准则主要由两方面的指标构成：

（1）信息服务的种类和质量情况，包括信息服务广泛性、信息服务时效性两个指标（说明：取消了信息服务便捷性指标，原因是微博特有的信息发布模式保证了信息阅读、查询和下载的便捷性，不同的政务微博账号在这方面没有差异性）。

（2）公共服务的种类和质量情况，包括公共服务广泛性、公共服务时效性、公共服务有效性三个指标。

本章所列指标体系，是已经通过预评价和信效度检验，进行了优化改进后的正式指标体系。预评价和信效度检验过程和结果见第七、第八章相关内容。

第三节　指标描述与说明

一　指标总体说明

按照前述评价指标体系框架，建立政府门户网站（含网络问政平台）和政务社交平台（以政务微博为例）两套评价指标体系。两套评价指标体系的准则层保持完全一致，指标层根据二者互动平台和互动方式的不同，分别设计了指标。下面从指标的含义和数据来源两个方面对指标体系进行说明（由于本书选择了管理学实验的方法，从公众的视角，对政府负责运营的政民互动平台的政民互动度进行评价，因此，评价指标的主要数据来源为评价打分。但是，对于某些个别指标，公众在使用平台时难以获得准确的认知，因此采用通过获取平台的实测数据，然后进行计算的方法获得）。

二　政府门户网站的政民互动度指标描述与说明

（一）指标体系

政府门户网站中的政民互动度评价指标价体系如表6-1所示。

表6-1　　政府门户网站中的政民互动度评价指标体系

序号	准则层	指标名称	数据来源
1	渠道完整性准则（B1）		
1.1		网站性能（C1）	评价打分
1.2		界面易用（C2）	评价打分
1.3		功能完备（C3）	评价打分
1.4		水平关联（C4）	评价打分
1.5		垂直关联（C5）	评价打分
1.6		部门协作（C6）	评价打分
2	公众参与性准则（B2）		
2.1		方式多样性（C7）	评价打分
2.2		互动时效性（C8）	评价打分
2.3		互动透明性（C9）	评价打分
2.4		互动有效性（C10）	评价打分
2.5		互动参与度（C11）	通过实测网站访问量计算
2.6		互动管理水平（C12）	评价打分
3	服务全面性准则（B3）		
3.1		信息服务广泛性（C13）	评价打分
3.2		信息服务时效性（C14）	评价打分
3.3		信息服务便捷性（C15）	评价打分
3.4		公共服务广泛性（C16）	评价打分
3.5		公共服务时效性（C17）	评价打分
3.6		公共服务有效性（C18）	评价打分

（二）指标说明

（1）网站性能。是指用户访问政府门户网站时感知到的性能水平，以网站首页打开的速度为主要衡量依据。

（2）界面易用。是指用户访问政府门户网站时感知到的界面易用程度，以界面功能布局的合理性、界面的美观性和操作便捷性为主要衡量依据。

（3）功能完备。是指政府门户网站提供的与互动交流有关的功能完备程度，以所提供互动功能模块的数量和质量为主要衡量依据。

（4）水平关联。是指政府门户网站互动交流版块中同一级政府职能部门的整合水平，以整合的职能部门的数量为主要衡量依据。

（5）垂直关联。是指政府门户网站互动交流版块中对某一级地方政府的下级地方政府的整合水平，以整合的下级地方政府数量为主要衡量依据。

（6）部门协作。是指政府门户网站互动交流版块中不同的政府部门协同处理问题的水平，以其互动交流版块是否存在部门协同的机制为主要衡量依据。

（7）方式多样性。是指公众通过政府门户网站参与政民互动时，能够采用的互动交流方式的丰富程度，以政府门户网站互动交流版块提供的互动方式的数量和实际使用情况为主要衡量依据。

（8）互动时效性。是指公众通过政府门户网站参与政民互动时的响应及时程度，以公众提出的互动请求得到政府回应的时间长短为主要衡量依据。

（9）互动透明性。是指公众通过政府门户网站参与政民互动时的互动过程的可查询跟踪程度，以互动过程相关信息的可查询、可追溯的范围和深度为主要衡量依据。

（10）互动有效性。是指公众通过政府门户网站参与政民互动时所提出的诉求得到政府处理和解决的程度，以公众诉求的采纳办结情况为主要衡量依据。

（11）互动参与度。是指公众通过政府门户网站参与政民互动的广泛程度，即公众参与人数的多少，以政府门户网站的日均访问量和当地常住人口数量的相对关系为主要衡量依据，具体计算方法将在本章第五节作详细说明。

（12）互动管理水平。是指政府门户网站互动交流版块提供的互动管理功能及其运行情况，以所提供的互动管理功能数量和运行水平为主要衡量依据。

（13）信息服务广泛性。是指政府门户网站互动交流版块提供的政务信息的种类多少和范围覆盖程度，以政务信息发布的种类和范围为主要衡量依据。

（14）信息服务时效性。是指政府门户网站互动交流版块提供政务信息的及时程度，以政务信息发布的更新时间频率为主要衡量依据。

（15）信息服务便捷性。是指政府门户网站互动交流版块提供政务信息的便捷程度，以是否提供政务信息查询、下载以及使用是否便捷为主要衡量依据。

（16）公共服务广泛性。是指政府门户网站互动交流版块提供的公共服务的种类多少和范围覆盖程度，以所提供公共服务的种类和范围为主要衡量依据。

（17）公共服务时效性。是指政府门户网站互动交流版块提供公共服务的及时程度，以公众提出公共服务诉求得到相应处置的时间快慢为主要衡量依据。

（18）公共服务有效性。是指政府门户网站互动交流版块提供公共服务的有效处理程度，以公众提出公共服务诉求后得到处理和解决的程度，即是否办结和是否满意为主要衡量依据。

三 政务微博的政民互动度指标描述与说明

（一）指标体系

政务微博中的政民互动度评价指标体系如表 6－2 所示。

表 6－2 政务微博中的政民互动度评价指标体系

序号	准则层	指标名称	数据来源
1	渠道完整性准则（B1）		
1.1		功能完备（C1）	评价打分
1.2		界面易用（C2）	评价打分
1.3		经验等级（C3）	通过政务微博实采数据计算
1.4		水平关联（C4）	评价打分
1.5		垂直关联（C5）	评价打分

续表

序号	准则层	指标名称	数据来源
1.6		部门协作（C6）	评价打分
2	公众参与性准则（B2）		
2.1		方式多样性（C7）	评价打分
2.2		互动时效性（C8）	评价打分
2.3		互动有效性（C9）	评价打分
2.4		互动参与度（C10）	通过政务微博实采数据计算
2.5		互动管理水平（C11）	评价打分
3	服务全面性准则（B3）		
3.1		信息服务广泛性（C12）	评价打分
3.2		信息服务时效性（C13）	评价打分
3.3		公共服务广泛性（C14）	评价打分
3.4		公共服务时效性（C15）	评价打分
3.5		公共服务有效性（C16）	评价打分

（二）指标说明

（1）功能完备。是指政务微博设置的互动功能完备程度，以所提供互动功能模块的数量和质量为主要衡量依据。

（2）界面易用。是指用政务微博感知到的界面易用程度，以界面功能布局的合理性、界面的美观性和操作便捷性为主要衡量依据。

（3）经验等级。是指政务微博账号在微博平台上的活跃程度和使用经验，间接反映了政务微博账号的运营历史、运营经验、运营能力水平，以该账号的微博等级为衡量依据，指标的具体计算方法将在本章第五节中作详细描述。

（4）水平关联。是指政务微博账号中同一级政府职能部门的整合水平，以整合的职能部门的数量为主要衡量依据。

（5）垂直关联。是指某一级地方政府的政务微博账号中对其下级地方政府的整合水平，以整合的下级地方政府数量为主要衡量依据。

（6）部门协作。是指政务微博账号中不同的政府部门协同处理问题的水平，以其是否存在部门协同的机制为主要衡量依据。

（7）方式多样性。是指公众通过政务微博参与政民互动时，能够采用的互动交流方式的丰富程度，以政务微博账号中提供的互动方式的数量和实际使用情况为主要衡量依据。

（8）互动时效性。是指公众通过政务微博参与政民互动时的响应及时程度，以公众提出的互动请求得到政府回应的时间长短为主要衡量依据。

（9）互动有效性。是指公众通过政务微博参与政民互动时所提出的诉求得到政府处理和解决的程度，以公众诉求的采纳办结情况为主要衡量依据。

（10）互动参与度。是指公众通过政务微博参与政民互动的广泛程度，即公众参与人数的多少，以政务微博的粉丝数量和当地常住人口数量的相对关系为主要衡量依据，具体计算方法将在本章第五节作详细说明。

（11）互动管理水平。是指政务微博提供的互动管理功能及其运行情况，以所提供的互动管理功能数量和运行水平为主要衡量依据。

（12）信息服务广泛性。是指政务微博提供的政务信息种类多少和范围覆盖程度，以政务信息发布的种类和范围为主要衡量依据。

（13）信息服务时效性。是指政务微博提供政务信息的及时程度，以政务信息发布时间的更新频率为主要衡量依据。

（14）公共服务广泛性。是指政务微博提供的公共服务的种类多少和范围覆盖程度，以所提供公共服务的种类和范围为主要衡量依据。

（15）公共服务时效性。是指政务微博提供公共服务的及时程度，以公众提出公共服务诉求得到响应和处置的时间快慢为主要衡量依据。

（16）公共服务有效性。是指政务微博提供公共服务的有效处理程度，以公众提出公共服务诉求后得到处理和解决的程度，即是否办结和是否满意为主要衡量依据。

第四节　指标权重设计与一致性检验

应用层次分析法确定各评价指标的权重系数，首先确定目标层与准则层的判断矩阵并计算指标权重，其次分别确定各准则层的判断矩阵并计算指标权重，最后得到整个指标体系的权重分配方案。

一 政府门户网站的政民互动度评价指标体系的权重设计

（一）判断矩阵设计与问卷调查

1. 判断矩阵设计

根据 AHP 判断矩阵设计方法，按照政府门户网站的政民互动度评价指标体系，设计出如下判断矩阵。

（1）准则层判断矩阵（见表 6－3 和表 6－4）。

表 6－3　准则层判断矩阵

	渠道完整性准则（B1）	公众参与性准则（B2）	服务全面性准则（B3）
渠道完整性准则（B1）	1		
公众参与性准则（B2）		1	
服务全面性准则（B3）			1

表 6－4　判断矩阵中 U_{ij} 取值含义

U_{ij} 的取值	含义
1	U_i 与 U_j 同等重要
3	U_i 较 U_j 稍微重要
5	U_i 较 U_j 明显重要
7	U_i 较 U_j 相当重要
9	U_i 较 U_j 极其重要
2，4，6，8	相邻判断 1—3，3—5，5—7，7—9 的中值
$U_{ji} = 1/U_{ij}$	U_j 比 U_i 的不重要程度

（2）渠道完整性准则层判断矩阵（见表 6－5）。

表 6－5　渠道完整性准则层判断矩阵

	网站性能（C1）	界面易用（C2）	功能完备（C3）	水平关联（C4）	垂直关联（C5）	部门协作（C6）
网站性能（C1）	1					
界面易用（C2）		1				
功能完备（C3）			1			
水平关联（C4）				1		

续表

	网站性能（C1）	界面易用（C2）	功能完备（C3）	水平关联（C4）	垂直关联（C5）	部门协作（C6）
垂直关联（C5）					1	
部门协作（C6）						1

（3）公众参与性准则层判断矩阵（见表6－6）。

表6－6　　　　公众参与性准则层判断矩阵

	方式多样性（C7）	互动时效性（C8）	互动透明性（C9）	互动有效性（C10）	互动参与度（C11）	互动管理水平（C12）
方式多样性（C7）	1					
互动时效性（C8）		1				
互动透明性（C9）			1			
互动有效性（C10）				1		
互动参与度（C11）					1	
互动管理水平（C12）						1

（4）服务全面性准则层判断矩阵（见表6－7）。

表6－7　　　　服务全面性准则层判断矩阵

	信息服务广泛性（C13）	信息服务时效性（C14）	信息服务便捷性（C15）	公共服务广泛性（C16）	公共服务时效性（C17）	公共服务有效性（C18）
信息服务广泛性（C13）	1					
信息服务时效性（C14）		1				
信息服务便捷性（C15）			1			
公共服务广泛性（C16）				1		
公共服务时效性（C17）					1	
公共服务有效性（C18）						1

2. 问卷调查

采用专家调查法，收集专家对判断矩阵的意见来进行指标体系的权重设计。

本次调查共邀请15位专家，其中公务人员3人、企业管理人员4人、大学教师5人、研究生3人；共回收判断矩阵调查问卷15份，有效问卷12份。

(二) 指标权重计算

下面以专家1的政府门户网站评价指标判断矩阵问卷为例说明权重计算过程（见表6-8—表6-11）。

表6-8 专家1准则层判断矩阵

A-B	B1	B2	B3
B1	1	1/5	1/3
B2	5	1	3
B3	3	1/3	1

1. 准则层的权重计算

计算判断矩阵的最大特征值和相应的特征向量：

$\lambda_{max}=3.0385$

W1 =（0.1047，0.6370，0.2583）

对判断矩阵进行一致性检验：

$$CI=\frac{|\lambda_{max}-n|}{n-1}=\frac{3.0385-3}{3-1}=0.01925$$

矩阵阶数是3，查RI值表为0.58，可得：

$$CR=\frac{CI}{RI}=\frac{0.01925}{0.58}=0.0332<0.10$$

检验通过，得出结论：专家1所构造的准则层的判断矩阵具有满意的一致性，说明权重分配可以接受。

2. 渠道完整性准则的权重计算

表6-9 专家1渠道完整性准则层判断矩阵

B1-C	C1	C2	C3	C4	C5	C6
C1	1	3	3	3	3	3
C2	1/3	1	1/3	1/5	1/5	1/7

续表

B1－C	C1	C2	C3	C4	C5	C6
C3	1/3	1	1	1/3	1/3	1/3
C4	1/3	5	3	1	1	1/3
C5	1/3	5	3	1	1	1/3
C6	1/3	7	3	3	3	1

λ max＝6.6101，CI＝0.12202，CR＝0.0968＜0.10

W2＝（0.3484，0.0416，0.0747，0.1377，0.1377，0.2598）

一致性检验通过。

3. 公众参与性准则的权重计算

表 6－10　　专家 1 公众参与性准则层判断矩阵

B2－C	C7	C8	C9	C 10	C 11	C 12
C7	1	1/5	1/5	1/7	1/3	1/3
C8	5	1	1	1/3	1	1
C9	5	1	1	1/3	1	1
C 10	7	3	3	1	3	3
C 11	3	1	1	1/3	1	3
C 12	3	1	1	1/3	1/3	1

λ_{max}＝6.2056，CI＝0.04112，CR＝0.0326＜0.10

W3＝（0.0399，0.1455，0.1455，0.3851，0.1695，0.1144）

一致性检验通过。

4. 服务全面性准则的权重计算

表 6－11　　专家 1 服务全面性准则层判断矩阵

B3－C	C 13	C 14	C 15	C 16	C 17	C 18
C 13	1	1/5	1/3	1	1/5	1/3
C 14	5	1	3	5	1	1/3
C 15	3	1/3	1	3	1/3	1/5
C 16	1	1/5	1/3	1	1/3	1/5
C 17	5	1	3	3	1	1/3
C 18	3	3	5	5	3	1

$$\lambda_{max}=6.4145, CI=0.0829, CR=0.0658<0.10$$

W4 = （0.0544，0.2109，0.0975，0.0503，0.1952，0.3917）

一致性检验通过。

由此，得到专家1关于准则层权重（W1）和各准则层下指标权重的分配方案（W2、W3、W4）：

W1 = （0.1047，0.6370，0.2583）

W2 = （0.3484，0.0416，0.0747，0.1377，0.1377，0.2598）

W3 = （0.0399，0.1455，0.1455，0.3851，0.1695，0.1144）

W4 = （0.0544，0.2109，0.0975，0.0503，0.1952，0.3917）

（三）指标体系权重计算结果

利用上述计算过程，计算出其他专家的权重分配方案，最后通过算术平均的方法（即假定所有专家的意见具有同等的重要性），综合所有专家的意见，得到指标体系权重分配表，如表6－12所示。

表6－12　　政府门户网站中政民互动度评价指标体系权重分配表

序号	指标名称	准则层权重	指标层权重
1	渠道完整性准则（B1）	0.14	
1.1	网站性能（C1）		0.16
1.2	界面易用（C2）		0.19
1.3	功能完备（C3）		0.18
1.4	水平关联（C4）		0.14
1.5	垂直关联（C5）		0.10
1.6	部门协作（C6）		0.24
2	公众参与性准则（B2）	0.64	
2.1	方式多样性（C7）		0.05
2.2	互动时效性（C8）		0.15
2.3	互动透明性（C9）		0.10
2.4	互动有效性（C10）		0.29
2.5	互动参与度（C11）		0.31
2.6	互动管理水平（C12）		0.10
3	服务全面性准则（B3）	0.22	
3.1	信息服务广泛性（C13）		0.04

续表

序号	指标名称	准则层权重	指标层权重
3.2	信息服务时效性（C14）		0.15
3.3	信息服务便捷性（C15）		0.09
3.4	公共服务广泛性（C16）		0.09
3.5	公共服务时效性（C17）		0.23
3.6	公共服务有效性（C18）		0.40

二　政务微博政民互动度评价指标体系的权重设计

（一）判断矩阵设计与问卷调查

1. 判断矩阵设计

根据AHP判断矩阵设计方法，按照政务微博政民互动度评价指标体系设计判断矩阵，如表6－13—表6－16所示。

（1）准则层判断矩阵。

表6－13　准则层判断矩阵

	渠道完整性原则（B1）	公众参与性准则（B2）	服务全面性准则（B3）
渠道完整性原则（B1）	1		
公众参与性准则（B2）		1	
服务全面性准则（B3）			1

注：政务微博的评价准则层与政府门户网站的准则层保持完全一致。

（2）渠道完整性准则层判断矩阵。

表6－14　渠道完整性准则层判断矩阵

	功能完备（C1）	界面易用（C2）	经验等级（C3）	水平关联（C4）	垂直关联（C5）	部门协作（C6）
功能完备（C1）	1					
界面易用（C2）		1				
经验等级（C3）			1			
水平关联（C4）				1		
垂直关联（C5）					1	
部门协作（C6）						1

(3) 公众参与性准则层判断矩阵。

表 6-15　　公众参与性准则层判断矩阵

	方式多样性(C7)	互动时效性(C8)	互动有效性(C9)	互动参与度(C10)	互动管理水平(C11)
方式多样性(C7)	1				
互动时效性(C8)		1			
互动有效性(C9)			1		
互动参与度(C10)				1	
互动管理水平(C11)					1

(4) 服务全面性准则层判断矩阵。

表 6-16　　服务全面性准则层判断矩阵

	信息服务广泛性(C12)	信息服务时效性(C13)	公共服务广泛性(C14)	公共服务时效性(C15)	公共服务有效性(C16)
信息服务广泛性(C12)	1				
信息服务时效性(C13)		1			
公共服务广泛性(C14)			1		
公共服务时效性(C15)				1	
公共服务有效性(C16)					1

2. 问卷调查

采用专家调查法，收集专家关于判断矩阵的意见来进行指标体系的权重设计。

本次调查共邀请15位专家，其中公务人员3人、企业管理人员4人、大学教师5人、研究生3人；共回收判断矩阵调查问卷15份，有效问卷12份（说明：①政务微博评价的判断矩阵调查与政府门户网站判断矩阵的问卷调查同时进行；②由于政务微博评价指标体系的准则层与政府门户网站评价的准则层保持完全一致，因此本部分问卷不包括准则层判断矩阵）。

（二）指标权重计算与检验

下面，仍然以专家1的政务微博评价指标判断矩阵问卷为例说明权重计算过程（见表6－17—表6－19）。

1. 准则层的权重计算

由于政务微博评价指标体系的准则层与政府门户网站评价的准则层保持完全一致，因此，此处不再重复计算。

2. 渠道完整性准则的权重计算

表6－17　　专家1渠道完整性准则层判断矩阵

B1－C	C1	C2	C3	C4	C5	C6
C1	1	1	3	1/3	1/3	1/5
C2	1	1	3	1/3	1/3	1/5
C3	1/3	1/3	1	1/5	1/5	1/7
C4	3	3	5	1	1	1/3
C5	3	3	5	1	1	1/3
C6	5	5	7	3	3	1

$\lambda_{max}=6.1437$，$CI=0.02874$，$CR=0.0228<0.10$

$W2=(0.0779, 0.0779, 0.0368, 0.1913, 0.1913, 0.4247)$

一致性检验通过。

3. 公众参与性准则的权重计算

表6－18　　专家1公众参与性准则层判断矩阵

B2－C	C7	C8	C9	C10	C11
C7	1	1/3	1/7	1/3	1/5
C8	3	1	1/5	1/3	1/3
C9	7	5	1	5	3
C10	3	3	1/5	1	1/3
C11	5	3	1/3	3	1

$\lambda_{max}=5.2768$，$CI=00692$，$CR=0.0618<0.10$

$W3=(0.0448, 0.0839, 0.4963, 0.1324, 0.2427)$

一致性检验通过。

4. 服务全面性准则的权重计算

表 6 – 19　　　专家 1 服务全面性准则层判断矩阵

B3 – C	C12	C13	C14	C15	C16
C12	1	1/3	1/3	1/5	1/7
C13	3	1	1	1/3	1/5
C14	3	1	1	1/3	1/5
C15	5	3	3	1	1/3
C16	7	5	5	3	1

$$\lambda_{max} = 5.1269, \ CI = 0.0317, \ CR = 0.0283 < 0.10$$

$$W4 = (0.0459, \ 0.1024, \ 0.1024, \ 0.2452, \ 0.5042)$$

一致性检验通过。

由此，得到第一位专家关于准则层权重（W1）和各准则层下指标权重的分配方案（W2、W3、W4）：

$$W1 = (0.1047, \ 0.6370, \ 0.2583)$$

$$W2 = (0.0779, \ 0.0779, \ 0.0368, \ 0.1913, \ 0.1913, \ 0.4247)$$

$$W3 = (0.0448, \ 0.0839, \ 0.4963, \ 0.1324, \ 0.2427)$$

$$W4 = (0.0459, \ 0.1024, \ 0.1024, \ 0.2452, \ 0.5042)$$

（三）指标体系权重分配计算结果

利用上述计算过程，计算出其他专家的权重分配方案，最后通过算数平均的方法（即假定所有专家的意见具有同等的重要性），综合所有有效问卷的意见，得到指标体系权重分配表，如表 6 – 20 所示。

表 6 – 20　　　政务微博中政民互动度评价指标体系权重分配表

序号	指标名称	准则层权重	指标层权重
1	渠道完整性准则（B1）	0.14	
1.1	功能完备（C1）		0.18
1.2	界面易用（C2）		0.10
1.3	经验等级（C3）		0.11
1.4	水平关联（C4）		0.19

续表

序号	指标名称	准则层权重	指标层权重
1.5	垂直关联（C5）		0.14
1.6	部门协作（C6）		0.28
2	公众参与性准则（B2）	0.64	
2.1	方式多样性（C7）		0.05
2.2	互动时效性（C8）		0.16
2.3	互动有效性（C9）		0.36
2.4	互动参与度（C10）		0.31
2.5	互动管理水平（C11）		0.12
3	服务全面性准则（B3）	0.22	
3.1	信息服务广泛性（C12）		0.05
3.2	信息服务时效性（C13）		0.11
3.3	公共服务广泛性（C14）		0.13
3.4	公共服务时效性（C15）		0.28
3.5	公共服务有效性（C16）		0.43

第五节 指标标准分值确定

（一）管理学实验中的评价分值确定方法

指标体系中，绝大部分指标采用评价打分方式获得评价数据。对于这部分指标，采用李克特量表5级评分法。

（二）平台实测数据的分值确定方法

指标体系中，门户网站中的“互动参与度”和政务微博中的“经验等级”“互动参与度”三个指标，难以通过评价打分的方式获得合理的数据，因此采用从政民互动平台获取实测数据，然后进行计算的方式获得。具体如下：

1. 门户网站中的“互动参与度”指标数据处理方法

（1）通过网站信息分析平台 http：//www. alexa. cn/获取样本政府门户网站的日均访问量（日均IP）；

（2）通过各地统计年鉴，获取该地区常住人口数（人口数以万人为单位）；

（3）计算公众参与度，计算公式为：公众参与度 = （网站日均 IP/常住人口数）；

（4）数据标准化处理，对同一级所有样本的公众参与度值进行排序，然后将其数值等分为 5 段，从低到高，各段分值等价于公众参与度标准分 1、2、3、4、5。

2. 政务微博中的“互动参与度”指标数据处理方法

（1）通过政务微博账号的首页，获取该账号的粉丝数；

（2）通过各地统计年鉴，获取该地区常住人口数（人口数以万人为单位）；

（3）计算公众参与度，计算公式为：公众参与度 = （粉丝数/常住人口数）；

（4）数据标准化处理，对同一级所有样本的公众参与度值进行排序，然后将其数值等分为 5 段，从低到高，各段分值等价于公众参与度标准分 1、2、3、4、5。

3. 政务微博中的“经验等级”指标数据处理方法

（1）通过政务微博账号的首页，获取该账号的经验等级数；

（2）数据标准化处理，对同一级所有样本的经验等级数进行排序，然后将其数值等分为 5 段，从低到高，各段分值等价于公众参与度标准分 1、2、3、4、5。

第六节　数据分析与评价结果计算方法

（一）政民互动度评价体系的有效性检验与指标体系改进

如前所述，在政民互动理论探讨和政民互动影响因素分析研究的基础上，初步提出了电子政务条件下政民互动度的评价指标体系。需要进一步采用量表信度与效度检验方法验证评价体系的有效性。如果初步评价指标体系未能通过信度与效度检验，则必须根据检验具体结果，结合理论分析对原有的评价体系进行改进，直至通过量表信度与效度检验，以保证评价体系的有效性。信度和效度检验的具体方法如下：

1. 信度检验

Conbrach's α 信度系数法是目前最常用的一种内部信度系数计算方法，其计算公式为：

$$\sigma = \frac{n}{n-1}\left(1 - \frac{\sum_{i=1}^{n}\sigma_i^2}{\sigma^2}\right) \tag{6-1}$$

式中，n 表示问卷中的题目数，σ_i^2 为第 i 题的调查结果方差，σ^2 为全部调查结果的方差。

一般认为，在社会科学领域，0.5 与 0.7 之间的系数值为信度检验的可接受范围。

2. 效度检验

效度检验一般包括内容效度和结构效度两方面。

通过邀请相关领域的专家，对问卷进行审核评估，提出改进意见，保证问卷的内容效度；采用因子分析法来检验结构效度，其检验过程如下：

（1）计算原有变量的相关系数矩阵，一般小于 0.3 就不适合做因子分析；

（2）求得相关系数矩阵的特征值及对应的单位特征向量；

（3）根据特征值判定主要因子成分。

一般而言，主要因了成分数目较少（3— 4 个）且方差累积贡献率较高（65% 以上），则说明问卷效度较理想。

（二）政民互动度评价调查问卷数据的有效性处理

实证评价将采用管理学实验的方法进行。评价数据主要通过评价试验的参与主体填写评价问卷来获取，另有三个指标需要通过提取政民互动平台的运行数据后通过计算获得。

在对评价数据进行初步整理后，通过无效问卷剔除来保证评价数据的可靠性和有效性。无效问卷的剔除遵循下列八项一般性标准：

（1）问卷漏答数过多，一般以漏答总题数的 2/3 为准；

（2）如果问卷有设计反向问题，则正反向问题出现矛盾视为无效；

（3）整份问卷所勾选的选项皆为同一个；

（4）整份问卷所勾选的选项有规律性；

（5）未按问卷所指示的题项答题；

（6）题目为非多选题，但却填写两个以上（含）的选项；

（7）未按照研究设计方案进行的问卷调查；

（8）一人重复填写两份及以上的问卷，则所填第二份及之后的问卷皆视为无效。

（三）政民互动度评价结果计算

根据评价指标体系和指标权重分配方案，采用下面的综合评价计算公式，得到评价对象的评价结果：

$$E = \sum_{i=1}^{m} \lambda_i \sum_{j=1}^{n} \lambda_j M_{ij} \tag{6-2}$$

式中，λ_i 为第 i 个准则层的权重；λ_j 为第 j 个指标在该准则层所占的权重；M_{ij}为在第 i 个准则层中选取的第 j 个指标的评价分值。

具体计算按以下步骤进行：

（1）对同一个评价对象，采用算术平均的方法来处理所有问卷的指标分值，即同一个评价对象某一个指标的得分值，等于该指标在所有问卷中得分的算术平均值。

（2）对各准则层分别计算分值。根据各准则层下各指标的权重分配方案，分别计算出渠道完整性准则、公众参与性准则和服务全面性准则的评价分值。

（3）计算政民互动度综合评价分值。综合各评价准则分值和权重分配方案，计算出政民互动度综合评价分值。

（四）确定互动度评价等级

按照表 6－21 的建议值，确定评价对象的互动度等级。

表 6－21　　政民互动度等级划分表

互动评价等级	互动度等级描述	互动度分值范围
Ⅰ	优良	[3.5，5.0]
Ⅱ	一般	[3.0，3.5)
Ⅲ	较差	[0.0，3.0)

第七节　本章小结

在理论梳理、现状调研和影响因素研究的基础上，提出了以“平台、参与、服务”为关键理念的基本指导思想；明确了以服务为导向，综合考虑平台、参与和服务的指标体系设计思路；确定选择电子政务中政民互动的两种主流渠道，即政府门户网站与政务微博为具体研究对象，应用层次分析法分别构建了相应的政民互动度评价指标体系；结合政府门户网站与政务微博各自的特征，采用专家评分法构造判断矩阵，确定了两个指标评价体系中权重的具体分配方案；制定指标数值处理和评价结果计算的具体方法。

第七章 政府门户网站政民互动度评价体系的实证研究

政府门户网站是实现政民互动的主流渠道之一。本章采用管理学实验方法，按照第六章建立的政民互动度评价体系，选取政府门户网站的典型样本进行实证评价，验证评价体系的可行性；对评价结果进行分析，总结政府门户网站政民互动方面的特点和存在的问题。

第一节 概述

政府门户网站是一级政府在各政府职能部门的信息化建设基础之上，建立起的跨部门综合业务应用系统；它是政府运用信息化手段对社会提供管理和服务的窗口，是电子政务建设的重要组成部分。

一般来说，政府门户网站主要包含“政务信息公开、网上办事、政民互动”三方面的主要功能。其中，“政民互动”作为政府门户网站的主要功能之一，搭起了政民互动的桥梁，能够促进公众参与，实现政府与民众更有效的沟通交流，提升公共服务水平。近年来，政民互动在电子政务的发展和建设中越来越得到重视。为了改进电子政务的政民互动水平，许多省市政府还在政府官方门户网站的基础上，与权威新闻媒体平台共同开设了独立的网络问政平台，取得了明显的效果。但是，前面的调查表明，我国在电子政务中的政民互动方面还存在许多的问题与不足。因此，通过量化评价的方式，可以更加准确地了解各地在电子政务政民互动方面的优势、特点与问题，促进其更好地发展。

政府门户网站中政民互动度的实际评价，需要按照评价指标体系进行评价数据的采集，然后根据评价模型进行数据处理，验证评价数据的可靠性，最后对评价数据进行计算得到评价结果。

评价数据的采集，一般可以采取抽样问卷调查、专家评分、实采系统运行数据、管理学实验等方法。本次实证研究选择政府为评价对象，对其所负责的门户网站中的政民互动度进行量化评价；并选择公众为评价主体，即从公众的视角对政民互动度进行评价。通过让公众填写评价问卷，来获取评价数据。

课题组在研究的过程中发现，如果采用随机抽样的方法选取部分公众参与评价问卷调查，被选中的公众大部分对政府门户网站的具体功能和使用都不了解，甚至从来没有使用过；对于门户网站中的政民互动版块了解更少，回收的问卷大部分是无效问卷。这种状况目前是一个普遍存在的问题，导致采用一般的抽样调查方法无法保证评价结果的可靠性。

从研究的可行性出发，课题组选择管理学实验作为评价实证研究方法。严格按照管理学实验的方法，围绕政府门户网站中的政民互动版块的使用，培训和筛选实验参与主体；安排通过最终测试的实验参与主体，以公众的视角，对政府门户网站中的政民互动度进行评价，填写评价问卷，保证评价过程和结果的可靠性。

第二节　研究方法

管理学实验方法是指将人群实验、人—计算机组合实验等手段运用到管理学研究、管理培训以及管理实践中，从而促进管理理论和管理实践的发展。

本次研究选择管理学试验方法来进行评价实证研究（以下简称“评价实验”），主要借鉴了人—计算机实地实验的基本思想，强调对实验进行事前事中控制，保证实验对象和实验过程处在可控范围内。实验的目的是通过综合评价实证，检测评价指标体系的合理性和评价模型的可行性；并通过评价实验结果分析，发现实际存在的问题，为提出政策建议奠定基础。

本次评价实验的基本方法和过程设计如下：

1. 评价实验的目的

（1）验证政府门户网站政民交互度评价体系的合理性；

（2）通过评价实验结果分析，总结政府门户网站中政民互动方面存在的特点，发现该方面存在的问题，为提出政策建议奠定基础。

2. 评价实验的评价对象

本次评价的对象是从各级政府中抽取出的样本，考察每个样本负责运营管理的政府门户网站（含网络问政平台），并对其政民互动度进行评价。

3. 评价实验的参与主体

本次评价的参与主体是经过筛选的在校本科生和研究生。参与主体经过培训和测试合格后，从公众的视角对政府门户网站中的政民互动度进行评价，并负责填写样本评价问卷。

4. 评价实验的事前事中控制

评价实验的事前事中控制主要包括两方面的要素：

（1）参与主体的认知水平控制。通过两次培训和历时 1 个月的实际操作使用，使参与主体对评价对象系统的功能、性能、使用方法和运行状况具有系统的了解和使用经验；并通过两次测试，保证参与主体的认知水平基本一致。只有通过出口测试的参与主体才能进入最终的评价过程和问卷填写工作。

（2）实验环境与条件的控制。本次评价的对象是政府门户网站中的政民互动版块，其功能、性能、运行状况等与使用者的使用环境和使用条件具有直接关系。为了评价的客观性，评价实验过程严格地控制了实验环境与条件，培训、测试和最终评价等关键环节都安排在学校的标准计算机房进行，保证使用环境、机器配置和网络配置的一致性。

5. 评价实验实施

本次评价实验按照下面的步骤实施：

（1）评价样本的选取。

（2）实验参与主体招募。

（3）实验场地确定，实验用计算机和网络设备的配置和调试。

（4）实验参与主体的培训与测试：

①首次培训。主题：电子政务及政民互动基础培训；培训时间：理论 2 学时，实操 2 学时；地点：计算机实验室。

②为期 1 周的练习。练习目的：政府门户网站政民互动版块的操作；时间 1 周，每天 1 小时；地点：分散练习。

③第一次测试。测试目标：对政府门户网站及政民互动功能的了解和操作。通过测试的参与主体进入第二次培训。

④第二次培训。主题：门户网站政民互动度的评价指标体系；培训时间：理论 2 学时，实操 2 学时；地点：计算机实验室。

⑤为期 3 周的练习。练习目的：更加熟练地操作和使用政府门户网站政民互动版块；熟悉政民互动度评价指标体系与政务系统的功能、性能和运行情况之间的关系；地点：平时分散练习，每周安排一次 4 学时计算机实验室集中练习。

⑥第二次测试，即出口测试。测试目的：政民互动度评价指标体系准确含义的理解和掌握。通过出口测试的参与主体，成为正式参与主体，进入后续的评价试验工作。

（5）进行预评价。从所有的样本中抽取 1/3，按照评价体系进行预评价，并填写评价问卷。对预评价问卷进行检验，以验证按照评价指标体系设计的调查问卷的有效性。地点：计算机实验室。

（6）正式评价。所有的正式参与主体，对全部样本进行正式评价，填写评价问卷。地点：计算机实验室。

（7）评价数据处理，评价模型计算，得到评价结果。

6. 评价实验数据处理

（1）预评价实验的问卷数据整理。

（2）预评价实验评价问卷的信度和效度检验，保证问卷设计的有效性。

（3）正式评价实验的问卷数据整理。

（4）根据无效问卷剔除标准，剔除无效问卷，保证评价数据的有效性。

（5）根据评价模型，计算评价结果。

7. 评价实验结果分析

对评价结果进行系统分析，发现政府门户网站中政民互动的特点与问题，为下一步提出政策建议提供指导和依据。

第三节　评价过程

一　评价样本的选择

在第四章关于政民互动发展现状的调研中，确定了国家部委、省

(直辖市、自治区)级、省会级城市、地县级城市4个层面，共152个样本作为调研对象。实证评价也将以同样的样本作为评价对象。

为论述的方便与清晰，本章将以在我国政府治理体系中居于中间层面，既有较高的管理层级，又与公众有密切接触的省会级城市作为研究对象。如前所述，省会级城市共有27个（不含香港、澳门、台北）；另外，4个直辖市的行政级别为省级，但具体的管理和服务职能又具有省会级城市的特征，因此将4个直辖市也列入本章的研究对象。因此，本章涉及的实证评价研究样本共31个。其他的121个样本，将按照本章的研究方法，同步进行实证评价，有关的评价结果以附表的形式单列在附录9、附录10、附录11中。

本章实证研究的目标是对政府门户网站中的政民互动度进行评价，所以课题组选择该级政府综合门户网站中的互动交流版块作为具体研究对象。特别需要说明的是，为了更好地开展政民互动，部分城市以政府门户网站为基础，与当地权威网络媒体平台合作，组建了以政民互动为核心定位的独立网络问政平台，这是我国政民互动的一个新的发展趋势。根据调查，目前共有9个省会级城市（含直辖市），搭建了网络问政平台。本次研究将网络问政平台作为政府门户网站政民互动版块的一部分，进行联合考察。

样本基本信息如表7－1所示。

两个样本示例，杭州市如图7－1所示，兰州市如图7－2和图7－3所示。

表7－1　　政府门户网站样本基本信息表

样本编号	城市名称	政府门户网站访问地址	网络问政平台访问地址
1	重庆	http：//www. cq. gov. cn/	http：//cqwz. cqnews. net/
2	武汉	http：//www. wuhan. gov. cn/	无
3	海口	http：//www. haikou. gov. cn/	http：//wlwz. haikou. gov. cn/
4	兰州	http：//www. lz. gansu. gov. cn/	http：//wz. lanzhou. cn/
5	长沙	http：//www. changsha. gov. cn/	http：//ms. changsha. cn/
6	呼和浩特	http：//www. huhhot. gov. cn/	无
7	南宁	http：//www. nanning. gov. cn/	无

续表

样本编号	城市名称	政府门户网站访问地址	网络问政平台访问地址
8	拉萨	http：//www. lasa. gov. cn/	无
9	石家庄	http：//www. sjz. gov. cn/	无
10	天津	http：//www. tj. gov. cn/	无
11	太原	http：//www. taiyuan. gov. cn/	无
12	银川	http：//www. yinchuan. gov. cn/	无
13	西宁	http：//www. xining. gov. cn/	无
14	福州	http：//www. fuzhou. gov. cn/	无
15	北京	http：//www. beijing. gov. cn/	无
16	沈阳	http：//www. shenyang. gov. cn/	无
17	哈尔滨	http：//www. harbin. gov. cn/	无
18	成都	http：//www. chengdu. gov. cn	无
19	昆明	http：//www. km. gov. cn/	无
20	济南	http：//www. jinan. gov. cn/	无
21	贵阳	http：//www. gygov. gov. cn/	无
22	上海	http：//www. shanghai. gov. cn/	无
23	杭州	http：//www. hangzhou. gov. cn/	无
24	郑州	http：//www. zhengzhou. gov. cn/	无
25	长春	http：//www. ccszf. gov. cn/	无
26	南昌	http：//www. nc. gov. cn/	无
27	南京	http：//www. nanjing. gov. cn/njgov/	http：//www. njbbs. gov. cn/
28	西安	http：//www. xian. gov. cn/	http：//www. ixian. cn/plugin. php?id = singcere_politic
29	广州	http：//www. gz. gov. cn/	http：//news. dayoo. com/guangzhou/133054/133055/
30	乌鲁木齐	http：//www. urumqi. gov. cn/	http：//wz. hongshannet. cn/
31	合肥	http：//www. hefei. gov. cn/	http：//wz. anhuinews. com/hefei/index. shtml

图7－1　杭州市政府门户网站政民互动版块截图

图7－2　兰州市政府门户网站政民互动版块截图

图7－3　兰州市网络问政平台截图

二　评价实验参与主体的选择

由于本次评价实验持续时间较长，评价对象是科技含量较高的电子政务系统，因此选择了在校大学生作为参与主体，以保证足够的参与时间和较好的学习能力。本次评价实验初次召集的参与主体具体构成情况是：信息管理与信息系统专业三年级本科生22人，金融专业三年级本科生35人，管理学硕士研究生8人，共计65人。

三　评价实验场地选择与设备配置

为了保证评价实验的顺利开展，控制实验条件的一致性，课题组选择了学校的标准计算机实验室。该实验室面积200平方米，配备空调、静电地板，工作环境良好；共配备计算机70台（Intel i5 3.20G CPU，4G内存，1T硬盘，Windows7操作系统，IE8.0和360安全浏览器），机房配置100M宽带网络。经过试用，实验室计算机和网络系统的性能完全能够满足本次评价实验的要求。

四　评价实验参与主体的培训与测试

（一）第一次培训与练习

1. 内容

培训主题：电子政务与政民互动基础知识与操作培训；

培训方式：理论讲解加实际操作；

培训讲师：课题负责人；

培训时间：理论基础及操作示范讲解 2 学时，实际操作 2 学时；

培训地点：计算机实验室；

练习安排：所有学生在首次培训后，需要完成为期 1 周的操作练习，培训老师指定 10 个政府门户网站，学生对其中的互动交流版块进行使用操作，每天练习 1 个小时。

2. 测试

测试主题：电子政务与政民互动基础知识与操作方法；

测试方法：闭卷答题，测试卷见附录 1；

测试时间：1 小时。

3. 结果

本次测试满分 100 分，及格线为 80 分；共有 19 名学生未通过测试，46 名学生成绩合格，进入下一轮培训。

（二）第二次培训与练习

1. 内容

培训主题：政府门户网站政民互动度的评价指标体系；

培训方式：理论讲解加实际操作；

培训讲师：课题负责人；

培训时间：理论基础及操作示范讲解 2 学时，实际操作 2 学时；

培训地点：计算机实验室；

练习安排：所有学生在第二次培训后，需要完成为期 3 周的操作练习，培训老师重新指定 10 个政府门户网站（其中 3 个开设有独立的网络问政平台），学生更加熟练地操作和使用政府门户网站政民互动版块，不断熟悉和加深理解政民互动度评价指标体系与政务系统的功能、性能和运行情况之间的关系，平时每天练习 1 个小时，每周安排一次在计算机实验室进行 4 学时集中练习。

2. 测试

测试主题：政府门户网站政民互动度的评价指标体系；

测试方法：闭卷答题，测试卷见附录 2；

测试时间：1 小时。

3. 结果

本次测试满分 100 分，及格线为 80 分；共有 15 名学生未通过测试，31 名学生成绩合格，成为正式的实验参与主体，进入实际评价实验。

五　预评价

（一）预评价问卷设计

按照初步设计的评价指标体系（见图 7－4），设计了评价调查问卷（说明：第六章中所列的评价指标体系，是通过信度和效度检验后进行了改进的正式版评价指标体系）。

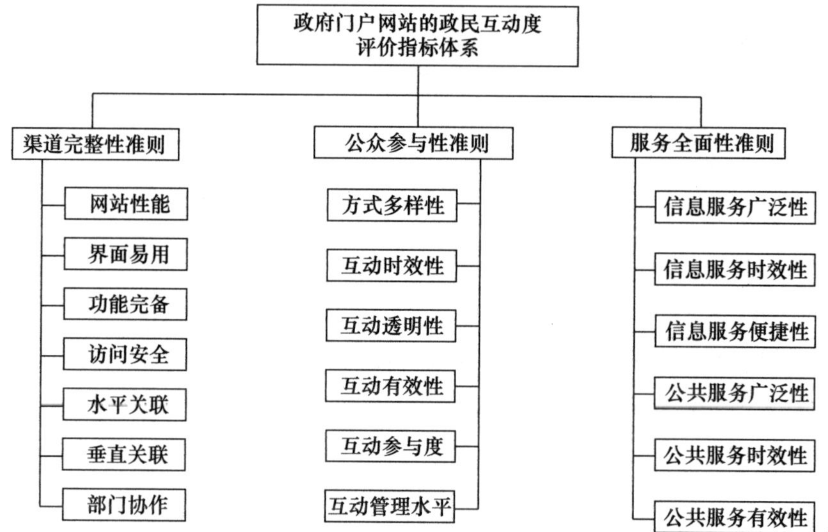

图 7－4　政府门户网站政民互动度评价指标体系（初步版本）

预评价问卷见附录 3。

（二）预评价样本选择

从 31 个样本中随机选取 10 个参与预评价，预评价样本清单如表 7－2 所示。

表 7－2　政府门户网站政民互动度预评价样本清单

样板编号	城市名称	政府门户网站访问地址	网络问政平台访问地址
2	武汉	http：//www. wuhan. gov. cn/	无
4	兰州	http：//www. lz. gansu. gov. cn/	http：//wz. lanzhou. cn/

续表

样板编号	城市名称	政府门户网站访问地址	网络问政平台访问地址
5	长沙	http://www.changsha.gov.cn/	http://ms.changsha.cn/
7	南宁	http://www.nanning.gov.cn/	无
10	天津	http://www.tj.gov.cn/	无
11	太原	http://www.taiyuan.gov.cn/	无
15	北京	http://www.beijing.gov.cn/	无
18	成都	http://www.chengdu.gov.cn	无
23	杭州	http://www.hangzhou.gov.cn/	无
29	广州	http://www.gz.gov.cn/	http://news.dayoo.com/guangzhou/133054/133055/

（三）预评价实施

取得正式参与主体资格的31位学生，在计算机实验室对10个样本城市的政府门户网站政民互动度进行了预评价，完成了预评价问卷。共耗时2小时，收回预评价问卷310份。

（四）统计检验与指标修正

课题组按照预评价问卷，计算了预评价模型中三个自变量组的Cronbach's α系数，结果如表7-3所示。

表7-3　各个自变量组的Cronbach's α系数计算结果

渠道完整性	公众参与性	服务全面性
0.612	0.752	0.871

从结果中可以看出，在预评价问卷中，渠道完整性的Cronbach's α系数结果虽在可接受的范围之内，但相较于服务全民性和公众参与性的检验结果而言，内部一致性还可进一步提高。结合实际情况分析发现，在渠道完整性组中，访问安全指标设置得不太妥当，从用户使用门户网站的感知来看，所有政府门户网站的访问安全均通过注册、密码登录等方式来保证，没有显著差异性；因此，该项指标的设置不合理，需要进行调整。将原评价体系的渠道完整性准则中访问安全指标剔除后，再一次进行了三个自变量组的Cronbach's α系数的计算，结果如表7-4所示。

表 7 – 4　　各个自变量组的 Cronbach's α 系数计算结果

渠道完整性	公众参与	服务全面性
0.803	0.752	0.871

渠道完整性组的内部一致性明显得到提高，指标体系的信度检验可以接受。

课题组在上述信度检验的基础上，采用因子分析检验模型的结构效度。因子分析结果表明，可提取特征值大于 1 的主成分因子数目为 3，方差累积贡献率达到了 66.401%，所构造的评价模型的结构效度可以接受。

（五）预评价结果

通过预评价的统计检验，去掉了无效指标，即渠道完整性准则下的访问安全指标，得到了通过信度和效度检验的评价指标体系正式版（见图 6 – 2 和表 6 – 1）。

六　正式评价

（一）评价问卷设计

按照正式版的评价指标体系（见图 6 – 2），设计了评价调查问卷，见附录 4。

（二）评价实施

1. 评价调查问卷填写与收集

取得正式参与主体资格的 31 位学生，在计算机实验室对 31 个样本城市的政府门户网站中的政民互动度进行了正式评价，完成了评价问卷。

评价分为上午和下午两个时段进行（上午 9：00 至 12：00，下午 2：30 至 5：30），共耗时 6 小时；地点：计算机实验室。收回评价调查问卷 961 份。

特别说明：指标“互动参与度”无法通过打分的方式进行评价，课题组将通过网络访问量统计平台“http：//www. alexa. cn/”获取 31 个调查样本的网站访问量数据，通过统计年鉴等官方文件获取相应城市的常住人口数，然后按照第六章第五节中的互动参与度计算公式，计算出本指标结果。

互动参与度计算结果见附录 5。

2. 问卷整理与无效问卷剔除

将收集的问卷进行初步整理后，按照判断无效问卷的标准，对所有问卷进行了检查，共发现无效问卷29份。

本次评价实验共获得有效问卷932份。

3. 问卷数据整理

按照如图7-4所示政府门户网站中政民互动度评价指标体系和表6-12政府门户网站中政民互动度评价指标体系权重分配表，设计了处理数据的Excel表格。

将纸质问卷数据全部整理输入Excel表格，以作为评价结果计算的基础。评价数据Excel表格样式见附录6。

（三）评价结果计算

按照第六章制定的数据处理和评价结果计算方法，对问卷调查数据进行汇总，并计算得到最终评价结果。计算过程见附录7、附录8。省会级城市（含4个直辖市）的评价结果数据见本节“七评价结果”，其余121个样本的评价结果见附录9、附录10、附录11。

七 评价结果

（一）评价总分表（见表7-5）

表7-5 政府门户网站政民互动度评价的总分表

排序	样本编号	样本名称	总分	互动度等级
1	6	长沙	4.02	Ⅰ级优良
2	1	重庆	3.92	Ⅰ级优良
3	16	北京	3.90	Ⅰ级优良
4	28	西安	3.87	Ⅰ级优良
5	27	南京	3.83	Ⅰ级优良
6	4	兰州	3.73	Ⅰ级优良
7	3	海口	3.66	Ⅰ级优良
8	31	合肥	3.55	Ⅰ级优良
9	23	杭州	3.48	Ⅱ级一般
10	21	贵阳	3.42	Ⅱ级一般
11	22	上海	3.41	Ⅱ级一般
12	30	乌鲁木齐	3.35	Ⅱ级一般
13	29	广州	3.31	Ⅱ级一般
14	17	哈尔滨	3.27	Ⅱ级一般

续表

排序	样本编号	样本名称	总分	互动度等级
15	16	沈阳	3.25	Ⅱ级一般
16	18	成都	3.24	Ⅱ级一般
17	25	长春	3.19	Ⅱ级一般
18	14	福州	3.18	Ⅱ级一般
19	2	武汉	3.07	Ⅱ级一般
20	24	郑州	3.03	Ⅱ级一般
21	19	昆明	2.94	Ⅲ级较差
22	7	南宁	2.93	Ⅲ级较差
23	20	济南	2.87	Ⅲ级较差
24	26	南昌	2.83	Ⅲ级较差
25	8	拉萨	2.82	Ⅲ级较差
26	11	太原	2.77	Ⅲ级较差
27	6	呼和浩特	2.76	Ⅲ级较差
28	12	银川	2.67	Ⅲ级较差
29	13	西宁	2.62	Ⅲ级较差
30	10	天津	2.20	Ⅲ级较差
31	9	石家庄	1.95	Ⅲ级较差

（二）分项得分统计表（见表7-6）

表7-6　　政府门户网站政民互动度评价的分项得分统计表

排序	样本编号	样本名称	渠道完整性	公众参与性	服务全面性	总分
1	6	长沙	3.89	4.18	3.62	4.02
2	1	重庆	3.82	4.04	3.62	3.92
3	16	北京	4.02	3.92	3.78	3.90
4	28	西安	4.18	3.88	3.62	3.87
5	27	南京	3.93	3.85	3.71	3.83
6	4	兰州	3.66	3.74	3.73	3.73
7	3	海口	4.43	3.26	4.37	3.66
8	31	合肥	3.79	3.50	3.55	3.55
9	23	杭州	3.72	3.40	3.57	3.48

续表

排序	样本编号	样本名称	渠道完整性	公众参与性	服务全面性	总分
10	21	贵阳	3. 82	3. 18	3. 88	3. 42
11	22	上海	3. 70	3. 38	3. 30	3. 41
12	30	乌鲁木齐	3. 77	3. 17	3. 60	3. 35
13	29	广州	3. 61	3. 15	3. 58	3. 31
14	17	哈尔滨	3. 57	3. 14	3. 49	3. 27
15	16	沈阳	3. 68	3. 08	3. 49	3. 25
16	18	成都	3. 32	3. 23	3. 25	3. 24
17	25	长春	3. 49	3. 08	3. 34	3. 19
18	14	福州	3. 45	3. 11	3. 18	3. 18
19	2	武汉	3. 77	2. 76	3. 50	3. 07
20	24	郑州	3. 48	2. 78	3. 50	3. 03
21	19	昆明	3. 34	2. 73	3. 31	2. 94
22	7	南宁	3. 57	2. 71	3. 19	2. 93
23	20	济南	3. 41	2. 75	2. 87	2. 87
24	26	南昌	3. 55	2. 58	3. 13	2. 83
25	8	拉萨	2. 93	2. 73	3. 00	2. 82
26	11	太原	3. 21	2. 65	2. 83	2. 77
27	6	呼和浩特	3. 09	2. 56	3. 11	2. 76
28	12	银川	2. 91	2. 67	2. 50	2. 67
29	13	西宁	3. 29	2. 31	3. 12	2. 62
30	10	天津	2. 58	2. 00	2. 55	2. 20
31	9	石家庄	1. 65	2. 00	2. 00	1. 95

（三）渠道完整性准则分指标统计表（见表 7 –7）

表 7 –7　政府门户网站政民互动度评价的渠道完整性准则分指标统计表

排序	样本编号	样本名称	网站性能	界面易用	功能完备	水平关联	垂直关联	部门协作	渠道完整性总分
1	3	海口	4. 63	4. 50	4. 50	4. 50	4. 50	4. 13	4. 43
2	28	西安	4. 38	4. 25	4. 00	4. 13	4. 25	4. 13	4. 18
3	16	北京	4. 63	3. 50	4. 50	3. 88	3. 75	3. 88	4. 02

续表

排序	样本编号	样本名称	网站性能	界面易用	功能完备	水平关联	垂直关联	部门协作	渠道完整性总分
4	27	南京	4.13	4.13	3.88	3.88	4.13	3.63	3.93
5	6	长沙	4.13	4.00	4.13	4.00	4.00	3.38	3.89
6	21	贵阳	3.63	3.75	3.88	4.13	4.25	3.63	3.82
7	1	重庆	4.13	4.00	3.75	4.00	3.00	3.75	3.82
8	31	合肥	4.13	4.13	4.38	3.50	3.00	3.38	3.79
9	30	乌鲁木齐	4.13	4.25	3.88	3.00	3.25	3.75	3.77
10	2	武汉	4.25	3.88	3.88	3.88	3.75	3.25	3.77
11	23	杭州	4.13	3.88	3.75	4.00	3.75	3.13	3.72
12	22	上海	4.25	3.88	3.88	3.63	3.38	3.25	3.70
13	16	沈阳	4.50	4.13	3.75	3.50	3.00	3.13	3.68
14	4	兰州	4.25	4.00	3.38	3.38	3.38	3.50	3.66
15	29	广州	3.50	3.75	3.88	3.13	4.00	3.50	3.61
16	17	哈尔滨	3.75	3.75	3.88	3.00	3.38	3.50	3.57
17	7	南宁	3.88	3.88	3.88	3.63	3.25	3.00	3.57
18	26	南昌	4.13	3.75	3.88	3.50	3.38	2.88	3.55
19	25	长春	4.00	4.25	3.75	3.50	2.88	2.63	3.49
20	24	郑州	4.25	3.50	3.88	3.25	3.00	3.00	3.48
21	14	福州	3.88	3.38	3.38	3.50	3.50	3.25	3.45
22	20	济南	4.00	3.50	3.25	3.75	2.50	3.25	3.41
23	19	昆明	3.75	3.50	3.50	3.25	3.00	3.00	3.34
24	18	成都	3.75	3.63	3.25	2.88	3.25	3.13	3.32
25	13	西宁	3.88	2.88	3.00	3.13	3.75	3.38	3.29
26	11	太原	4.00	3.63	3.50	2.88	2.50	2.63	3.21
27	6	呼和浩特	3.50	3.63	2.75	2.88	2.88	2.88	3.09
28	8	拉萨	4.13	3.00	2.75	3.00	2.50	2.38	2.93
29	12	银川	3.25	3.38	3.00	2.75	2.25	2.63	2.91
30	10	天津	3.88	2.88	2.50	2.13	2.13	2.00	2.58
31	9	石家庄	1.00	1.00	2.00	2.00	2.00	2.00	1.65

（四）公众参与性准则分指标统计表（见表7－8）

表7－8 政府门户网站政民互动度评价的公众参与性准则分指标统计表

排序	样本编号	样本名称	方式多样性	互动时效性	互动透明性	互动有效性	互动参与度	互动管理水平	公众参与性总分
1	6	长沙	3.50	3.75	3.88	4.00	5.00	3.50	4.18
2	1	重庆	3.38	3.25	3.88	3.75	5.00	3.63	4.04
3	16	北京	4.00	4.13	4.00	3.75	4.00	3.75	3.92
4	28	西安	3.75	3.38	4.00	4.00	4.00	3.88	3.88
5	27	南京	3.75	4.13	4.00	3.75	4.00	3.25	3.85
6	4	兰州	3.88	4.13	3.88	4.13	3.00	4.13	3.74
7	31	合肥	3.88	3.25	3.50	3.13	4.00	3.25	3.50
8	23	杭州	3.50	3.38	3.88	3.63	3.00	3.50	3.40
9	22	上海	3.88	3.50	3.75	3.50	3.00	3.38	3.38
10	3	海口	4.25	4.25	4.63	4.13	1.00	4.25	3.26
11	18	成都	3.13	2.75	3.38	2.75	4.00	2.88	3.23
12	21	贵阳	3.88	3.63	3.88	3.63	2.00	3.75	3.18
13	30	乌鲁木齐	4.00	3.50	3.88	3.63	2.00	3.75	3.17
14	29	广州	2.88	3.13	3.38	3.25	3.00	3.25	3.15
15	17	哈尔滨	3.63	3.25	3.75	3.75	2.00	3.75	3.14
16	14	福州	3.13	3.63	3.75	3.63	2.00	3.63	3.11
17	25	长春	3.29	2.86	3.00	3.29	3.00	3.00	3.08
18	16	沈阳	3.50	4.00	3.63	3.38	2.00	3.38	3.08
19	24	郑州	3.88	3.63	3.88	3.38	1.00	3.50	2.78
20	2	武汉	2.63	3.13	3.63	3.13	2.00	2.75	2.76
21	20	济南	2.88	2.88	4.13	3.75	1.00	3.50	2.75
22	8	拉萨	2.50	2.50	2.63	2.63	3.00	2.75	2.73
23	19	昆明	3.38	3.63	3.63	3.25	1.00	3.88	2.73
24	7	南宁	3.63	3.75	3.88	3.13	1.00	3.50	2.71
25	12	银川	3.25	2.50	3.00	3.13	2.00	3.00	2.67
26	11	太原	3.13	2.75	3.88	3.75	1.00	2.88	2.65
27	26	南昌	3.50	2.75	3.63	3.38	1.00	3.25	2.58
28	6	呼和浩特	3.13	2.88	3.88	3.25	1.00	3.25	2.56
29	13	西宁	3.75	2.75	3.13	2.63	1.00	3.13	2.31
30	10	天津	2.25	2.75	2.25	2.50	1.00	2.13	2.00
31	9	石家庄	2.00	2.00	2.00	2.00	2.00	2.00	2.00

（五）服务全面性准则分指标统计表（见表7－9）

表7－9　政府门户网站政民互动度评价的服务全面性准则分指标统计表

排序	样本编号	样本名称	信息服务广泛性	信息服务时效性	信息服务便捷性	公共服务广泛性	公共服务时效性	公共服务有效性	服务全面性总分
1	3	海口	4.25	4.25	4.25	4.38	4.50	4.38	4.37
2	21	贵阳	3.75	4.00	3.50	4.13	3.88	3.88	3.88
3	16	北京	4.25	3.88	3.63	4.00	3.88	3.63	3.78
4	4	兰州	3.75	4.00	3.75	3.38	3.88	3.63	3.73
5	27	南京	3.88	4.13	3.50	4.25	3.88	3.38	3.71
6	1	重庆	3.50	3.75	3.38	4.00	3.50	3.63	3.62
7	6	长沙	3.75	4.00	3.63	4.25	3.75	3.25	3.62
8	28	西安	3.63	3.75	3.00	3.88	3.88	3.50	3.62
9	30	乌鲁木齐	4.13	3.63	3.50	4.13	3.50	3.50	3.60
10	29	广州	3.50	3.75	3.50	3.75	3.38	3.63	3.58
11	23	杭州	3.50	3.63	3.38	3.75	3.25	3.75	3.57
12	31	合肥	3.50	3.75	3.50	3.75	3.25	3.63	3.55
13	2	武汉	3.50	3.25	3.13	3.88	4.13	3.25	3.50
14	24	郑州	4.00	4.00	3.50	3.63	3.25	3.38	3.50
15	16	沈阳	3.75	3.50	3.63	3.38	3.63	3.38	3.49
16	17	哈尔滨	3.50	3.38	3.50	3.88	3.38	3.50	3.49
17	25	长春	3.63	3.75	3.75	3.25	3.25	3.13	3.34
18	19	昆明	3.88	3.25	3.00	3.88	3.25	3.25	3.31
19	22	上海	3.50	3.38	3.25	3.75	3.13	3.25	3.30
20	18	成都	3.63	3.38	3.13	3.88	3.13	3.13	3.25
21	7	南宁	3.50	3.50	3.13	3.88	3.00	3.00	3.19
22	14	福州	3.63	3.25	3.50	3.63	2.63	3.25	3.18
23	26	南昌	3.38	3.25	3.38	3.50	3.00	3.00	3.13
24	13	西宁	3.88	3.38	3.38	3.75	3.13	2.75	3.12
25	6	呼和浩特	3.13	3.13	3.00	3.38	3.25	3.00	3.11
26	8	拉萨	3.25	3.25	2.88	3.50	2.88	2.88	3.00
27	20	济南	3.00	3.00	3.13	3.13	2.75	2.75	2.87
28	11	太原	3.50	2.75	2.88	3.75	2.75	2.63	2.83
29	10	天津	2.88	2.75	2.38	2.88	2.63	2.38	2.55
30	12	银川	3.38	2.88	2.50	2.63	2.50	2.25	2.50
31	9	石家庄	2.00	2.00	2.00	2.00	2.00	2.00	2.00

第四节　评价结果分析

一　评价结果总体分析

31 个省会（含直辖市）级城市政府门户网站中政民互动度评价得分的总体分布如表 7－10 和图 7－5 所示。

表 7－10　省会级城市政府门户网站政民互动度评价分值描述统计表

样本数	均值	中位数	最高分	最低分	极差	标准差	优良	一般	较差
31	3.19	3.24	4.02	1.95	2.07	0.499	25.8%	38.7%	35.5%

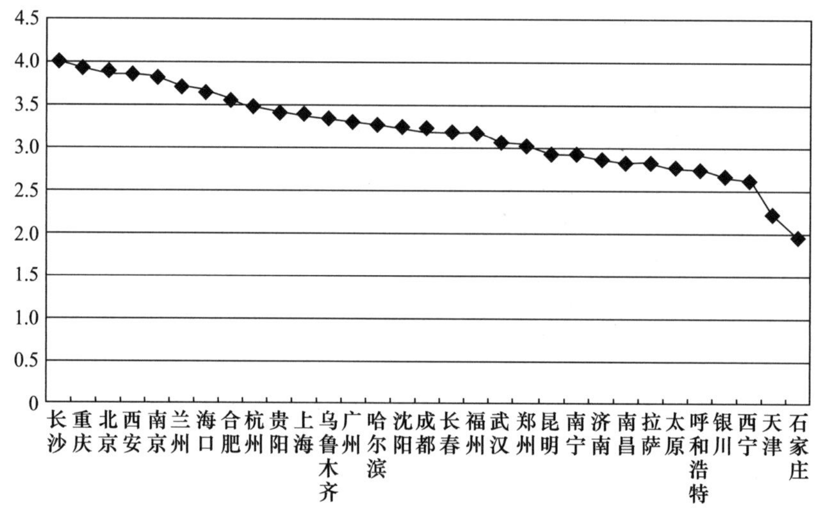

图 7－5　省会级城市政府门户网站政民互动度评价分值分布

上述数据分析表明，省会（含直辖市）级城市政府门户网站中政民互动度评价总体上具有如下特点：

（1）总体得分符合正态分布的一般规律，优良占比 25.8%，一般占比 38.7%，较差占比 35.5%，较差的比例略偏高，说明各样本城市的政民互动度评价总体表现一般，且有较多的城市总体表现较差。

（2）从 31 个样本的均值 3.19 和中位数 3.24 来看，样本的平均表现一般。

（3）从样本分值的标准差0.499和极差2.07来看，样本之间的表现差异较大。

（4）总体表现最好的5个城市分别为长沙、重庆、北京、西安、南京。

（5）总体表现最差的5个城市分别为呼和浩特、银川、西宁、天津、石家庄。

二　渠道完整性准则得分情况分析

31个省会（含直辖市）级城市政府门户网站中政民互动度评价中关于渠道完整性方面得分情况如表7－11和图7－6所示。为了便于比较，图表中同时给出了政民互动度评价的总分值。

表7－11　省会级城市政府门户网站渠道完整性评价得分描述统计表

	均值	中位数	最高分	最低分	极差	标准差	优良	一般	较差
总分	3.19	3.24	4.02	1.95	2.07	0.499	25.8%	38.7%	35.5%
渠道完整性	3.5	3.57	4.43	1.65	2.78	0.512	58.1%	29.0%	12.9%

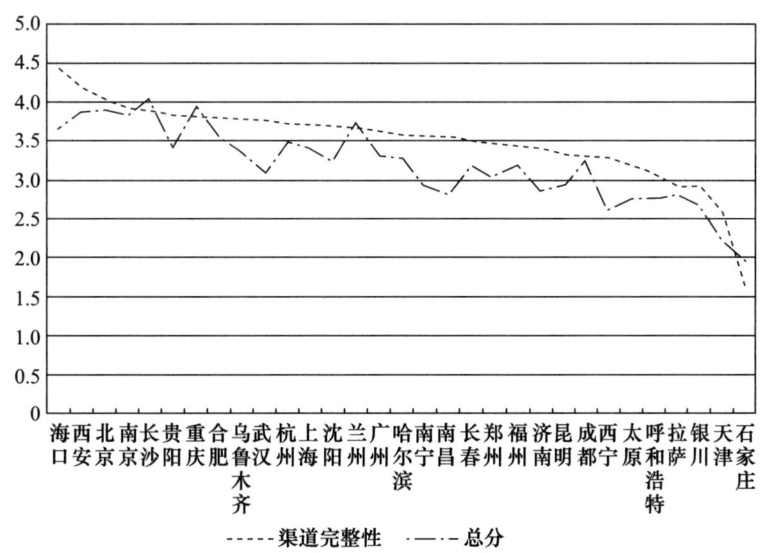

图7－6　省会级城市政府门户网站渠道完整性评价分值分布

上述数据分析表明，省会（含直辖市）级城市政府门户网站中政民互动的渠道完整性评价方面具有如下特点：

（1）渠道完整性的分值分布不均衡，优良占比高达 58.1%，而一般占比和较差占比仅分别为 29.0% 和 12.9%，说明各样本城市总体而言都非常重视门户网站中政民互动功能和渠道的建设工作，而且建设效果很好。

（2）从渠道完整性评价的均值 3.5 和中位数 3.57 来看，样本的平均表现为优良。

（3）从渠道完整性评价的标准差 0.512 和极差 2.78 来看，样本之间的表现差异非常大；但是通过对数据的详细解读发现，差异主要来自石家庄这一个样本，该市的渠道完整性评分远低于其他所有的样本，而其余 30 个样本的渠道完整性评价得分比较均衡。

（4）渠道完整性表现最好的 5 个城市分别为海口、西安、北京、南京、长沙。

（5）渠道完整性表现最差的 5 个城市分别为呼和浩特、拉萨、银川、天津、石家庄。

三　公众参与性准则得分情况分析

31 个省会（含直辖市）级城市政府门户网站中政民互动度评价中关于公众参与性方面得分情况如表 7－12 和图 7－7 所示。为了便于比较，图表中同时给出了政民互动度评价的总分值。

表 7－12　省会级城市政府门户网站公众参与性评价得分描述统计表

	均值	中位数	最高分	最低分	极差	标准差	优良	一般	较差
总分	3.19	3.24	4.02	1.95	2.07	0.499	25.8%	38.7%	35.5%
公众参与性	3.08	3.11	4.18	2.00	2.18	0.561	22.6%	41.9%	35.5%

上述数据分析表明，省会（含直辖市）级城市政府门户网站中政民互动的公众参与性评价方面具有如下特点：

（1）公众参与性的分值分布比较均衡，优良占比为 22.6%，一般占比和较差占比分别为 41.9% 和 35.5%。公众参与性评价的分值分布与总分的分布基本一致，这主要是与指标体系中公众参与性准则的权重较大有关。

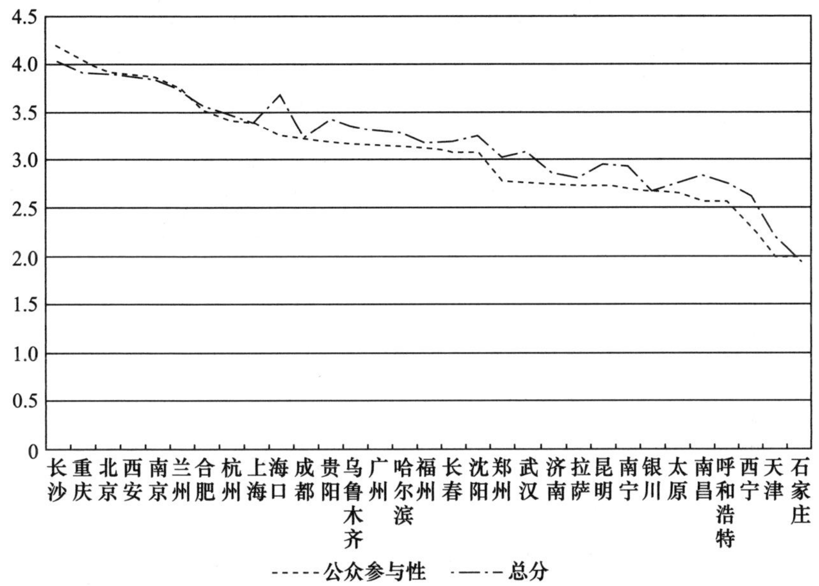

图 7－7　省会级城市政府门户网站公众参与性评价分值分布

（2）从公众参与性评价的均值 3.08 和中位数 3.11 来看，样本的平均表现偏低。

（3）从公众参与性评价的标准差 0.561 和极差 2.18 来看，样本之间的表现差异较大。

（4）公众参与性表现最好的 5 个城市分别为长沙、重庆、北京、西安、南京，评价结果与总分的排名完全一致。

（5）公众参与性表现最差的 5 个城市分别为南昌、呼和浩特、西宁、天津、石家庄。

四　服务全面性准则得分情况分析

31 个省会（含直辖市）级城市政府门户网站中政民互动度评价中关于服务全面性方面得分情况如表 7－13 和图 7－8 所示。为了便于比较，图表中同时给出了政民互动度评价的总分值。

表 7－13　省会级城市政府门户网站服务全面性评价得分描述统计表

	均值	中位数	最高分	最低分	极差	标准差	优良	一般	较差
总分	3.19	3.24	4.02	1.95	2.07	0.499	25.8%	38.7%	35.5%
服务性	3.33	3.49	4.37	2.00	2.37	0.458	45.2%	38.7%	16.1%

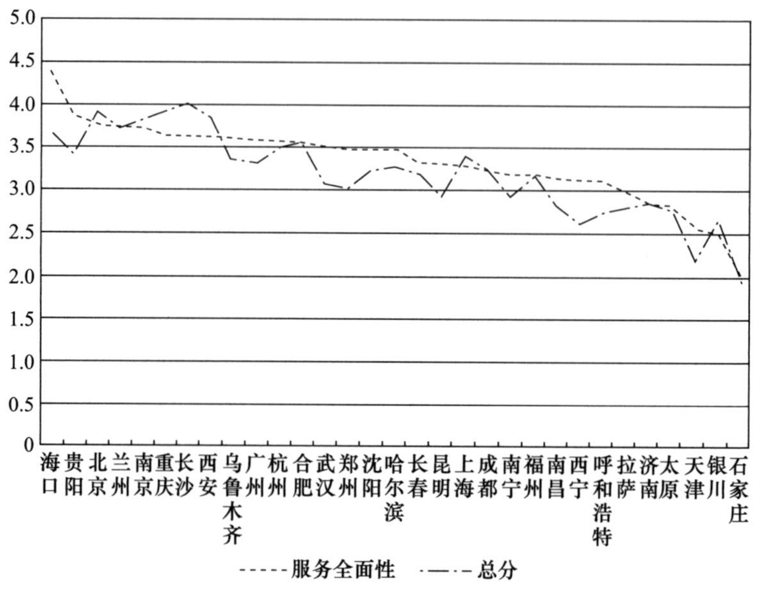

图7-8　省会级城市政府门户网站服务全面性评价分值分布

上述数据分析表明，省会（含直辖市）级政府门户网站中政民互动的服务全面性评价方面具有如下特点：

（1）服务全面性的分值分布不均衡，优良占比高达45.2%，而一般占比和较差占比仅分别为38.7%和16.1%，说明各样本城市总体而言都非常重视通过门户网站中政民互动版块为民众提供信息服务和公共服务，且取得了较好的效果。

（2）从服务全面性评价的均值3.33和中位数3.49来看，样本的平均表现接近优良。

（3）从服务全面性评价的标准差0.458和极差2.37来看，样本之间的表现差异较大；但是通过对数据的详细解读发现，差异主要来自石家庄这一个样本，该市的服务全面性评分远低于其他所有的样本，而其余30个样本的服务全面性评价得分比较均衡。

（4）服务全面性表现最好的5个城市分别为海口、贵阳、北京、兰州、南京。

（5）服务全面性表现最差的5个城市分别为济南、太原、天津、银川、石家庄。

五　表现优良与表现较差的样本对比分析

从31个样本中选出评价结果为优良的8个样本和评价结果为较差的11个样本，对其进行对比分析的情况如表7－14、表7－15、图7－9和图7－10所示。

表7－14　　优良样本与较差样本的均值对比分析表

	样本数	总分平均	渠道完整性平均分	公众参与性平均分	服务全面性平均分	网络问政平台数量
优良样本	8	3.81	3.96	3.8	3.75	7
较差样本	11	2.67	3.05	2.52	2.87	0
差异值	3	1.14	0.91	1.28	0.88	7

表7－15　　优良样本与较差样本的中位数对比分析表

	样本数	总分中位数	渠道完整性中位数	公众参与性中位数	服务全面性中位数	网络问政平台数量
优良样本	8	3.85	3.91	3.87	3.67	7
较差样本	11	2.77	3.21	2.65	3.00	0
差异值	3	1.11	0.71	1.22	0.67	7

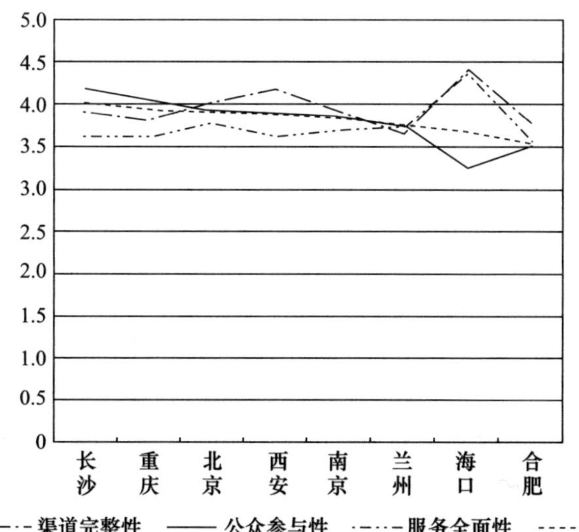

图7－9　优良样本分项得分分布

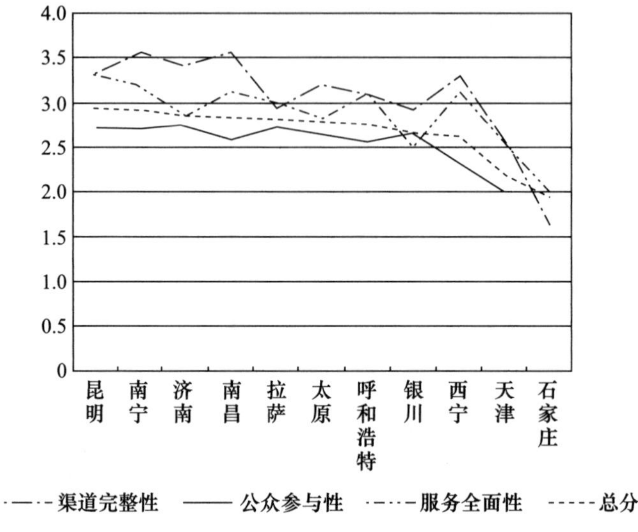

图 7-10　较差样本分项得分分布

上述数据分析表明，省会（含直辖市）级城市政府门户网站中政民互动评价中，优良样本与较差样本的对比具有如下特点：

（1）优良样本与较差样本之间的总分差异较大，均值和中位数的差异值分别达到 1.14 和 1.11；这种差异表明，部分城市的政民互动总体水平处在较低的水平，必须引起重视。

（2）渠道完整性和服务全面性两方面优良样本和较差样本之间的差异相对较小；渠道完整性均值和中位数差异值分别为 0.91 和 0.71，服务全面性均值和中位数差异值分别为 0.88 和 0.67。这说明，各样本城市对于互动平台和互动渠道的建设、服务理念和服务内容的设置都非常重视，也落实得较好。

（3）公众参与性评价方面优良样本与较差样本之间的差异很大，均值和中位数的差异值分别达到 1.28 和 1.22。这表明，表现较差的 11 个样本城市对于互动活动的开展与过程管理的重视程度严重不足，导致互动平台的功能以及服务职能没有很好地发挥出效果，这是这些样本在政民互动度评价中总体表现不佳的根本原因。

（4）8 个优良样本中，除了北京以外，有 7 个开设有独立的网络问政平台；另外两个开设网络问政平台的城市乌鲁木齐和广州，总分分别位列第 12 和第 13，在全部 31 个样本中也比较靠前；11 个较差样本中，没有一个开设有独立的网络问政平台。这表明，在门户网站基础上又与当地权威网络媒体开设网络问政平台的城市，对互动渠道建设、公共服务提供、互动活动开展等方面的重视程度明显较高，方法和手段更多，取得的成绩也更加突出。

六　综合表现优良的指标分析

从全部 18 个评价指标中，选出平均分排名前 5 的指标，对其得分进行分析的情况如表 7－16 所示。

表 7－16　　综合表现优良的指标统计表

指标名称	均值	中位数	最高分	最低分	标准差	优良	一般	较差
网站性能	3.93	4.13	4.60	1.00	0.628	93.6%	3.2%	3.2%
界面易用	3.66	3.75	4.50	1.00	0.632	80.6%	9.7%	9.7%
公共服务广泛性	3.65	3.75	4.38	2.00	0.496	74.2%	16.1%	9.7%
功能完备	3.60	3.75	4.50	2.00	0.572	67.7%	19.4%	12.9%
信息服务广泛性	3.56	3.50	4.25	2.00	0.429	77.4%	16.1%	6.5%

上述数据分析表明，省会（含直辖市）级城市政府门户网站政民互动评价中，表现突出的指标具有如下特点：

（1）网站性能、界面易用、功能完备三项指标平均得分分别位列所有指标均值的第 1、第 2 和第 4。这三项指标均直接与门户网站的软件、硬件和网络设施的建设质量有关，其评价结果表明各样本城市对政务互动平台的软硬件建设都非常重视，取得了很好的成绩。

（2）公共服务广泛性和信息服务广泛性两项指标平均得分分别位列所有指标均值的第 3 和第 5。这两项指标均直接与政府对政民互动平台的职能定位有关，其评价结果表明各样本城市的政民互动平台能够较好地体现服务理念和服务导向，在职能设置上重视提供全面多样的信息服务和公共服务。

七　综合表现较差的指标分析

从全部 18 个评价指标中，选出平均分排名后 5 的指标，对其得分进行分析的情况如表 7－17 所示。

表 7－17　综合表现较差的指标统计表

指标名称	平均分	中位数	最高分	最低分	标准差	优良	一般	较差
公共服务时效性	3.29	3.25	4.50	2.00	0.530	35.5%	41.9%	22.6%
互动时效性	3.28	3.25	4.25	2.00	0.561	41.9%	22.6%	35.6%
公共服务有效性	3.22	3.25	4.38	2.00	0.497	35.5%	41.9%	22.6%
部门协作	3.19	3.25	4.13	2.00	0.529	32.3%	41.9%	25.8%
互动参与度	2.39	2.00	5.00	1.00	1.283	22.6%	19.4%	58.1%

上述数据分析表明，省会（含直辖市）级城市政府门户网站政民互动评价中，表现突出的指标具有如下特点：

（1）互动参与度和互动时效性两个指标的平均得分分别位列所有指标均值的倒数第 1 和第 4，而这两项指标与公众参与的程度和效果有关。评价结果表明，从公众的视角来看，公众参与面还不够大，而且互动的时效性，即政府对民众诉求的响应速度也不够理想。

（2）部门协作指标的平均得分位列所有指标均值的倒数第 2，表现不佳。一般来说，政府门户网站的互动交流版块本身不能直接为公众提供公共服务，解决公众提出的诉求，通常需要通过互动平台整合的其他政府职能部门，协同工作，才能够为公众提供良好的公共服务。政民互动平台中的部门协作指标表现不佳会影响到公共服务的时效性和有效性，导致互动平台不能为公众提供良好的公共服务。

（3）公共服务有效性和公共服务时效性的平均得分位列所有指标均值的倒数第 3 和第 5，表明虽然公共服务职能的设置比较全面，但是实际提供公共服务的效果却不理想。

第五节　本章小结

通过对样本的政府门户网站政民互动度的实证评价研究，可以得到如下结论：

（1）实证研究验证了第六章提出的政府门户网站中政民互动度评价体系设置的合理性和实践上的可行性（说明：第六章所表述的评价指标体系是通过了信度和效度检验的评价指标体系正式版）。

（2）采用管理学实验方法，以公众视角对政府门户网站中政民互动度进行实证评价，方法可行，评价结果可靠。通过对评价实验参与主体招募、培训、测试过程的有效控制，保证评价实验参与主体在与评价对象有关领域知识具有认知的一致性；通过严格选择和控制计算机实验室的软件、硬件和网络设施条件，保证了评价实验环境和条件的一致性；通过认真仔细的数据处理和统计分析，保证了评价数据的有效性和评价结果的可靠性。

（3）政府门户网站中政民互动度评价总体表现为一般，中等水平的占比为40%，优良的占比为25%，而较差的占比还略高，为35%。评价结果没有明显的区域差异。但是，从全部152个样本的评价结果来看，呈现出“中间好、两头差”的明显特征，即省会级城市和省（直辖市、自治区）级政府评价结果明显好于国家部委和地县级城市政府。

（4）在政府门户网站政民互动度评价中，渠道完整性和服务全面性两大准则的得分明显高于公众参与性准则的得分；而且，样本中表现最好的5个城市与表现最差的5个城市的显著差异也主要表现在公众参与性的得分方面。这表明政府对于政民互动平台的系统建设非常重视，对以服务为导向的公共服务职能设置也很认同，所以这两方面的评分总体较高；而公众参与性准则的得分相对偏低，则表明政府对政民互动活动开展与运作管理，在重视程度、方法多样、管理效果上还存在明显的不足。

（5）从单一指标的表现来看，也能得到结论（4）中相似的结果。在所有18个评价指标中，均值排名前5的指标中，“网站性能、界面易用、功能完备”三个指标直接与系统建设有关，“公共服务广泛性和信息服务广泛性”两项指标与服务职能设置有关；均值排名后5的指标中，“互动参与度和互动时效性”两个指标反映出公众参与的广泛程度和政府响应公众诉求的速度两方面表现不佳，而“部门协作、公共服务有效性和公共服务时效性”三个指标得分低，表明虽然公共服务职能的设置比较全面，但是实际提供公共服务的效果却并不理想。

（6）网络问政平台的建设和良好的运行效果，代表了政民互动的一种良好发展趋势。31个省会（含直辖市）级城市中，共有9个城市设立了网络问政平台，其中7个互动度评价为优良，优良率为77.8%；另外两个城市也分列第12和第13，排名较靠前。反之，得到较差评价的11个样本城市，都未建立网络问政平台。

第八章　政务微博政民互动度评价体系的实证研究

政务微博作为政务社交平台的主要实现形态，是电子政务通过社交网络平台实现政民互动的主流渠道之一。本章采用管理学实验方法，按照第六章提出的评价体系和评价方法，选取政务微博的典型样本进行实证评价，验证评价体系的可行性；对评价结果进行分析，并通过评价结果总结政务微博政民互动方面的特点和问题。

第一节　概述

政务微博可以看作在传统电子政务政民互动渠道基础上的一种延伸，与传统互动渠道相比，政务微博“随时、随地”的特点更加突出，作为一种新兴的政民互动渠道，正在改变着官方和公众的传统沟通渠道和方式，成为政府运用信息化手段对社会提供管理和服务的新窗口，是电子政务建设的重要组成部分。

一般来说，政务微博主要包含“信息发布、政民互动、在线服务”三个方面的主要功能。作为社交媒体平台，政务信息发布是政务微博的基本功能，“政民互动”和“在线服务”在政务微博的运营中也越来越受到重视。但是通过调查可知，在政务社交平台上的政民互动，还存在许多的问题与不足。因此，通过量化评价的方式，可以更加准确地了解各地在政务社交平台中政民互动方面的特点与问题，从而促进其更好地发展。

政务微博中政民互动度的实际评价，需要按照评价指标体系进行评价问卷设计、评价数据采集、数据处理、评价结果计算等步骤。

本章将按照与第七章相同的思路进行实证研究，即选择管理学实验为评价研究方法，严格按照该方法，围绕政务微博中的政民互动这一核心，培训和筛选实验参与主体；安排通过最终测试的实验参与主体，以公众的视角对政务微博中的政民互动度进行评价，填写评价问卷，保证评价过程和结果的可靠性。

第二节　研究方法

根据第七章第二节中所述的思路，本次评价实验的基本方法和过程设计如下：

1. 评价实验的目的

（1）验证政务微博政民交互度评价体系的合理性；

（2）通过评价实验结果分析，发现政务微博中政民互动方面存在的特点和问题，为提出政策建议奠定基础。

2. 评价实验的评价对象

本次评价的对象是从全国各级政府中抽取出的样本，考察每个样本负责运营管理的政务微博，并对其政民互动度进行评价。

3. 评价实验的参与主体

本次评价的参与主体是经过筛选的在校本科生和研究生。参与主体经过培训和测试合格后，从公众的视角对政务微博中的政民互动度进行评价，并负责填写样本评价问卷。

4. 评价实验的事前事中控制

评价实验的事前事中控制，主要包含两方面的要素：

（1）参与主体的认知水平控制。通过两次培训和一定时间的实际操作，使参与主体对评价对象政务微博账号的功能、使用方法和运行状况具有详细的了解，并能熟练使用；通过两次测试，保证参与主体的认知水平基本一致。只有通过出口测试的参与主体才能进入最终的评价过程和问卷填写工作。

（2）实验环境与条件的控制。本次评价的对象是政务微博账号，其功能、性能、运行状况等与使用者的使用环境和使用条件有直接关系。为了评价的客观性，评价实验过程严格地控制了实验环境与条件，培训、测试和最终评价等关键环节都安排在学校的标准计算机房进行，保证使用环境、机器配置和网络配置的一致性。特别说明，实际生活中70%以上的使用者通过智能手机来访问和使用微博，所有的微博账号都可以通过 PC 机和智能手机来访问。本次评价实验为了保证评价环境与条件的一致性，统一要求参与主体使用计算机实验室的 PC 机来完成对政务微博账号的访问和评价。

5. 评价实验实施

本次评价实验按照下面的步骤实施：

（1）实验参与主体招募。

（2）实验场地确定，实验用计算机和网络设备的配置和调试。

（3）实验参与主体培训与测试：

①首次培训。主题：政务微博的理论与操作基础培训；培训时间：理论 1 学时，实际操作 2 学时；地点：计算机实验室。

②为期一周的练习。练习目的：政务微博的操作与使用；时间 1 周，每天 1 小时；地点：分散练习。

③第一次测试。测试目标：对政务微博及其政民互动功能的了解和操作。通过测试的参与主体进入第二次培训。

④第二次培训。主题：政务微博中互动评价指标体系和评价方法；培训时间：理论 2 学时，实际操作 2 学时；地点：计算机实验室。

⑤为期 2 周的练习。练习目的：更加熟练地操作和使用政务微博；熟悉政民互动度评价指标体系与政务微博平台功能、性能和运行情况的关系；地点：平时分散练习，每周安排一次 2 学时计算机实验室集中练习。

⑥第二次测试，即出口测试。测试目的：政务微博中政民互动度评价指标体系准确含义的理解和掌握。通过出口测试的参与主体，成为正式参与主体，进入后续的评价试验工作。

（4）评价样本的选取。

（5）进行预评价。从所有的样本中抽取 1/3，按照评价体系对其进行预评价，并填写评价问卷。对预评价问卷进行检验，以验证按照评价指标体系设计的问卷的有效性。地点：计算机实验室。

（6）正式评价。所有的正式参与主体对全部样本进行正式评价，填写评价问卷；最后，通过问卷数据处理和模型计算，得到评价结果。

6. 评价实验数据处理

（1）预评价实验的问卷数据整理。

（2）预评价实验评价问卷的信度和效度检验，保证问卷设计的有效性。

（3）正式评价实验的问卷数据整理。

（4）根据无效问卷剔除标准剔除无效问卷，保证评价数据的有效性。

（5）根据评价模型计算评价结果。

7. 评价实验结果分析

通过对评价结果进行分析，发现现阶段政务微博中政民互动方面具有的特征，以及存在的主要问题，为提出政策建议奠定基础。

第三节　评价过程

一　评价样本选择

在第四章关于政民互动发展现状的调研中，确定了国家部委、省（直辖市、自治区）级、省会级城市、地县级城市 4 个层面，共 152 个样本作为调研对象。政务微博政民互动度的实证评价也将以同样的样本作为评价对象。

为论述的方便与清晰，本章将以在我国政府治理体系中居于中间层面，既有较高的管理层级，又与公众有密切接触的省会级城市作为研究对象。如前所述，省会级城市共有 27 个（不含香港、澳门、台北）；另外，4 个直辖市的行政级别为省级，但具体的管理和服务职能又具有省会级城市的特征，因此将 4 个直辖市也列入本章的研究对象。因此，本章涉及的实证评价研究样本共 31 个。其他 121 个样本的政务微博账号，将按照本章的研究方法，同步进行实证评价，有关的评价结果以附表的形式单列在附录 21、附录 22、附录 23 中。

本章研究目标为政务微博中的政民互动度评价，选择样本政府的政务微博账号作为具体研究对象，评价样本是除港澳台以外的 27 个省、自治区的省会城市以及 4 个直辖市的政务微博，主要运营机构一般为人民政府新闻办公室、互联网信息办公室、市委宣传部等单位。需要说明的是，本次研究涉及的政务微博不包含负责具体领域的办公室（例如公安局、环保局等）运营维护的具体事务门户网站，也不包含市政府所属领域下具体的区县级政务微博。

政务微博样本清单如表8－1所示。

表8－1 政务微博样本清单

样本编号	城市名称	政务微博账号
1	重庆	@重庆微发布
2	武汉	@武汉发布
3	海口	@海口发布
4	兰州	@兰州发布
5	长沙	@长沙发布
6	呼和浩特	@呼和浩特发布
7	南宁	@南宁发布
8	拉萨	@拉萨发布
9	石家庄	@石家庄发布
10	天津	@天津发布
11	太原	@太原发布
12	银川	@问政银川
13	西宁	@夏都西宁
14	福州	@福州发布
15	北京	@北京发布
16	沈阳	@沈阳发布
17	哈尔滨	@哈尔滨发布
18	成都	@成都发布
19	昆明	@昆明发布
20	济南	@微博济南
21	贵阳	@微博贵阳
22	上海	@上海发布
23	杭州	@杭州发布
24	郑州	@郑州发布
25	长春	@长春发布
26	南昌	@南昌发布
27	南京	@南京发布
28	西安	@西安发布
29	广州	@广州发布
30	乌鲁木齐	@乌鲁木齐发布
31	合肥	@合肥发布

样本示例，武汉发布如图 8 - 1 所示，微博济南如图 8 - 2 所示。

图 8 - 1　武汉市政府官方微博武汉发布的截图

二　评价实验参与主体选择

参加本次管理实验的参与主体为本科生与研究生，具体构成情况是信息管理与信息系统专业二年级本科生 18 人、市场营销专业三年级本科生 22 人、图书情报与档案管理硕士研究生 8 人，共计 48 人，具有时间相对宽裕、学习能力强、学习效率高、配合性好的特点，因而能够确保此次评价实验的顺利进行，也能够保证实验的信度和效度。

三　评价实验场地选择与设备配置

为了保证评价实验的顺利开展，控制实验条件的一致性，课题组选择了学校的标准计算机实验室。该实验室面积 200 平方米，配备空调、静电地板，工作环境良好；共配备计算机 70 台（Intel i5 3. 20G CPU，4G 内存，1T 硬盘，Windows 7 操作系统，IE8. 0 和 360 安全浏览器），机房配置100M宽带网络。经过试用，实验室计算机和网络系统的性能完全能够满足本次评价实验的要求。

图8-2 济南市政府官方微博微博济南的截图

四 评价实验参与主体的培训与测试

（一）第一次培训与练习

1. 内容

培训主题：政务微博的基础知识与操作培训；

培训方式：理论讲解加实际操作；

培训讲师：课题负责人；

培训时间：理论基础及操作示范讲解1学时，实际操作2学时；

培训地点：计算机实验室；

练习安排：所有学生在首次培训后，需要完成为期1周的操作练习，培训老师指定10个政务微博账号，学生对其进行使用操作，每天练习时间1小时。

2. 测试

测试主题：政务微博的基础知识与操作方法；

测试方法：闭卷答题，测试卷见附录12；

测试时间：1小时。

3. 结果

本次测试满分100分，及格线为80分；共有6名学生未通过测试；42名学生成绩合格，进入下一轮培训。

（二）第二次培训与练习

1. 内容

培训主题：政务微博政民互动度的评价指标体系；

培训方式：理论讲解加实际操作；

培训讲师：课题负责人；

培训时间：理论基础及操作示范讲解2学时，实际操作2学时；

培训地点：计算机实验室；

练习安排：所有学生在第二次培训后，需要完成为期2周的操作练习，培训老师重新指定10个政务微博账号，学生更加熟练地操作和使用政务微博所提供的服务功能，更加深入理解政民互动度评价指标体系与政务微博功能、性能和运行方式之间的关系，平时每天练习时间1个小时，每周安排一次在计算机实验室的2学时集中练习。

2. 测试

测试主题：政务微博中政民互动度的评价指标体系；

测试方法：闭卷答题，测试卷见附录13；

测试时间：1小时。

3. 结果

本次测试满分100分，及格线为80分；共有10名学生未通过测试；32名学生成绩合格，成为正式的实验参与主体，进入实际评价实验。

五 预评价

（一）预评价问卷设计

按照初步设计的评价指标体系（见图8－3），设计了预评价调查问卷（说明：第六章中所表述的评价指标体系，是通过了信度和效度检验后的正式版评价指标体系）。

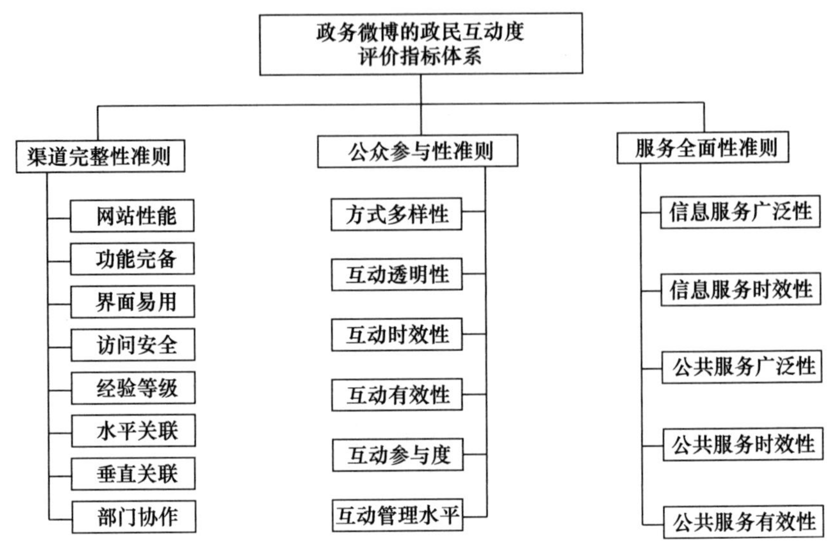

图 8－3　政务微博政民互动度评价指标体系（初步版本）

预评价问卷见附录 14。

（二）预评价

1. 预评价样本选择

从 31 个样本中随机选取 10 个参与预评价，预评价样本清单如表 8－2 所示。

表 8－2　预评价政务微博样本清单

样本编号	城市名称	政务微博账号
4	兰州	@兰州发布
7	南宁	@南宁发布
9	石家庄	@石家庄发布
10	天津	@天津发布
12	银川	@问政银川
13	西宁	@夏都西宁
15	北京	@北京发布
20	济南	@微博济南
21	贵阳	@微博贵阳
27	南京	@南京发布

2. 预评价实施

取得正式参与主体资格的32位学生，在计算机实验室对10个样本城市的政务微博中的政民互动度进行了预评价，完成了预评价问卷。共耗时2小时，收回预评价问卷320份。

（三）统计检验与指标修正

课题组按照预评价问卷，计算了预评价模型中三个自变量组的Cronbach's α系数，结果如表8－3所示。

表8－3　各个自变量组的Cronbach's α系数计算结果

渠道完整性	公众参与性	服务全面性
0.642	0.618	0.887

从结果中可以看出，在预评价问卷中，渠道完整性和公众参与性准则的Cronbach's α系数虽在可接受的范围之内，但内部一致性还有进一步提高的空间。结合实际情况分析发现，在渠道完整性组中，网站性能和访问安全指标设置得不太妥当，因为所有政务微博账号均由第三方平台（如新浪微博）负责运营，其网站性能和访问安全均由第三方平台的性能水平和安全控制机制决定，因此所有的政务微博账号，在这两方面没有显著差异性。同理，公众参与性准则中的互动透明性指标，由于微博平台信息互动的特有方式，各政务微博账号在这方面也没有显著差异性。所以，这三项指标的设置不合理，需要进行调整。将初步评价体系进行调整后，再一次进行了三个自变量组的Cronbach's α系数的计算，结果如表8－4所示。

表8－4　各个自变量组的Cronbach's α系数计算结果

渠道完整性	公众参与性	服务全面性
0.769	0.709	0.887

渠道完整性组的内部一致性明显得到提高，指标体系的信度检验可以接受。

课题组在上述信度检验的基础上，采用因子分析检验模型的结构效度。因子分析结果中可提取的特征值大于 1 的主成分因子数目为 3，并且方差累积贡献率达到了 64.56%。此结果表明，所构造的评价模型的结构效度可以接受。

（四）预评价结果

通过预评价的统计检验，去掉了三个无效指标，即网站性能、访问安全和互动透明性，得到了通过信度和效度检验的评价指标体系正式版（见图 6－3 和表 6－2）。

六　正式评价

（一）评价问卷设计

按照正式版的评价指标体系（见图 6－3），设计了政务微博政民互动度的评价调查问卷，见附录 15。

（二）评价实施

1. 评价调查问卷填写与收集

取得正式参与主体资格的 32 位学生，在计算机实验室对 31 个样本城市的政务微博进行了正式评价，完成了评价问卷。

评价分为上午和下午两个时段进行（上午 9：00 至 12：00，下午 2：30 至 4：30），共耗时 5 小时；地点：计算机实验室。收回评价调查问卷 992 份。

说明：指标“经验等级”和“互动参与度”无法通过打分的方式进行评价，课题组将按照第六章第五节的互动参与度计算公式和经验等级计算方法，计算出这两个指标的评价分值（互动参与度和经验等级的计算结果见附录 16、附录 17）。

2. 问卷整理与无效问卷剔除

将收集的问卷进行初步整理后，按照判断无效问卷的标准对所有问卷进行了检查，共发现无效问卷 37 份。最后共获得有效问卷 955 份。

3. 问卷数据整理

按照如图 6－3 所示政务微博中政民互动度评价指标体系和表 6－20 政务微博中政民互动度评价指标体系的权重分配表，设计了整理数据的 Excel 表格。

将纸质问卷数据全部整理输入 Excel 表格，以作为评价结果计算的基础。政务微博评价数据 Excel 表格见附录 18。

（三）评价结果计算

按照第六章制定的数据处理和评价结果计算方法，对问卷调查数据进行汇总，并计算得到最终评价结果。计算过程见附录19、附录20。省会级城市（含直辖市）的评价结果数据见本节“七　评价结果”；其余121个样本的评价结果见附录21、附录22、附录23。

七　评价结果

（一）评价总分表

表8－5　政务微博政民互动度评价的总分表

排行	样本编号	微博账号	总得分	互动度等级
1	27	@南京发布	4.40	Ⅰ级优良
2	18	@成都发布	4.26	Ⅰ级优良
3	22	@上海发布	4.11	Ⅰ级优良
4	15	@北京发布	3.94	Ⅰ级优良
5	12	@问政银川	3.91	Ⅰ级优良
6	17	@哈尔滨发布	3.88	Ⅰ级优良
7	7	@南宁发布	3.87	Ⅰ级优良
8	23	@杭州发布	3.85	Ⅰ级优良
9	29	@广州发布	3.84	Ⅰ级优良
10	26	@南昌发布	3.73	Ⅰ级优良
11	16	@沈阳发布	3.56	Ⅰ级优良
12	2	@武汉发布	3.54	Ⅰ级优良
13	10	@天津发布	3.51	Ⅰ级优良
14	20	@微博济南	3.42	Ⅱ级一般
15	9	@石家庄发布	3.32	Ⅱ级一般
16	8	@拉萨发布	3.31	Ⅱ级一般
17	1	@重庆微发布	3.31	Ⅱ级一般
18	28	@西安发布	3.29	Ⅱ级一般
19	5	@长沙发布	3.22	Ⅱ级一般
20	4	@兰州发布	3.12	Ⅱ级一般
21	19	@昆明发布	3.00	Ⅱ级一般
22	14	@福州发布	2.91	Ⅲ级较差
23	30	@乌鲁木齐发布	2.91	Ⅲ级较差

续表

排行	样本编号	微博账号	总得分	互动度等级
24	13	@郑州发布	2.73	Ⅲ级较差
25	24	@合肥发布	2.71	Ⅲ级较差
26	31	@长春发布	2.70	Ⅲ级较差
27	25	@微博贵阳	2.69	Ⅲ级较差
28	21	@夏都西宁	2.67	Ⅲ级较差
29	6	@呼和浩特发布	2.67	Ⅲ级较差
30	2	@海口发布	2.39	Ⅲ级较差
31	11	@太原发布	1.71	Ⅲ级较差

（二）分项得分统计表

表8－6　　政务微博政民互动度评价的分项得分统计表

排行	样本编号	微博账号	渠道完整性	公众参与性	服务全面性	总得分
1	27	@南京发布	4.12	4.45	4.44	4.40
2	18	@成都发布	4.11	4.35	4.10	4.26
3	22	@上海发布	4.54	3.95	4.33	4.11
4	15	@北京发布	3.88	3.94	4.00	3.94
5	12	@问政银川	4.12	3.75	4.26	3.91
6	17	@哈尔滨发布	4.16	3.85	3.80	3.88
7	7	@南宁发布	4.23	3.82	3.77	3.87
8	23	@杭州发布	4.29	3.66	4.15	3.85
9	29	@中国广州发布	3.69	3.83	3.97	3.84
10	26	@南昌发布	3.72	3.62	4.04	3.73
11	16	@沈阳发布	3.41	3.61	3.51	3.56
12	2	@武汉发布	4.15	3.35	3.70	3.54
13	10	@天津发布	4.31	3.24	3.78	3.51
14	20	@微博济南	3.89	3.17	3.86	3.42
15	9	@石家庄发布	3.53	3.15	3.70	3.32
16	8	@拉萨发布	2.95	3.40	3.25	3.31
17	1	@重庆微发布	4.28	2.89	3.91	3.31
18	28	@西安发布	3.54	3.09	3.72	3.29

续表

排行	样本编号	微博账号	渠道完整性	公众参与性	服务全面性	总得分
19	5	@长沙发布	3.92	2.95	3.57	3.22
20	4	@兰州发布	3.67	2.78	3.77	3.12
21	19	@昆明发布	3.30	2.74	3.55	3.00
22	14	@福州发布	4.11	2.49	3.40	2.91
23	30	@乌鲁木齐发布	3.41	2.66	3.32	2.91
24	13	@郑州发布	3.66	2.33	3.30	2.73
25	24	@合肥发布	3.40	2.41	3.14	2.71
26	31	@长春发布	3.00	2.51	3.09	2.70
27	25	@微博贵阳	3.02	2.36	3.43	2.69
28	21	@夏都西宁	2.98	2.39	3.29	2.67
29	6	@呼和浩特发布	2.89	2.37	3.38	2.67
30	2	@海口发布	2.21	2.23	2.95	2.39
31	11	@太原发布	2.47	1.44	2.01	1.71

（三）渠道完整性准则分指标统计表

表 8-7　政务微博政民互动度评价的渠道完整性准则分指标统计表

排行	样本编号	微博账号	功能完备	界面易用	经验等级	水平关联	垂直关联	部门协作	准则层得分
1	22	@上海发布	4.63	4.38	5.00	4.75	4.75	4.13	4.54
2	10	@天津发布	4.00	4.13	5.00	4.63	4.75	3.88	4.31
3	23	@杭州发布	4.75	4.63	3.00	4.75	4.63	3.88	4.29
4	1	@重庆微发布	4.25	4.50	5.00	4.50	4.38	3.75	4.28
5	7	@南宁发布	4.50	4.13	4.00	4.13	4.75	4.00	4.23
6	17	@哈尔滨发布	4.25	4.25	5.00	3.75	4.75	3.75	4.16
7	2	@武汉发布	4.38	4.25	4.00	4.38	4.38	3.75	4.15
8	27	@南京发布	4.38	4.50	5.00	4.00	3.75	3.75	4.12
9	12	@问政银川	4.00	4.38	5.00	4.50	3.63	3.75	4.12
10	18	@成都发布	4.50	4.38	5.00	3.63	4.38	3.63	4.11
11	14	@福州发布	4.00	4.13	5.00	4.13	4.25	3.75	4.11
12	5	@长沙发布	4.63	4.38	4.00	3.63	4.13	3.38	3.92

续表

排行	样本编号	微博账号	功能完备	界面易用	经验等级	水平关联	垂直关联	部门协作	准则层得分
13	20	@微博济南	4.38	4.38	5.00	4.13	3.00	3.25	3.89
14	15	@北京发布	4.38	4.50	5.00	3.75	3.13	3.38	3.88
15	26	@南昌发布	4.00	4.25	5.00	3.75	2.88	3.25	3.72
16	29	@中国广州发布	3.63	4.25	5.00	3.75	2.88	3.38	3.69
17	4	@兰州发布	4.00	4.25	2.00	4.25	3.13	3.75	3.67
18	24	@郑州发布	3.75	4.25	3.00	4.25	2.88	3.63	3.66
19	13	@西安发布	4.00	4.13	4.00	3.25	3.38	3.13	3.54
20	28	@石家庄发布	3.50	3.88	4.00	3.63	3.13	3.38	3.53
21	9	@乌鲁木齐发布	3.50	3.75	4.00	3.38	3.25	3.13	3.41
22	30	@沈阳发布	3.50	3.88	5.00	3.63	2.75	2.75	3.41
23	16	@合肥发布	3.75	4.13	4.00	3.25	3.25	2.88	3.40
24	31	@昆明发布	3.63	4.25	4.00	3.13	2.75	2.88	3.30
25	19	@微博贵阳	3.38	3.75	3.00	3.25	2.50	2.63	3.02
26	21	@长春发布	3.63	3.88	4.00	2.50	2.50	2.50	3.00
27	25	@夏都西宁	3.00	4.00	4.00	2.38	2.25	3.00	2.98
28	8	@拉萨发布	3.50	4.00	3.00	2.75	2.38	2.63	2.95
29	6	@呼和浩特发布	3.00	3.75	3.00	2.50	2.38	3.00	2.89
30	11	@太原发布	3.38	3.88	1.00	2.25	2.13	2.25	2.47
31	2	@海口发布	2.75	3.38	1.00	2.00	2.00	2.13	2.21

（四）公众参与性准则分指标统计表

表 8-8　政务微博政民互动度评价的公众参与性准则分指标统计表

排行	样本编号	微博账号	方式多样性	互动时效性	互动有效性	互动参与度	互动管理水平	准则层得分
1	27	@南京发布	4.25	4.50	4.00	5.00	4.38	4.45
2	18	@成都发布	4.13	4.50	3.75	5.00	4.38	4.35
3	22	@上海发布	4.13	4.50	4.38	3.00	4.25	3.95
4	15	@北京发布	4.00	3.88	3.88	4.00	4.00	3.94
5	17	@哈尔滨发布	3.88	4.13	3.63	4.00	3.75	3.85

续表

排行	样本编号	微博账号	方式多样性	互动时效性	互动有效性	互动参与度	互动管理水平	准则层得分
6	29	@中国广州发布	3.88	4.13	3.75	4.00	3.25	3.83
7	7	@南宁发布	4.50	3.50	3.75	4.00	3.75	3.82
8	12	@问政银川	4.13	4.13	4.00	3.00	4.25	3.75
9	23	@杭州发布	4.25	3.88	3.88	3.00	4.13	3.66
10	26	@南昌发布	3.75	4.38	3.88	3.00	3.38	3.62
11	16	@沈阳发布	3.25	3.25	3.63	4.00	3.25	3.61
12	8	@拉萨发布	3.63	3.50	3.00	4.00	2.88	3.40
13	2	@武汉发布	4.00	4.50	3.75	2.00	3.75	3.35
14	10	@天津发布	4.00	4.50	3.50	2.00	3.63	3.24
15	20	@微博济南	4.00	4.13	3.50	2.00	3.50	3.17
16	9	@石家庄发布	3.63	3.50	3.88	2.00	3.25	3.15
17	28	@西安发布	3.75	3.75	3.50	2.00	3.50	3.09
18	5	@长沙发布	4.38	3.63	3.88	1.00	3.63	2.95
19	1	@重庆微发布	3.88	3.88	3.63	1.00	3.75	2.89
20	4	@兰州发布	4.38	4.13	3.13	1.00	3.75	2.78
21	19	@昆明发布	3.50	3.75	3.50	1.00	3.25	2.74
22	30	@乌鲁木齐发布	3.50	3.25	2.75	2.00	2.88	2.66
23	25	@长春发布	3.13	3.38	2.50	2.00	2.38	2.51
24	14	@福州发布	3.88	3.50	2.75	1.00	3.50	2.49
25	31	@合肥发布	3.50	3.25	2.75	1.00	3.38	2.41
26	13	@夏都西宁	3.25	3.38	2.75	1.00	3.13	2.39
27	6	@呼和浩特发布	3.25	3.75	2.63	1.00	2.88	2.37
28	21	@微博贵阳	3.50	3.13	2.75	1.00	3.13	2.36
29	24	@郑州发布	3.75	2.88	2.75	1.00	3.13	2.33
30	2	@海口发布	2.75	3.50	2.50	1.00	2.63	2.23
31	11	@太原发布	2.75	1.38	1.50	1.00	1.88	1.44

（五）服务全面性准则分指标统计表

表8－9　政务微博政民互动度评价的服务全面性准则分指标统计表

排行	样本编号	样本名称	信息服务广泛性	信息服务时效性	公共服务广泛性	公共服务时效性	公共服务有效性	准则层得分
1	27	@南京发布	4.50	4.25	4.38	4.63	4.38	4.44
2	22	@上海发布	4.75	4.63	4.63	4.13	4.25	4.33
3	12	@问政银川	4.50	4.25	4.63	4.25	4.13	4.26
4	23	@杭州发布	4.63	4.13	4.00	4.00	4.25	4.15
5	18	@成都发布	4.50	4.50	3.88	4.13	4.00	4.10
6	26	@南昌发布	4.38	4.63	4.38	3.88	3.88	4.04
7	15	@北京发布	4.63	4.38	4.25	4.00	3.75	4.00
8	29	@中国广州发布	4.25	4.63	4.00	4.00	3.75	3.97
9	1	@重庆微发布	4.25	4.00	3.88	3.88	3.88	3.91
10	20	@微博济南	4.50	4.25	4.63	4.00	3.38	3.86
11	17	@哈尔滨发布	4.38	4.00	3.88	3.88	3.63	3.80
12	10	@天津发布	4.25	4.38	3.88	3.88	3.50	3.78
13	4	@兰州发布	4.63	4.38	3.75	3.63	3.63	3.77
14	7	@南宁发布	4.50	4.13	4.00	3.63	3.63	3.77
15	28	@西安发布	4.00	4.63	4.25	3.63	3.38	3.72
16	2	@武汉发布	4.38	3.88	3.88	3.75	3.50	3.70
17	9	@石家庄发布	4.13	3.50	4.13	3.63	3.63	3.70
18	5	@长沙发布	3.75	3.75	3.50	3.63	3.50	3.57
19	19	@昆明发布	3.88	3.88	3.25	3.38	3.63	3.55
20	16	@沈阳发布	3.38	3.63	3.38	3.38	3.63	3.51
21	21	@微博贵阳	4.00	3.75	3.25	3.75	3.13	3.43
22	14	@福州发布	4.00	3.88	3.88	3.50	3.00	3.40
23	6	@呼和浩特发布	3.75	4.00	3.50	3.63	3.00	3.38
24	30	@乌鲁木齐发布	3.63	3.75	3.63	3.25	3.13	3.32
25	24	@郑州发布	3.88	3.50	3.63	3.25	3.13	3.30
26	13	@夏都西宁	3.63	3.88	3.50	3.38	3.00	3.29
27	8	@拉萨发布	3.75	3.50	3.50	3.13	3.13	3.25
28	31	@合肥发布	3.88	3.63	3.25	3.00	3.00	3.14
29	25	@长春发布	3.63	3.38	3.13	3.00	3.00	3.09
30	2	@海口发布	3.13	3.38	3.25	3.13	2.63	2.95
31	11	@太原发布	3.00	1.88	2.75	1.75	1.88	2.01

第四节　评价结果分析

一　评价结果总体分析

31个省会（含直辖市）级城市政务微博政民互动度评价得分的总体分布如表8－10和图8－4所示。

表8－10　　省会级城市政务微博政民互动度评价分值描述统计表

样本数	均值	中位数	最高分	最低分	极差	标准差	优良	一般	较差
31	3.31	3.31	4.40	1.71	2.69	0.609	41.9%	25.8%	32.3%

上述数据分析表明，省会（含直辖市）级政务微博政民互动度评价总体上具有如下特点：

（1）得分总体分布不均衡，优良占比41.9%，一般占比25.8%，较差占比32.3%，呈现出两头占比大、中间占比小的态势。

（2）从样本均值3.31和中位数3.31来看，样本的平均表现为一般。

（3）从样本分值的标准差0.609和极差2.69来看，样本之间的表现差异非常大。

（4）总体表现最好的5个城市分别为南京、成都、上海、北京、银川。

（5）总体表现最差的5个城市分别为贵阳、西宁、呼和浩特、海口、太原。

二　渠道完整性准则层得分情况分析

31个省会（含直辖市）级城市政务微博政民互动度评价中关于渠道完整性方面得分情况如表8－11和图8－5所示。为了便于比较，图表中同时给出了政民互动度评价的总分值。

表8－11　　省会级城市政务微博渠道完整性评价得分描述统计表

	均值	中位数	最高分	最低分	极差	标准差	优良	一般	较差
总分	3.31	3.31	4.40	1.71	2.69	0.61	41.9%	25.8%	32.3%
渠道完整性	3.66	3.69	4.54	2.21	2.33	0.58	67.7%	19.4%	12.9%

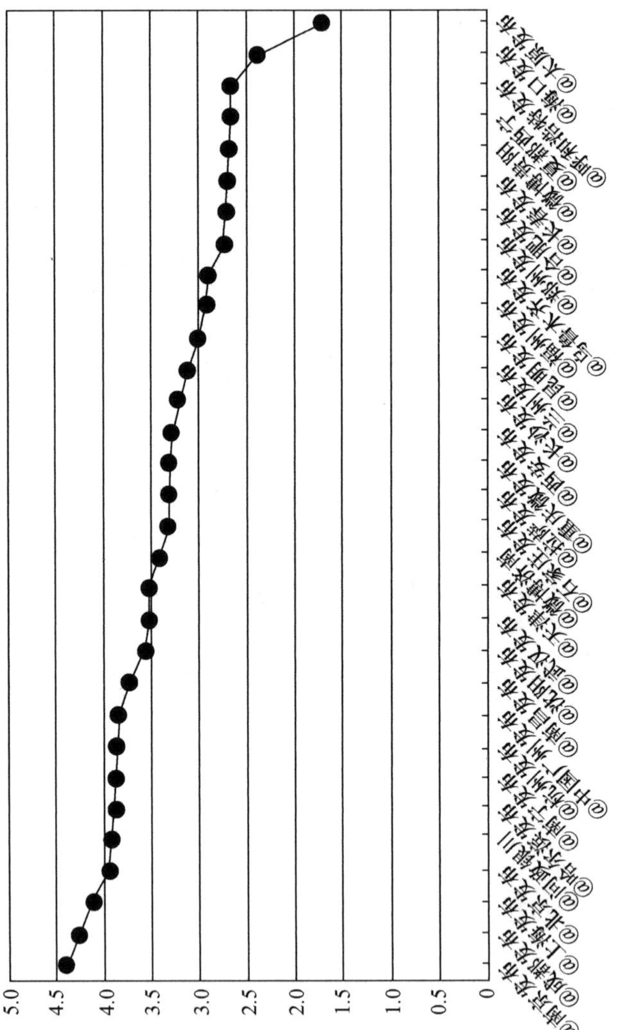

图 8－4 省会级城市政务微博政民互动度评价分值分布

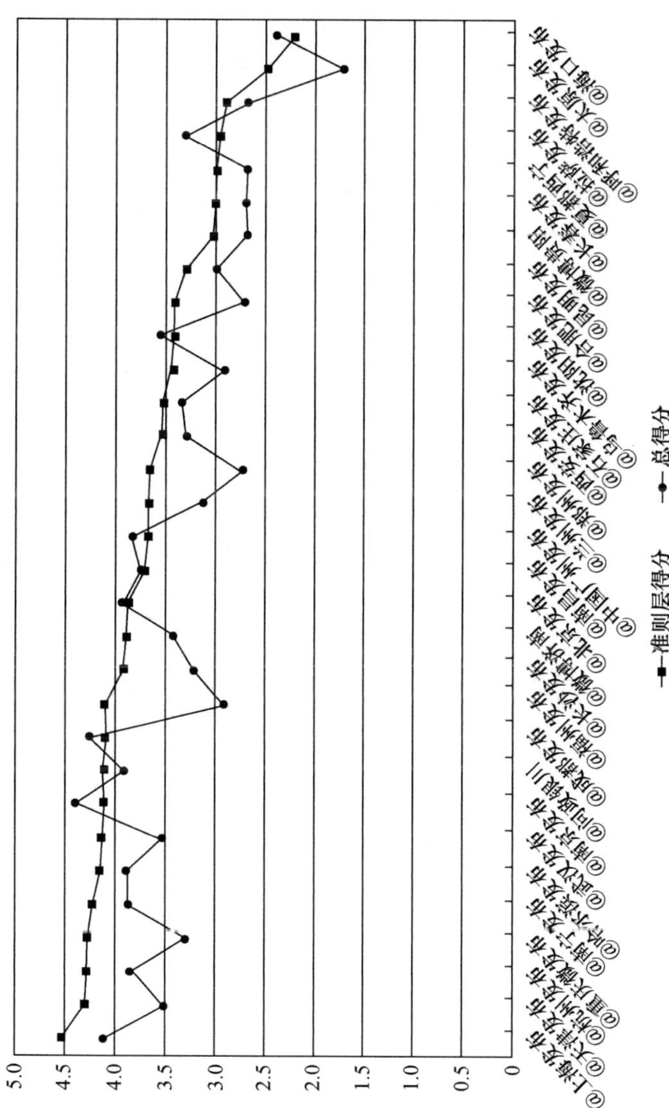

图8－5　省会级城市政务微博渠道完整性评价分值分布

上述数据分析表明，省会（含直辖市）级城市政务微博政民互动的渠道完整性方面具有如下特点：

（1）渠道完整性的分值分布非常不均衡，优良占比高达67.7%，而一般占比和较差占比仅分别为19.4%和12.9%，说明各样本城市总体而言都非常重视政务微博中功能和渠道的建设，且建设效果很好。

（2）从渠道完整性评价的均值3.66和中位数3.69来看，样本的平均表现为优良。

（3）从渠道完整性评价的标准差0.58和极差2.33来看，样本之间的表现差异比较大。

（4）渠道完整性表现最好的5个城市分别为上海、天津、杭州、重庆、南宁。

（5）渠道完整性表现最差的5个城市分别为西宁、拉萨、呼和浩特、太原、海口。

三　公众参与性准则层得分情况分析

31个省会（含直辖市）级城市政务微博政民互动度评价中关于公众参与性方面得分情况如表8－12和图8－6所示。为了便于比较，图表中同时给出了政民互动度评价的总分值。

表8－12　　省会级城市政务微博公众参与性评价得分描述统计表

	均值	中位数	最高分	最低分	极差	标准差	优良	一般	较差
总分	3.31	3.31	4.40	1.71	2.69	0.61	41.9%	25.8%	32.3%
公众参与性	3.12	3.15	4.45	1.44	3.01	0.71	35.5%	19.4%	45.1%

上述数据分析表明，省会（含直辖市）级城市政务微博政民互动的公众参与性方面具有如下特点：

（1）公众参与性的分值分布不太均衡，优良占比为35.5%，一般占比和较差占比分别为19.4%和45.1%；公众参与性评价的分值分布与总分的分布基本一致，这主要是与指标体系中公众参与性准则的权重较大有关。

（2）从公众参与性评价的均值3.12和中位数3.15来看，样本的平均表现为一般。

（3）从公众参与性评价的标准差0.71和极差3.01来看，样本之间的

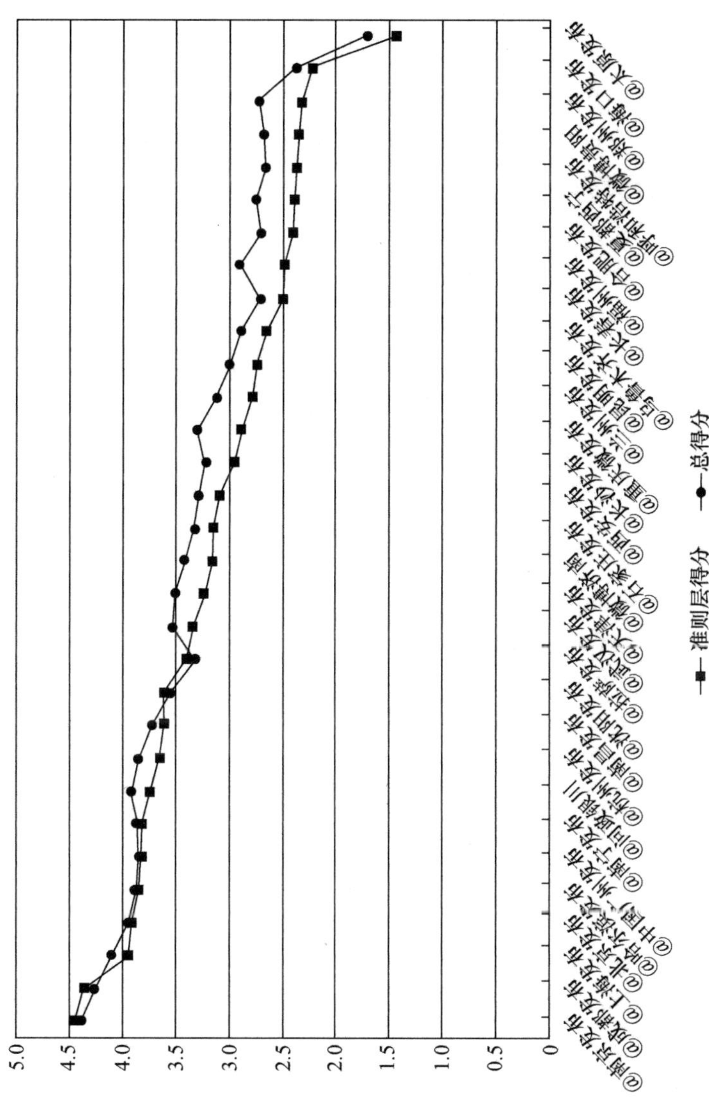

图 8-6　省会级城市政务微博公众参与性评价分值分布

表现差异非常大。

（4）公众参与性表现最好的 5 个城市分别为南京、成都、上海、北京、哈尔滨，与总分的排名基本一致。

（5）公众参与性评价表现最差的 5 个城市分别为呼和浩特、贵阳、郑州、海口、太原。

四 服务全面性准则层得分情况分析

31 个省会（含直辖市）级城市政务微博政民互动度评价中关于服务全面性方面得分情况如表 8－13 和图 8－7 所示。为了便于比较，图表中同时给出了政民互动度评价的总分值。

表 8－13 省会级城市政务微博服务全面性评价得分描述统计表

	均值	中位数	最高分	最低分	极差	标准差	优良	一般	较差
总分	3.31	3.31	4.40	1.71	2.69	0.61	41.9%	25.8%	32.3%
服务全面性	3.63	3.70	4.44	2.01	2.43	0.48	64.5%	29.0%	6.5%

上述数据分析表明，省会（含直辖市）级政务微博政民互动的服务全面性评价方面具有如下特点：

（1）服务全面性的分值分布不均衡，优良占比高达 64.5%，而一般占比和较差占比仅分别为 29% 和 6.5%，说明各样本城市总体而言都非常重视通过政务微博为民众提供信息服务和公共服务，且取得了较好的效果。

（2）从服务全面性评价的均值 3.63 和中位数 3.70 来看，样本的平均表现优良。

（3）从服务全面性评价的标准差 0.48 和极差 2.43 来看，样本之间的表现差异较大；但是通过对数据的详细解读发现，差异主要来自太原这一个样本，该市的服务全面性评价得分远低于其他所有的样本，而其余 30 个样本的服务全面性评价得分比较均衡。

（4）服务全面性表现最好的 5 个城市分别为南京、上海、银川、杭州、成都。

（5）服务全面性表现最差的 5 个城市分别为拉萨、合肥、长春、海口、太原。

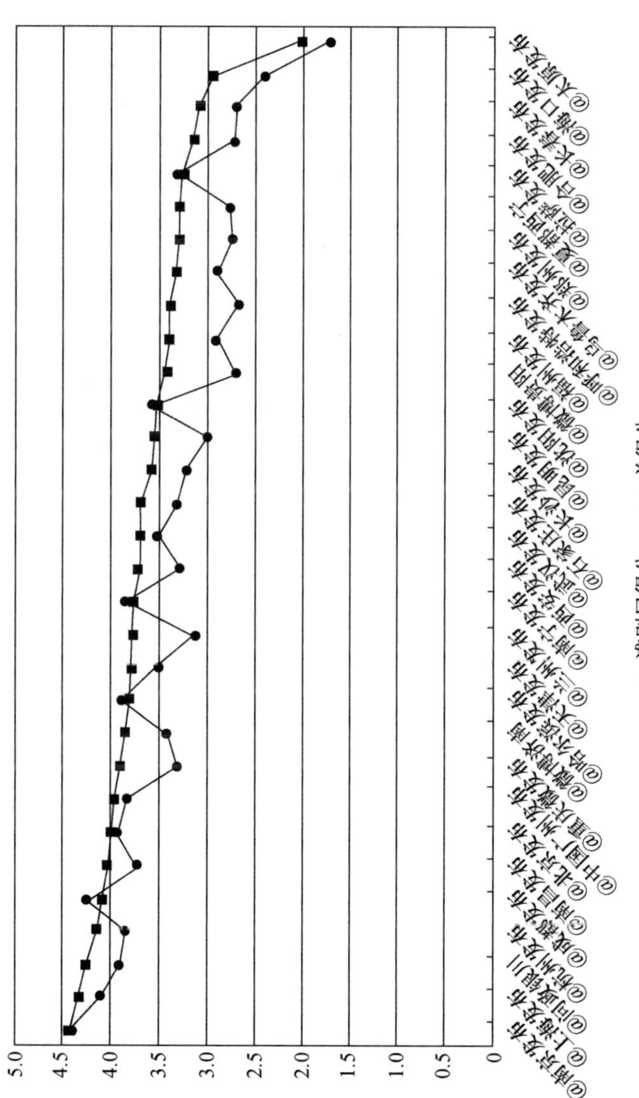

图 8－7　省会级城市政务微博服务全面性评价分值分布

五 表现优良与表现较差的样本对比分析

从31个样本中选出评价结果为优良的13个样本和评价结果为较差的10个样本，对其进行对比分析的情况如表8－14、表8－15、图8－8和图8－9所示。

表8－14 优良样本与较差样本的总分均值对比分析表

	样本数	总分平均	渠道完整性平均分	公众参与性平均分	服务全面性平均分
优良样本	13	3.88	4.06	3.80	3.99
较差样本	10	2.62	3.18	2.32	3.13
差异值	3	1.26	0.88	1.48	0.86

表8－15 优良样本与较差样本的总分中位数对比分析表

	样本数	总分中位数	渠道完整性中位数	公众参与性中位数	服务全面性中位数
优良样本	13	3.87	4.12	3.82	4.00
较差样本	10	2.69	3.01	2.38	3.30
差异值	3	1.18	1.11	1.44	0.70

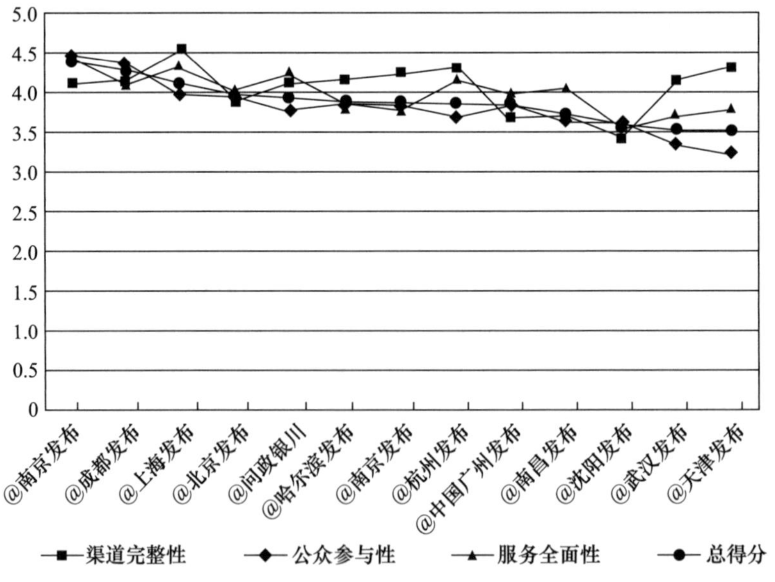

图8－8 优良样本分项得分分布

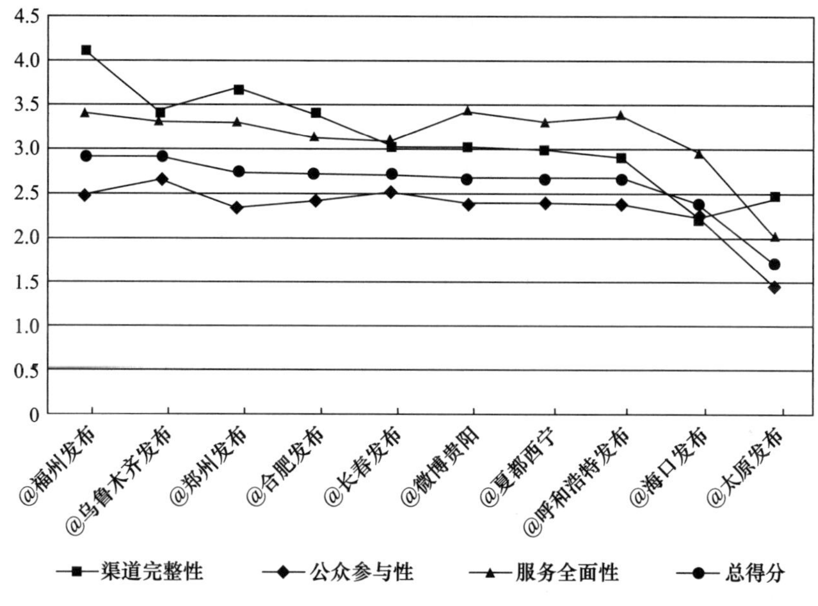

图8－9　较差样本分项得分分布

上述数据分析表明，省会（含直辖市）级政务微博政民互动评价中，优良样本和较差样本的对比具有如下特点：

（1）优良样本与较差样本之间的总分差异较大，均值和中位数的差异值分别达到1.26和1.18。这种差异表明，部分城市的政务微博政民互动的总体水平处在较低水平，必须引起重视。

（2）渠道完整性和服务全面性两方面优良样本和较差样本之间的差异相对较小，渠道完整性均值和中位数差异值分别为0.88和1.11，服务全面性均值和中位数差异值分别为0.86和0.70。这说明，各样本城市对于政务微博的功能完善，以及服务内容的设置都非常重视，也落实得较好。

（3）公众参与性评价方面优良样本与较差样本之间的差异很大，均值和中位数的差异值分别达到1.48和1.44。这表明，表现优良的13个样本城市对于互动活动的开展和过程管理都非常重视，使得其互动功能和服务职能发挥得较好。反之，表现较差的10个样本城市对于互动活动的开展与过程管理的重视程度严重不足，导致其政务微博中的互动功能和服务职能未能很好地发挥作用，这正是这些城市在政务微博政民互动度评价中总体表现不佳的根本原因。

六 综合表现优良的指标分析

从全部16个评价指标中，选出平均分排名前5的指标，对其得分进行分析的情况如表8－16所示。

表8－16 综合表现优良的指标统计表

指标名称	均值	中位数	最高分	最低分	标准差	优良	一般	较差
界面易用	4.15	4.25	4.63	3.38	0.28	100%	0	0
信息服务广泛性	4.08	4.13	4.75	3.00	0.46	90.32%	9.68%	0
经验等级	4.00	4.00	5.00	1.00	1.15	74.19%	16.13%	9.68%
信息服务时效性	3.94	4.00	4.63	1.88	0.55	90.32%	6.45%	3.23%
功能完备	3.90	4.00	4.75	2.75	0.52	83.87%	12.90%	3.23%

上述数据分析表明，省会（含直辖市）级政务微博政民互动评价中，表现突出的指标具有如下特点：

（1）界面易用、经验等级、功能完备三项指标平均得分分别位列所有指标均值的第1、第3和第5。这三项指标均直接与政务微博功能建设的完备程度有关，评价结果表明各样本城市对政务微博功能建设都非常重视，取得了很好的成绩。

（2）信息服务广泛性和信息服务时效性两项指标平均得分分别位于所有指标均值的第2、第4。这两项指标均直接与政府对将政务微博作为政务信息发布平台的基本定位有关，评价结果表明样本城市对于将微博作为信息发布平台的基本特性非常重视，在为民众提供全面及时的政务信息方面总体表现很好。

七 综合表现较差的指标分析

从全部16个评价指标中，选出平均分排名后5的指标，对其得分进行分析的情况如表8－17所示。

表8－17 综合表现较差的指标统计表

指标名称	平均分	中位数	最高分	最低分	标准差	优良	一般	较差
互动管理水平	3.44	3.50	4.38	1.88	0.58	51.61%	29.03%	19.36%
垂直关联	3.39	3.13	4.75	2.00	0.89	38.71%	22.58%	38.71%
互动有效性	3.33	3.50	4.38	1.50	0.63	61.29%	6.45%	32.26%
部门协作	3.30	3.38	4.13	2.13	0.53	41.94%	32.26%	25.80%
互动参与度	2.32	2.00	5.00	1.00	1.35	25.80%	12.90%	61.30%

上述数据分析表明，省会（含直辖市）级政务微博政民互动评价中，表现较差的指标具有如下特点：

（1）互动参与度、互动有效性、互动管理水平三项指标的平均得分分别位列所有指标均值的倒数第1、第3和第5，而这三项指标都与公众参与的程度和效果有关。评价结果表明，公众参与面覆盖还不够广，互动的有效性即政府对民众诉求的回应和处理效果也不够理想；政府对互动信息、公共服务以及互动活动的管理尚有不足，还有较大提升空间。

（2）部门协作和垂直关联的平均得分分别位列所有指标得分均值的倒数第2、第4，表现欠佳。一般来说，政务微博作为政民互动平台，并不能直接为公众提供公共服务，解决公众诉求，需要通过其整合其他政府职能部门协同工作，才能够有效地响应公众的诉求和解决公众的实际问题。政务微博平台中部门协作和垂直关联指标表现不佳，会影响到公共服务的效能，导致政务微博平台不能为公众提供良好的公共服务。

第五节　本章小结

通过对样本的政务微博政民互动度的实证评价研究，可以得到如下结论：

（1）实证研究验证了第六章提出的政务微博中政民互动度评价体系设置的合理性和实践上的可行性（说明：第六章所表述的评价指标体系，是通过了信度和效度检验的评价指标体系正式版）。

（2）采用管理学实验方法，以公众视角对政务微博中的政民互动度进行实证评价，方法可行，评价结果可靠。通过对评价实验参与主体招募、培训、测试过程的有效控制，保证评价实验参与主体与评价对象对于政务社交平台、政务微博、政民互动等方面的知识，具有认知一致性；通过选择和控制计算机实验室的软件、硬件和网络设施条件，保证了评价实验环境和条件的一致性；通过严格的数据处理和统计分析，保证了评价数据的有效性和评价结果的可靠性。

（3）政务微博政民互动度评价总体表现较好，但是分布不均衡；其中优良占比41.9%，中等水平占比25.8%，较差占比32.3%，表现出两头大、中间小的特征。从全部152个样本来看，同样表现出了“中间好、两头差”的特征，即省会级城市和省（直辖市、自治区）级政府评价结果明显好于国家部委和地县级城市政府。特别是地县级城市的政务微博开设率低，评价结果差。

（4）在政务微博政民互动度评价中，渠道完整性和服务全面性两大准则的平均分明显高于公众参与性准则的平均分；样本中表现最好与表现最差的 5 个城市的显著差异也表现在公众参与性的得分方面。这表明，政府对于政务微博平台的功能建设、信息服务和公共服务的职能设置非常重视，所以这两方面的评分总体较高；而公众参与性准则的得分相对偏低，则表明政府对在政务微博平台中如何有效地开展和管理政民互动活动，在重视程度、手段有效、管理办法上还存在着明显的不足。

（5）从单一指标的表现来看，在所有 16 个评价指标中，均值排名前 5 的指标中，“界面易用、经验等级、功能完备”三个指标直接与微博功能的建设有关，“信息服务广泛性和信息服务时效性”两项指标与微博的政务信息发布基本定位有关；而均值排名后 5 的指标中，“互动参与度、互动有效性、互动管理水平”三个指标反映出公众参与的广泛程度、政府对公众诉求的响应效果和整体管理三方面表现不佳，“部门关联和垂直关联”两个指标得分低，表明虽然公共服务职能的设置比较全面，但是实际中缺乏有效的部门协同机制来保证所提供公共服务的效能。总体来看，政务微博存在重“平台建设”轻“互动有效”的现象。

第九章　研究结论与政策建议

本章在前述章节关于理论讨论、现状调研、影响因素分析、政民互动度评价体系及实证等方面系统研究的基础上，得出课题的主要研究结论。以研究结论为依据，提出针对性的政策建议，以改善和提升电子政务中政民互动的水平和效果，促进电子政务在服务型政府构建中发挥出更大的作用。

第一节　研究结论

一　影响电子政务中政民互动的主要因素

（1）政民互动平台的有用性。政民互动平台提供的服务功能、政务信息、互动交流活动等对于参与政民互动的公众是否具有实际的价值，对公众互动参与的意愿有重要影响。应该注重政民互动平台实用功能和服务内容的建设和拓展，满足广大公众日益增长的政务信息需求，提升公众积极参与政民互动交流的意愿。

（2）政民互动平台的易用性。系统设计美观、简洁、大方，操作简便、易学易用，能够有效降低公众接受和使用政民互动平台的技术障碍，促进更多的公众积极参与。

（3）政民互动平台的信息权威性。信息的权威性主要来自两方面：政府方面，通过严格高效的内部机制，保证发布信息的及时、准确、权威；公众方面，事实上会逐步形成一些意见领袖，政府可以通过与意见领袖的有效互动，利用其影响力，建立与广大民众之间的良性沟通渠道。

（4）政民互动平台的结构体系完备性。为了更有效地响应公众的诉求，解决公众的问题，互动平台需要通过信息的流转协调具体政府职能部门来完成相应的任务。在政民互动平台中建立完善的组织结构体系，对公众的参与积极性具有重要的影响。

(5) 政民互动平台的公共服务全面性。政民互动平台通常具有信息服务和公共服务两大类服务内容。早期更注重信息服务，而现今与民生事务直接相关的公共服务越来越受到重视。公共服务是否全面，对政民互动的民众满意度有重要影响。

(6) 政民互动平台的承诺清晰与可信性。承诺包括对公众诉求的响应时限和问题办结时限，以及服务内容范围的承诺。承诺清晰与可信，有助于民众积极参与互动，也有助于公共服务水平和质量的提高。

(7) 政民互动平台的运营高效率性。信息发布的及时性、民众诉求的快速响应、焦点问题的及时梳理与公开等是提高民众满意度的重要基础，政务互动平台应重视每日的具体运营，通过重视细节提高服务效能。

(8) 政民互动平台的解决问题能力可靠性。公众积极参与政府的互动交流，是因为能够更快速、更方便、更有效地表达意见和建议，提出需要解决的具体问题。如果公众的诉求和问题总是能够得到有效的响应和切实的解决，就能够逐渐增强政民互动平台的公信力，提升公众参与意愿。

二 我国电子政务中政民互动发展的现状调查结论

(1) 我国电子政务发展正处于注重服务导向、注重一体化运营、注重应用系统建设、注重公众参与的全面发展阶段，政民互动平台的建设与运营越来越受到各级政府的重视。

(2) 电子政务中政民互动的总体发展状况呈现出“中间好、两头差”的态势，即省会级城市、省（直辖市、自治区）两级政府在互动平台的功能建设和用户实际使用感受两方面的表现明显好于国家部委和地县级城市政府的表现。其中，地县级政府的表现两极分化比较严重，相当比例的地县级城市政府，在政民互动平台的功能建设和实际运营方面的表现处于很差的水平。

(3) 政府门户网站方面，存在“重功能建设”轻“互动过程和互动管理”的现象。信息公开、民意调查、部门协同、投诉举报、咨询问答、在线访谈等基础功能的设置率较高，焦点梳理、服务满意度调查等互动管理功能的设置率相对较低；界面美观、版块清晰、使用便捷等方面的使用感受较好，响应及时快速和互动氛围活跃两方面的使用感受稍差。

(4) 政务微博方面，存在重“信息发布”轻“公共服务和互动过程”的现象。信息公开、信息反馈等功能的设置率较高，民意调查、服务整合、垂直整合等功能的设置率相对较低，而服务承诺仅有银川1个城市明确设置，大多数政务微博定位为政务信息发布，对提供公共服务的重视度显著不够；信息内容丰富、信息更新及时等方面的使用感受较好，氛围活跃、管理完善、部门协同等方面的使用感受较差。

（5）现有的电子政务政民互动管理政策方面，政策目标定位尚存在不清晰、不准确的情况，存在“重系统建设”轻“互动管理”的政策制定倾向，关于政民互动平台运营机制、政民互动活动组织管理、政民互动和服务的满意度评价与考核等方面的政策内容非常不足，针对社交网络平台中的政民互动新模式，政府的规范性管理文件还比较缺乏。

三　电子政务中政民互动度评价体系及实证研究的结论

（1）通过理论探讨、影响因素分析、预评价、指标体系改进等研究步骤，提出了以“服务”为导向，以“平台、参与、服务”为指导思想，以“渠道完备性、公众参与性、服务全面性”为准则层的政民互动度评价体系，分别建立了政府门户网站和政务微博的政民互动度评价指标体系，并实证研究验证了评价体系设置的合理性和实践上的可行性。

（2）采用管理学实验方法，以公众视角对政民互动度进行实证评价，方法可行，评价结果可靠。通过对评价试验参与主体招募、培训、测试过程的有效控制，保证评价试验参与主体与评价对象有关领域知识具有认知的一致性；通过严格选择和控制计算机实验室的软件、硬件和网络设施条件，保证了评价实验环境和条件的一致性；通过认真仔细的数据处理和统计分析，保证了评价数据的有效性和评价结果的可靠性。

（3）政府门户网站中政民互动度的评价研究结论。

①评价结果总体表现为一般，中等水平的占比为40%，优良占比为25%，而较差的占比略高，为35%。从政府各层次的评价结果上看，也表现出了“中间好、两头差”的特征，即省会级城市和省（直辖市、自治区）级政府评价结果明显好于国家部委和地县级城市政府。

②从分项评价结果来看，渠道完整性和服务全面性两大准则的得分，明显高于公众参与性准则的得分。这表明政府对于政民互动平台的功能建设非常重视，对以服务为导向的公共服务职能设置也很认同，但是对于政民互动活动开展与运作管理，在重视程度、方法多样、管理有效上还存在明显的不足。

③功能建设方面得分高，互动效果与互动管理方面得分低。所有18个评价指标中，均值排名前5的指标中，“网站性能、界面易用、功能完备”三个指标直接与系统建设有关，“公共服务广泛性和信息服务广泛性”两项指标与服务职能设置有关；均值排名后5的指标中，“互动参与度和互动时效性”两个指标反映出公众参与的广泛程度和政府响应公众诉求的速度两方面表现不佳，而“部门协作、公共服务有效性和公共服务时效性”三个指标得分低，表明虽然公共服务职能的设置比较全面，但是实际提供公共服务的效果却不理想。

④网络问政平台的建设和良好的运行效果，代表了政民互动的一种良好发展趋势。31个省会（含直辖市）级城市中，共有9个城市设立了网络问政平台，其中7个互动度评价为优良，优良率为77.8%，另外两个城市也分列第12名和第13名，排名较靠前；反之，得到较差评价的11个样本城市，都未建立网络问政平台。

（4）政务社交平台中政民互动度的评价研究结论（以政务微博为例）：

①评价结果总体表现较好，但是分布不均衡，其中优良占比41.9%，中等水平的占比25.8%，较差的占比32.3%。从政府各层次的评价结果上看，同样表现出了“中间好、两头差”的特征，即省会级城市和省（直辖市、自治区）级政府评价结果明显好于国家部委和地县级政府。特别需要指出的是，70个地县级城市样本中，只有25个开设了官方政务微博账号，开通率仅为34.3%。

②从分项评价结果来看，渠道完整性和服务全面性两大准则的平均分明显高于公众参与性准则的平均分。样本中表现最好与表现最差的5个城市的显著差异也表现在公众参与性的得分方面。这表明，政府对于政务微博平台的功能建设、信息服务和公共服务的职能设置非常重视，但是对于在政务微博平台中如何有效地开展和管理政民互动活动，在重视程度、手段有效、管理办法上还存在着明显的不足。

③政务微博方面存在重“平台建设”轻“互动有效”的现象。在所有16个评价指标中，均值排名前5的指标中，“界面易用、经验等级、功能完备”三个指标直接与微博功能的建设有关，“信息服务广泛性和信息服务时效性”两项指标与微博的政务信息发布基本定位有关；均值排名后5的指标中，“互动参与度、互动有效性、互动管理水平”三个指标

反映出公众参与的广泛程度、政府对公众诉求的响应效果和整体管理三方面表现不佳，而“部门关联和垂直关联”两个指标得分低，表明虽然公共服务职能的设置比较全面，但是实际中缺乏有效的部门协同机制来保证所提供公共服务的效能。

第二节 政策建议

综上可知，我国电子政务中政民互动发展的总体态势良好，各级政府越来越重视政民互动平台的建设和管理，但是，在发展目标定位、功能规划、互动活动管理、互动效果评价与考核、新技术的应用与规范管理等方面都还存在诸多的问题。此外，在不同层级的政府之间，存在着明显的发展不平衡现象。针对当前的发展态势和存在的具体问题，从政民互动发展的政策目标、互动平台建设规划、互动平台运营管理机制、互动平台评价与考核机制、促进基层政府政民互动建设等方面出发，课题组提出以下政策建议。

一 进一步明确政民互动发展的政策目标

科学合理的政策目标决定着电子政务中政民互动发展的正确方向。在统一的指导思想下，不同层级的政府部门、不同区域的地方政府应该结合具体情况，制定出本部门或本地区电子政务中政民互动发展的政策目标定位。

（一）政策目标制定的基本指导思想

电子政务中政民互动的核心关键词是“平台”“参与”和“服务”。“平台”是政民互动的技术基础，“参与”是政民互动的过程，“服务”是政民互动的最终目标，并体现在公共政策制定和公共服务提供两大方面。政府积极组织和参与政民互动，是为了在公共政策的制定、执行过程中，更好地了解公众的诉求，更多地汇集民众的智慧，更深入地发挥民众的监督作用，为公众提供更多更好的公共服务；公众积极踊跃地参与政民互动，是为了体现自己作为国家主人的责任和义务，在关系到重大公共利益和自身切身利益的事务上，能够行使自己的知情、建议、监督等权力，从而使自己和相关的公众能够获得更好的公共服务。

因此，制定电子政务中政民互动发展目标的基本指导思想表述如下：

各级政府应大力推进电子政务条件下政民互动服务的发展。积极应用先进信息技术，建立健全政民互动运营管理工作机制，通过信息发布、民意征集、在线访谈、在线咨询、在线监督、在线评价等丰富多样的互动模式，保障在公共政策制定和公共服务提供的过程中人民的知情权、参与权、表达权和监督权，实现为人民提供更全面、更快捷、更优质公共服务的施政目标。

（二）国家部委政民互动发展目标制定的建议

一般来说，国家部委在职能定位上，侧重于事关国计民生的公共政策制定，并指导和监督下级政府部门执行公共政策。因此，国家部委政民互动发展的目标定位，建议应该侧重于政务信息发布、在线听证、民意征集等，集民意、用民智，着重保障人民在公共政策制定过程中的知情、建议、监督权，提高公共政策制定的水平和效果。

（三）省级政府政民互动发展目标制定的建议

省级政府作为我国行政治理体系承上启下的中间核心层，其职能定位侧重于本辖区经济社会发展的公共政策制定，并指导和监督下级政府有效地执行公共政策。因此，省级政府政民互动发展的目标定位，也应该侧重于政务信息发布、在线听证、民意征集等，保障人民在公共政策制定过程中的知情、建议、监督权，提高公共政策决策水平。适当兼顾应该由省级政府履行的公共服务职能，提供相应的公共服务。

（四）地方政府政民互动发展目标制定的建议

地方政府作为我国行政治理体系的基础层，其职能定位于本辖区经济社会发展的公共政策制定和为辖区人民提供公共服务两大方面；而且，越到基层政府，与民众的距离越近，提供公共服务的职责越重大。因此，地方政府政民互动发展的目标定位，应该是政策制定咨询与公共服务提供并重。通过政务信息发布、在线听证、民意征集、在线咨询、在线投诉、在线监督等方式，不仅重视公众对公共政策制定的知情与参与，更注重通过互动平台为民众提供各种具体服务，回应公众诉求，解决公众的实际问题。

二　制定更加完善的政民互动平台建设规划

“政民互动平台”是指电子政务中支撑政民互动的技术系统及其保障体系。“政民互动平台”的功能规划、界面设计、流程优化、运行性能等，对于促进公众的参与、保障互动交流高效顺利地进行具有重要的基础性作用。如前所述，现有政策调研和实际评价结果分析都表明，各级政府对于政民互动平台的建设都非常重视，平台的功能、性能、界面等方面的评价结果总体较好。但是，互动管理、服务整合、部门协同、新媒体平台建设规范管理等方面还存在明显的不足。

所以，针对现有建设规划中的不足之处，提出以下补充建议：

（一）“互动”是平台建设规划的核心

现有的信息发布、民意征集、在线访谈、在线咨询、在线投诉、在线监督等基础互动功能已经比较完善。因此建议在平台建设规划中明确提出，对于“问政面对面、问政焦点梳理与发布、政民互动周报/月报、互动满意度评价与排行榜发布”等能够显著地提高互动效率和效果的互动管理功能，应该加强建设；并鼓励各级政府围绕促进公众参与、提高互动效率、改善互动效果的目标，大力创新有特色的互动管理功能和方式。

（二）平台建设规划的“服务”导向

“服务”是平台建设的最终目标。如前所述，现有的互动平台功能规划，对于服务理念已经比较重视；但是，从功能设置和实际运行的调查研究结果来看，各级政府都存在着重“信息发布”轻“公共服务”的现象；特别是在政务社交平台上，这个倾向更加明显。因此，建议在平台建设规划中明确提出，政务互动平台既是政务信息服务和沟通交流的平台，也是提供公共服务的平台。鼓励各级政府根据其职能定位和管辖范围，通过在平台设置部门整合与部门协同功能，实现辖区内的矩阵式组织体系（即同级职能部门的水平整合与上下级机构的垂直整合）和部门间协同处理事务的流程，从而保障政民互动平台中全面服务职能的实现。

（三）鼓励建设独立的网络问政平台

独立网络问政平台良好的运行效果代表了政民互动平台建设的发展趋势，因此建议在平台建设规划中明确提出，鼓励各级政府根据其职能定位和辖区经济社会发展的实际情况，与本区域权威的网络媒体机构合作，发挥政府和媒体机构各自的优势，建设独立的网络问政平台，为公众提供更好的互动交流和公共服务平台。

（四）规范政务社交媒体的建设管理

以政务微博、政务微信等为代表，对于社交网络平台的政民互动新模式，政府的规范性管理政策总体上还比较缺位。因此，建议在平台建设规划中明确提出，政务社交媒体是重要的政民互动渠道，鼓励各级政府根据其职能定位和辖区经济社会发展情况，开设官方政务微博和政务微信账号，明确微博、微信账号功能设置的指导意见，并将其纳入该地区政民互动平台的统一体系进行建设和管理。

三　制定科学可行的政民互动平台运营管理机制

现有管理政策中存在着重“系统建设”轻“互动管理”的现象，政府门户网站和政务微博中政民互动度的实证评价结果也证明了这种现象的广泛存在。这种现象不利于政民互动平台作用的发挥和目标的实现。

政民互动是一个政府和公众共同参与的过程。政府为了实现服务公众的目标，以政务信息发布、在线访谈、在线反馈、线上线下事务处置等方式，发起和参与政民互动活动；公众通过邮件、在线访谈、发帖、评论、转发、点赞等各种互动方式，对自己感兴趣的话题或与利益相关的事宜，以建议、投诉、求助等形式与有关部门进行互动。政府与公众目标一致，但是角色与定位不同。政府既要承担建设职责和管理职能，还要负责参加互动过程；公众为了自身权利和利益诉求，会选择积极参与“政民互动”，也会由于互动平台运营管理水平低和效果差，“用脚投票”而选择离开；二者之间是相辅相成、互相促进的辩证关系。优秀的政民互动平台，还必须拥有科学可行的运营管理机制，才能够带来积极踊跃地政民互动参与，实现良好的政民互动效果，达成服务民众的目标。

下面从组织架构、公开承诺、信息处理、事务处理和互动管理 5 个方面提出政策建议：

（一）完善组织架构

政民互动平台的组织结构设计涉及组织管理机制和系统功能实现两个方面。

前述政民互动平台建设规划建议中，已经提出鼓励各级政府根据其职能定位和管辖范围，通过在平台设置部门整合功能，实现辖区内的矩阵式组织体系；这可以保证在政民互动平台上，系统功能能够支持和实现科学合理的组织架构。

另外，合理的组织结构设计是管理学问题，不是技术问题，建设“一站式互动服务”的“一体化平台”，需要与之匹配的组织架构。综合前述研究可知，现有政策文件中对于加强组织建设、形成协同能力都有提及和强调，但是通过调研和实证评价结果可知，部门关联、垂直整合、部门协同等与组织架构设计有关的指标，总体评价分值偏低。这表明，在实践层面，组织结构的设计尚不能很好地支撑政民互动平台发展目标的实现。

因此，针对上述问题，提出以下政策建议：

1. 明确牵头负责部门

政民互动平台本质上是一个信息中转平台，其自身并不能够完全实现响应民众诉求和解决民众问题的基本职能，它是通过信息的流转，调动政府的各类组织资源来完成信息发布、信息反馈、事务处理等功能。因此，政民互动平台的组织结构设计，必须明确牵头负责部门，以实现信息流转和资源调度的职能。根据调研结果，目前国内政民互动平台的牵头负责部门主要有政府和宣传部门两类。政府作为牵头部门时，一般由政府办公厅（或办公室）负责具体实施；宣传部门作为牵头部门时，一般由政府新闻办公室负责具体实施。按照政民互动渠道来看，政府门户网站中政民互动版块的牵头负责部门绝大多数为政府办，而政务社交平台的牵头负责部门绝大多数为政府新闻办。

根据前述政民互动平台发展的目标，公共政策咨询和公共服务提供是政民互动平台发展的核心定位，这两个目标的实现，都需要整合各类政府部门协同完成的机构来牵头负责才能完成，而宣传部门的职能定位与此并不相符。因此，建议各级政府明确规定，政民互动平台的牵头负责部门为本级政府，执行单位为政府办公厅（或办公室）。

2. 明确矩阵式组织架构的参与单位

矩阵式组织架构是能够较好地支撑政民互动平台运行的组织模式。建议明确规定，政民互动平台应该建立矩阵式组织架构。横向整合各职能部门，规定涉及民生事务较多的部门，如教育、卫生、社会保障、交通、城建、环保、城市公共服务企业等必须加入矩阵；其他部门根据其职能定位，由政府统一安排决定是否加入政民互动矩阵。垂直整合所辖下级政府，规定一级政府所辖的所有下级政府必须加入政民互动矩阵，由相应的政府办负责对接。

3. 明确参与单位的职责定位

政民互动矩阵中的各参与单位，在行政体系中都有其明确的职能定位。与此相应，在“一站式”和“一体化”的政民互动平台中，建议明确规定矩阵中各单位的职责定位。职责定位可以从信息发布、信息反馈、政策制定咨询、线上线下事务办理等方面进行细化。

（二）推行公开承诺

政民互动平台中服务承诺的清晰与可信，对于促进民众积极参与互动交流、提高公共服务水平和质量有重要的影响。服务承诺通常包括对公众诉求的响应时限、问题办结的时限和服务内容范围三方面。从前述的研究结论可知，目前我国各级政民互动平台，对于服务承诺的清晰性与可信性重视程度很低，多数互动平台上没有给出服务承诺，或服务承诺不清晰。因此，建议明确规定，政民互动平台必须在三方面给出服务承诺：一是服务的范围，让公众清楚地知道平台的服务内容和边界；二是信息反馈的时限；三是问题处理办结的时限，以及当问题在现有条件下无法解决时的处理方式。通过服务承诺的清晰可信，一方面能够调控公众的心理预期，提高服务满意度，增加参与互动的意愿；另一方面能够强力约束政府机构人员的施政服务行为，增强其责任性，提升服务效能。

（三）健全信息处理流程

政民互动平台的运作本质上是一个信息快速流转的过程。公众通过互动平台上传意见、建议和诉求信息，政府通过互动平台发布政务信息、接受公众信息、反馈处理意见。政民双方通过信息的流转，完成了互动交流和问题的处理。信息流转的效率直接影响到政民互动的效率和效果。前述研究结论表明，目前各级政府对于政民互动平台中的信息管理都比较重视，但是由于多数政民互动平台在定位上侧重于政务信息发布，尤其是绝大多数政务社交媒体都定位为信息发布平台，这使得现有的政民互动平台信息管理制度侧重于信息发布的管理，对于各类政务信息的合法来源、审核批准、上线发布等环节进行了明确的规定；而对于互动过程中信息流转的机制涉及很少，且多为原则性的规定，缺少可操作性的运作方法。政民互动度的实证评价研究结果也说明了这个问题的存在，互动时效性、互动有效性等指标的得分总体偏低，平台信息处理机制不畅、信息流转效率低下是导致这个结果的重要原因。

因此，针对这方面问题，提出以下政策建议：

1. 明确互动平台信息处理流程的目标

以促进政民互动交流、高效解决民众诉求为目标，健全信息处理工作机制，建设后台服务团队和受理系统，建立涵盖互动全过程的信息收集、处置、反馈的闭环工作流程，实现高效率的互动信息处置与流转，改进互动效率，提升互动效果。

2. 明确政民互动平台信息处理的具体流程

按照政民互动的类别，分别制定针对性的信息处理流程。第一，政务信息发布类互动，建立包括政务信息来源、审核批准、上线发布、民众反馈意见收集等环节的信息处理闭环。第二，公共政策制定民意征集类互动，建立包括政策讨论选题、选题发布、民众建议收集、意见反馈、讨论结果公示等环节的信息处理闭环。第三，民众政策咨询类互动，建立包括民众咨询问题收集、分类、交办/承办、催办、反馈、公示等环节的信息处理闭环。第四，服务求助类互动，建立包括求助信息收集、分类、交办/承办、催办、反馈、公示等环节的信息处理闭环。第五，投诉举报类政民互动，建立包括投诉举报信息收集、分类、交办/承办、催办、反馈、公示等环节的信息处理闭环。第六，其他类别的政民互动，根据互动内容和方式的具体情况，建立相应的信息处理流程。说明：第三、第四、第五类信息处理流程从原理上看非常相似，但是实施细节存在非常大的差异，各单位在制定实际的信息处理流程时，必须结合实际情况，做出清楚的规定。

3. 明确信息处理流程中参与单位的职责与协同方式

平台信息处理流程需要互动矩阵中所有单位的协同工作才能完成。首先，建议明确规定政民互动平台的牵头负责单位，横向整合各职能部门，垂直整合所辖下级政府，各自在互动平台处理流程中的职责包含信息处理内容范围、信息处理责任主体等方面。其次，建立清晰的部门协同工作机制，包括信息传递标准、信息传递方式、信息处理质量标准、信息处理时限要求等方面。

（四）健全事务处理流程

按照政民互动发展的目标定位，政民互动平台既是政府与民众沟通交流的平台，更是政府为民众提供优质公共服务的平台。前者侧重于信息的沟通与流转，而后者侧重于事务的处理；前者主要通过在线的方式来进行，而后者通常需要线上线下配合才能更好地完成。

前述研究结论表明，目前我国各级政府的政民互动平台对于服务导向的理念非常认同，在具体的互动功能设置上，多数都把为民众提供各类事关民生的公共服务考虑在内；但是在实际工作中，互动平台提供公共服务的效果总体上不理想。另外，也有相当比例的互动平台侧重于信息发布和信息的沟通，特别是在政务社交平台方面，有明显忽视公共服务的现象。政民互动度实证评价的结果也表明了这种现象的存在。因此，除了从指导思想和建设目标上，需要更加强调公共服务的重要性之外，也需要建立更有效的事务处理机制来支撑服务导向目标的实现。

事务处理与信息处理在流程设计原理上是相似的。二者的主要差异在于，事务处理需要“事务流”和“信息流”的有效配合才能形成完整的事务处理闭环。一般而言，通过政民互动平台提供的公共服务，主要包括服务求助和投诉举报两大类别，但其所涉及的政府职能部门范围通常比较广。另外，民众的诉求通常比较琐碎，有些问题处理起来也很烦琐。

因此，建议各级政府根据公共服务的不同类别和内容，分别建立诉求收集、分类、交办/承办、催办、反馈、公示等环节的信息和事务双闭环，以及相关具体事务的线下处理规则和流程；同样地，互动矩阵中的各相关参与单位也必须明确规定其在事务处理流程中的职责范围和部门间的协同方式。

（五）加强互动管理

完善的互动管理功能对于促进公众参与、提高互动效率、改善互动效果有重要的影响。前述研究结论表明，目前我国各级政府的政民互动平台存在着比较明显的重“系统建设”轻“互动管理”、重“信息服务”轻“互动过程”等现象。

为了改进这方面存在的问题，一方面在政民互动平台的功能规划时，应该提出明确的要求，鼓励开设“问政面对面、问政焦点梳理与发布、政民互动周报/月报、问政大数据、满意度调查”等互动管理的功能模块；另一方面应研究制定相应的互动管理规则，明确互动管理中各参与单位的职责分工和协同工作方式。

四　逐步建立以公众为中心的政民互动评价与考核机制

评价与考核是有效的管理体系中必不可少的组成部分。在我国目前的电子政务建设与管理制度中，对于评价考核机制非常重视；大多数电子政务建设规划和管理文件中都有关于评价与考核的内容。但是，现有政策中的评价考核绝大多数与电子政务系统的功能、性能、安全等有关，仅有个别地区管理文件中的评价考核内容涉及政民互动部分。随着政民互动平台对促进政府与公众沟通交流、改进公共政策制定水平、提高公共服务效能的作用越来越大，各级政府对政民互动平台发展的日益重视，针对政民互动建立专门的评价和考核机制非常有必要。

以本课题关于政民互动度评价体系的研究为基础，结合我国具体情况，提出以下关于政民互动评价与考核的政策建议：

（一）以公众为中心的评价目标

公众是否积极参与政民互动、对政民互动的效果是否满意是政府建设和发展政民互动平台的根本出发点，因此，建立政民互动评价机制必须以公众为中心，明确把公众参与的广度、深度和互动效果作为政民互动的评价目标，并进一步建立与此目标相符合的评价指标体系和评价实施方法。

（二）明确评价对象和评价主体

评价机制需要首先明确评价谁和谁来评的问题，即评价对象和评价主体的选择。

（1）评价对象的确定。政民互动平台是政府为公众提供“一站式”沟通交流和公共服务的窗口，公众通过统一的互动门户来参与交流和获得服务。因此，建议以一级政府政民互动矩阵整体作为评价对象。以成都市为例，本级政府的政民互动矩阵由其所属各主要职能部门和下辖区县政府构成，而各区县政府又分别建立各自层级的政民互动矩阵，那么评价的对象为成都市本级政民互动矩阵，以及所辖各区县的政民互动矩阵。

（2）评价主体的选择。建议明确规定，公众为各级政民互动平台评价的评价主体。公众是政民互动平台的参与者、服务的接受者，由公众根据亲身的经历和感受，对政民互动平台做出评价，是正确合理的选择。但是，公众作为评价主体，在可操作性上存在一些问题，在评价实施方法部分将对此做进一步的讨论。

（三）制定科学的评价指标体系

本研究提出了以“平台、参与、服务”为指导思想，以“渠道完备性、公众参与性、服务全面性”为准则层的政民互动度评价体系，并验证了该评价体系的合理性和可行性。建议各级政府，可以参照本课题研究成果，结合本地或部门实际情况，建立更符合实际情况的评价指标体系和相应的评分规则。

（四）选择可行的评价实施方法

本课题从研究工作开展的可行性出发，采用了管理学实验方法，从公众视角对政民互动度进行了实证评价。从学术研究的角度来看，该方法在操作层面可行性好，评价结果可靠。但是，一级政府对本级和下辖政府的政民互动平台进行定期评价，如果采用管理学实验这种学术研究方法，在可行性方面存在一定的问题。

一般来说，实施政民互动度评价可以采取“政府自评”“公众评价”“第三方机构评价”等不同的方式。从评价的有效性和可操作性来看，三者各有所长，也各有所短。按照以公众为中心的评价指导思想，由公众进行评价是最合适的，但可操作性不强；政府自评的可操作性很强，但是自己评自己，上级评下级，在可信度和公信力方面存在不足；第三方机构评价可操作性和公信力介于前二者之间。下面提出一些建议，供各级政府制定评价实施方法时参考：

（1）建议明确规定不采用政府自评的方式，因为政府自评不符合以公众为中心的原则，评价结果缺乏公信力，也就失去了评价的作用和意义。

（2）如果实施公众评价，则建议采用在线评价的形式，即按照评价指标体系和评价标准设计和开发政民互动度在线评价系统，并部署在政民互动平台的醒目位置，定期邀请公众参与评价，评价结果自动计算，并定期以排行榜的形式在平台上予以公布。

（3）如果实施第三方机构评价，则可以考虑两种具体的实施方式：一是委托有公信力的第三方调查机构，根据评价指标体系，采取随机抽样的方式，对被评价对象定期进行评价问卷调查，并得出评价结果，评价结果定期公布在政民互动平台上。二是委托第三方大数据分析类的IT公司，该公司应具备从各类政民互动平台上抽取系统运行数据，以及大数据分析的能力，根据评价指标体系，建立数据分析模型，将从政民互动平台中抽取的系统运行数据科学有效地转换为指标评价数据，最终得到评价结果，并定期公布在政民互动平台上。

（五）完善政民互动平台的考核机制

以科学可靠的政民互动度评价为基础，建立起完善的“目标—评价—公示—奖惩—改进”闭环考核机制，促进政民互动平台的持续改进和可持续发展。

五 促进基层政府电子政务中政民互动的发展

现状调查和实证评价结果都表明，我国电子政务中政民互动的发展呈现出明显的“中间好、两头差”的态势，即省会城市、省（直辖市、自治区）两级政府明显好于国家部委和地县级城市政府的表现。特别是地县级城市政府的表现两极分化严重，相当比例的县级城市政府政民互动平台的发展处于很差的水平。

国家部委政民互动平台的整体表现稍差，与其在行政体系中所处层级和其职能定位有关。此处，重点讨论如何促进地县级城市政府政民互动的发展。政民互动平台发展的根在基层。在政策层面，中央部委和上级政府各种政策的宣传、落实和执行，本辖区公共政策的制定，都离不开基层政府与公众的直接互动交流，而公共服务的提供更是基层政府的主要职责。所以，地县级政民互动平台的建设和运营是实现国家电子政务政民互动总体发展目标的根本所在。

目前，全国地县级城市政府政民互动平台的发展状况不理想，甚至很差，必须引起重视，并采取行之有效的办法来改变这种状况。为此，提出以下政策建议：

（一）战略规划层面重视基层

国家层面和各省（直辖市、自治区）制定的电子政务发展规划应该明确提出，基层政府的电子政务系统和相应的政民互动平台是建设和发展的战略重点，在资金投入、资源配置、人才培养等方面加大对基层的支持力度。

（二）资金投入向基层倾斜

基层电子政务建设水平低与建设资金不足有着重要的关系，建议各级政府在制定相关财政预算时应该明确向基层倾斜的原则。另外，随着云计算、移动互联网、社交网络平台的迅猛发展，为政民互动平台提供了各种低成本的建设和运营模式。比如，互动效果很好的政务微博和政务微信，平台由第三方互联网公司免费提供，功能定制开发和运营成本非常低，基层政府在建设资金预算不足的情况下，可以优先考虑低成本的建设和运营方式。

（三）加强人才队伍培养

相比资金问题，人才缺乏是基层政民互动平台发展面临的更大困难。一方面，在技术层面，无论是门户网站互动功能的开发与运行，还是政务微博/政务微信平台的功能定制与账号运营，都离不开精通现代信息技术的人才；另一方面，在运营管理层面，政民互动活动的策划、运作，互动信息的处置与流转，互动结果的管理与分析，互动度评价与考核等，都离不开高素质人才的参与。

因此，人才的配备、培训、提升是发展基层政民互动平台的根本所在。应该通过系统的、有计划的招募和培训，逐渐建立起一支高素质的政民互动平台运营管理人才队伍。在经济技术条件好的地区，可以从技术和管理两方面加强人才的配备与培养；而在经济技术条件较差的地区，建议重点加强对政民互动平台运营管理人才的配备与培养，而将系统开发与维护等技术性强的工作外包给第三方 IT 公司负责。

（四）完善考核机制

将电子政务中政民互动的评价纳入基层政府绩效考核体系，并将评价结果与地方政绩，以及未来的电子政务资金投入挂钩。通过评价与考核，促进基层政府电子政务中政民互动的建设与发展。

第三节　研究展望

一　研究局限

电子政务中政民互动度评价体系是一个涉及面非常广的问题，需要研究的内容很多，可以采用的研究方法也有很多种。课题组虽然在观点创新和实证研究方面做了一些工作，但是由于水平所限，研究工作还存在不少的局限与不足：

（一）研究样本的局限

电子政务中政民互动问题的涉及面非常广。各级政府、相关职能部门，大都建立了门户网站，许多政府部门还开设大量的官方政务微博和政务微信账号，从全国范围来看，相关的单位数量非常巨大。本研究按照国家部委、省级政府、省会城市、地县级城市四个层级，进行了分层抽样。虽然这个抽样方案具有较好的代表性，但是也忽略了一些值得考虑的方面，没有同时进行另外一种抽样方案，即按照不同的行业，例如以公安部门、环保部门等为目标对象，在全国进行分层抽样，从而获得另一种不同的观察视角。研究样本存在的不足，可能对研究结论带来一定的影响。

（二）研究内容的局限

课题主要研究内容是电子政务中政民互动度的评价体系，而电子政务相关的体系和内容非常复杂，政民互动的渠道和方式也非常多样化。课题组选择了政府门户网站中的政民互动版块、政务社交平台中的政务微博这两种平台作为主要研究对象，基本上能够代表目前政民互动平台的主流形态。但是，未能将政务 APP、政务微信等更多的政民互动渠道纳入主要的研究内容，使得研究内容的全面性存在一定的不足。

（三）研究方法的局限

课题组采用案例分析法、UTAUT 模型作为主要的调研和影响因素分析方法，采用层次分析法和管理学实验作为评价体系设计和实证评价的方法，在研究方法选择上具有合理性和可行性。但是，实证评价方法采用管理学实验法，主要还是由于课题组的研究能力和研究资源所限，考虑到研究可行性而做出的选择。采用大规模抽样问卷调查法，或者采用大数据技术抽取被评价的政民互动平台的运行数据，并通过数据分析技术将运行数据转换为评价指标数据，这两种方法虽然也都有各自的难点和问题，但都是值得考虑的可行方法。

二 研究展望

电子政务中的政民互动度评价问题研究具有重要的理论价值和现实意义，同时也是一个涉及范围广、内容复杂的课题。根据电子政务领域研究和实践的发展趋势，结合考虑本研究存在的不足，未来可以从以下方面继续开展研究：

（一）扩大研究样本的容量

本项目在进行现状调研和实证评价研究时，在样本结构上和覆盖范围上还没有完全反映我国电子政务中政民互动的全貌，代表性还存在不足。在今后的研究中，应该考虑从不同的视角，扩大样本选取的容量和范围，以提高评价数据的全面性，进一步增强评价结果的有效性。

（二）扩展研究的内容范围

电子政务条件下政民互动的渠道非常丰富，除了本项目已经进行了比较系统研究的政府门户网站和政务微博之外，政务微信、政务 APP 等新的互动渠道模式也越来越受到重视，发展非常快。从政民互动度评价研究的角度，不同的互动渠道模式之间具有很多共性，但是各自的特点也非常突出。因此，未来对于这些发展迅速的新领域，也可以对其展开系统深入的研究。

（三）应用新的研究方法和技术

随着云计算、移动互联网、大数据技术的迅猛发展，电子政务领域的技术环境正在发生着剧烈而深刻的变化，大数据技术已然成为占领未来发展制高点的国家级战略，相关的技术和应用在电子政务领域也正在蓬勃兴起。从电子政务中政民互动度评价研究的视角来看，大数据技术与此有非常好的结合点。政民互动度评价主要涉及建立评价体系和实际评价两大方面，评价体系建立以理论分析为主，实际评价主要的难点在于准确的评价数据的获取。而大数据的优势正好在于数据的获取与分析，如果要实施全国性的互动度评价，采用大数据技术是非常合适的选择。大数据技术条件下政民互动度评价体系的适应性优化改进、政民互动平台运行大数据的抽取模型与算法、平台运行大数据向评价大数据的转换模型与算法、评价大数据的计算模型与算法、评价结果的可视化智能展现与发布、大数据评价支撑下的政民互动管理新模式等，都是非常值得系统深入研究的问题。

附　　录

附录1：政府门户网站中政民互动的第一次培训考试

学号______________专业______________年级______________
姓名______________电话______________邮箱______________

第一部分：单选题（5×6=30分）

1. 我国的“政府上网工程”是何时启动的？

□1997年1月22日

□1998年2月11日

□1999年1月22日

□2000年2月11日

2. 下列不属于政府门户网站类别的是哪项？

□首都之窗

□中国兰州网

□石家庄市政府官网

□广州市政府官网

3. 下列哪个城市没有设立独立的网络问政平台？

□海口

□北京

□重庆

□乌鲁木齐

4. 下列不属于政府门户网站互动主体的是哪项？

□政府

□公民

□企业

□网站运维公司

5. 公众通过网络问政，无法行使以下哪一项政治权利?

□知情权

□参与权

□表达权

□选举权

第二部分：判断题（5×6=30分）

1. “网络问政平台”“市长信箱”等类别的互动方式与政府门户网站没有任何关联。

□是　□否

2. 政府门户网站互动版块与网络问政平台形式上类似，但在具体功能的设置，以及处理民众诉求的方式方面存在着较大差异。

□是　□否

3. 某市财政局也属于本次研究政府门户网站政民互动性的对象。

□是　□否

4. 网络问政平台和政府门户网站既相互联系又存在区别。

□是　□否

5. 基于政府门户网站的政民互动是公民面向政府的单向互动。

□是　□否

第三部分：多选题（5×8=40分）

1. 建设政府门户网站有哪些作用?

□传达信息

□收集民意

□树立政府形象

□提升政府公信力

2. 以下哪几个网站不属于本次政府门户网站政民互动性研究的对象?

□上海学生就业创业服务网，http：//www. firstjob. com. cn/

□上海市人民政府外事办公室官网，http：//www. shfao. gov. cn/

□上海市政府数据服务网，http：//www. datashanghai. gov. cn/

□上海市政府官方网站，http：//www. shanghai. gov. cn

□上海政务网，http：//shzw. eastday. com

3. 下列功能中，满足互动性特征的是哪几项？

□政府发布政策法规

□政府公开政务信息

□民众向政府建言献策

□民众监督举报政府施政过程中的不当行政行为

4. 如果你遭遇强拆，你可以从以下哪些正规途径向政府反映？

□政府门户网站上的市长信箱功能

□网络问政平台上的投诉功能

□在政府门口静坐示威

□网上信访

5. 网络问政平台相对一般的政府门户网站具有什么特征？

□不由政府主管

□内容包罗万象

□通常由政府和当地权威媒体合作搭建

□突出网络问政功能

附录2：政府门户网站中政民互动的第二次培训考试

学号____________专业____________年级____________

姓名____________电话____________邮箱____________

第一部分：单选题（10 ×3 =30 分）

1. “渠道完善性”指标不包含以下哪项二级指标？

□网站性能

□界面易用

□水平关联

□互动管理水平

2. “网站性能”指标从以下哪方面可以体现？

□网页打开速度

□链接能否正常打开

□网站稳定

□是否存在个人信息泄露风险

3. 下列哪种做法使得政府门户网站的界面易用性更优？

□各个版块划分清晰

□整体布局烦琐拥挤

□操作步骤多，流程复杂

□投诉窗口很小

4. “功能完备”指标不包括以下哪项？

□在线交流

□在线调查

□在线访谈

□新闻更新及时

5. 以下哪个部门的门户网站与北京之窗之间属于水平关联？

□昌平区工商局

□朝阳区派出所

□北京市审计局

□财政部

6. 以下哪个部门的门户网站与北京之窗之间属于垂直关联？

□北京市民政局

□北京市司法局

□数字东城

□北京市信访办

7. 以下哪一项不属于“方式多样性”指标考虑范围栏目？

□市长信箱

□我要咨询

□民意调查

□政务要闻

8. 下列不属于“信息服务广泛性”指标考评范围的栏目是哪项？

□市长信箱

□办事指南

□政策法规

□旅游资源

9. 下列属于“互动透明性”指标考评范围的栏目是?

□在线咨询

□市长信箱

□事件处理进程查询

□民众咨询热点汇总

10. 以下哪种做法不能够反映“互动时效性”指标?

□小李通过政府门户网站的市长信箱咨询市政工程的规划，下午就收到了详细的规划文件

□小王家门口的下水道臭不可闻，通过政府门户网站提交了处理申请，半个月过去了还没有被处理

□小陈在政府门户网站的“常用下载”里顺利找到了想找的政策文件

□小黄发现本市的政府门户网站从去年就一直在进行服务器维护，现在还没有正常运行，打电话给互联网信息办公室也无人接听

第二部分：判断题（10×3=30分）

1. “功能完备”考察的是整个网站政民互动功能的设置全不全。

□是　□否

2. “互动时效性”主要考察互动成果是否有效。

□是　□否

3. 市级财政局和区级财政局是水平级别的部门。

□是　□否

4. 如果办结问题显示“该问题请找具体部门进行解决，不属于我处职权范围”，可以认为问题没有得到有效的解决，所以互动有效性比较低。

□是　□否

5. “互动透明性”指标可以很好地反映出政府政务公开的水平以及处理问题的透明度。

□是　□否

6. “互动参与度”与人口多少无关，网站访问量就可以完全体现。

□是　□否

7. 无法随时查询事务处理的进程并不会影响公民参与互动的积极性。

□是　□否

8. “信息服务便捷性”主要考察网站提供的信息服务是否可以方便快捷地被民众获取。

□是　□否

9. “公共服务有效性”主要考察网站所提供的公共服务是否落到实处。

□是　□否

10. 部门之间合作为民众解决问题是政府门户网站部门协作的重要体现。

□是　□否

第三部分：多选题（5×8=40分）

1. 下列哪几项属于“功能完备”指标的考虑范围？

□是否有公开信箱

□是否有意见征询

□是否有网上投诉

□是否有在线调查

2. 下列哪些信息可能出现在“互动透明性”指标考虑范围内？

□接件时间

□接件部门（单位）

□处理进程

□办结时间

3. “互动管理水平”指标可能包含以下哪些信息？

□热点问题与答复整合

□部门服务满意度调查

□信件处理进程公开

□问政数据公开

4. 要考察政府门户网站服务的全面性，可以从以下哪些指标入手？

□提供的信息是否种类丰富

□信息更新是否及时

□网站性能是否稳定

□是否提供各类市民服务

5. 以下哪些选项能够体现出政府门户网站中政民互动的有效性？

□小李今天上午十点利用市政府的在线咨询功能提交了如何办理户

口迁移的问题，两小时后就收到了回复，表示已转发公安户籍管理部门跟进处理

□很多信件显示居民对近期水费上调存在疑虑，相关部门迅速发出通知，表示会在三日之内举办在线访谈，就相关问题做出系统说明

□小张发现家附近的菜市场存在部分菜商相互勾结哄抬物价的情况，通过政府门户网站的在线举报功能进行了举报，但迟迟未收到处理结果

□小王昨日开车时正常行驶，却被交警拦下以超速为由罚款，小王通过政府门户网站投诉，相关部门查证后发现该交警确实存在违规操作，返还了小王交的罚款并诚恳道歉

附录3：政府门户网站中政民互动度的预评价问卷

亲爱的同学：

您好！非常感谢您参与本次研究的问卷调查。这是一份研究政府门户网站中政民互动度的调查问卷，主要目的在于了解哪些因素在影响政府门户网站的政民互动效果。

您的支持将有助于本研究课题的顺利进行，我们诚挚地邀请您帮忙填写这份问卷。您只需要按照您的真实感受及实际情况填写即可，所有的问卷内容和资料仅作为本课题的研究分析之用，不对外公开，请您放心作答。非常感谢您对我们研究工作的支持！

“电子政务中的政民互动度评价体系及实证研究”课题组

问卷填写说明：

1. 请打开电脑桌面上的政府门户网站调查样本表格文件，复制网站地址并访问相应的政府门户网站，根据访问和使用该网站中政民互动版块的真实感受和实际情况填写问卷。

2. 本次问卷使用李克特5点尺度量表，不同分值代表不同认可程度：1为非常不同意；2为比较不同意；3为中立；4为比较同意；5为非常同意。

3. 指标“互动参与度”不能通过打分的方式进行评价，课题组将通

过网络访问量统计平台获取31个调查样本的网站访问量数据，通过统计年鉴等官方文件获取相应城市的常住人口数，然后按照第六章第五节的互动参与度计算公式，计算出本指标结果，互动参与度计算结果见附录5，故本问卷中不出现该指标。

4. 请在合适的选项前的方框内打“√”。

样本城市名称：________________________

1. 网站性能优良程度，即网站的运行是否流畅，是否很快可以打开网页，使用过程是否稳定。

□1　□2　□3　□4　□5

2. 界面易用程度，即网页界面的设计是否易用、友好、专业。

□1　□2　□3　□4　□5

3. 功能完备程度，即网站互动交流版块的互动功能是否完备，如是否设置在线交流、在线调查、在线访谈等版块。

□1　□2　□3　□4　□5

4. 访问安全，即网站是否有账号登录及注册选项，是否具有保护账户安全的措施。

□1　□2　□3　□4　□5

5. 水平关联水平，即是否关联同行政级别的政府具体部门，例如市级的财政局、税务局等。

□1　□2　□3　□4　□5

6. 垂直关联水平，即是否关联跨级别的政府同一职能部门，例如市级财政局和区级财政局等。

□1　□2　□3　□4　□5

7. 部门协作程度，即部门间是否协作为民众提供服务、解决问题。

□1　□2　□3　□4　□5

8. 方式多样性，即民众参与互动的方式是否多样，例如写信、发帖、留言等。

□1　□2　□3　□4　□5

9. 互动时效性，即民众反映的问题、提出的意见建议的落实情况如何，是否快捷。

□1　□2　□3　□4　□5

10. 互动透明性，即互动过程是否公开透明，例如办理过程中是否可以清晰查看办理部门及办理具体进程。

□1　□2　□3　□4　□5

11. 互动有效性，即是否有效解决了民众的互动诉求。

□1　□2　□3　□4　□5

12. 互动管理水平，即是否能对政民互动的信息、结果进行有效管理，例如热点问答汇总、部门满意度排名。

□1　□2　□3　□4　□5

13. 信息服务广泛性，即提供各类政务信息的种类的全面程度。

□1　□2　□3　□4　□5

14. 信息服务时效性，即提供各类政务信息更新的及时程度。

□1　□2　□3　□4　□5

15. 信息服务便捷性，即获取信息的便捷程度，例如能否简单快捷地下载相关文件等。

□1　□2　□3　□4　□5

16. 公共服务广泛性，即提供各类政务服务的种类的全面程度。

□1　□2　□3　□4　□5

17. 公共服务时效性，即所提供各类政务服务处理的及时程度。

□1　□2　□3　□4　□5

18. 公共服务有效性，即所提供的各类政务服务是否有效。

□1　□2　□3　□4　□5

问卷到此结束，再次感谢您能够专门为我们填写问卷！若您需要我们的调查汇总结果，请填写联系方式，我们将在调查结束后发送给您！谢谢！

姓名______________电话______________邮箱______________

附录4：政府门户网站中政民互动度的正式评价问卷

亲爱的同学：

您好！非常感谢您参与本次研究的问卷调查。这是一份研究政府门户网站中政民互动度的调查问卷，主要目的在于了解哪些因素在影响政府门户网站的政民互动效果。

您的支持将有助于本研究课题的顺利进行，我们诚挚地邀请您帮忙填写这份问卷。您只需要按照您的真实感受及实际情况填写即可，所有的问卷内容和资料仅作为本课题的研究分析之用，不对外公开，请您放心作答。非常感谢您对我们研究工作的支持！

"电子政务中的政民互动度评价体系及实证研究"课题组

问卷填写说明：

1. 请打开电脑桌面上的政府门户网站调查样本表格文件，复制网站地址并访问相应的政府门户网站，根据访问和使用该网站中政民互动版块的真实感受和实际情况填写问卷。

2. 本次问卷使用李克特5点尺度量表，不同分值代表不同认可程度：1为非常不同意；2为比较不同意；3为中立；4为比较同意；5为非常同意。

3. 请在合适的选项前的方框内打"√"。

样本城市名称：______________________

1. 网站性能优良程度，即网站的运行是否流畅，是否很快可以打开网页，使用过程是否稳定。

□1　　□2　　□3　　□4　　□5

2. 界面易用程度，即网页界面的设计是否易用、友好、专业。

□1　　□2　　□3　　□4　　□5

3. 功能完备程度，即网站互动交流版块的互动功能是否完备，如是否设置在线交流、在线调查、在线访谈等版块。

□1　□2　□3　□4　□5

4. 水平关联水平，即是否关联同行政级别的政府具体部门，例如市级的财政局、税务局等。

□1　□2　□3　□4　□5

5. 垂直关联水平，即是否关联跨级别的政府同一职能部门，例如市级财政局和区级财政局等。

□1　□2　□3　□4　□5

6. 部门协作程度，即部门间是否协作为民众提供服务、解决问题。

□1　□2　□3　□4　□5

7. 方式多样性，即民众参与互动的方式是否多样，例如写信、发帖、留言等。

□1　□2　□3　□4　□5

8. 互动时效性，即民众反映的问题、提出的意见建议的落实情况如何，是否快捷。

□1　□2　□3　□4　□5

9. 互动透明性，即互动过程是否公开透明，例如办理过程中是否可以清晰查看办理部门及办理具体进程。

□1　□2　□3　□4　□5

10. 互动有效性，即是否有效解决了民众的互动诉求。

□1　□2　□3　□4　□5

11. 互动管理水平，即是否能够对政民互动的信息、结果进行有效管理，例如热点问答汇总、部门满意度排名。

□1　□2　□3　□4　□5

12. 信息服务广泛性，即提供各类政务信息的种类的全面程度。

□1　□2　□3　□4　□5

13. 信息服务时效性，即提供各类政务信息更新的及时程度。

□1　□2　□3　□4　□5

14. 信息服务便捷性，即获取信息的便捷程度，例如能否简单快捷地下载相关文件等。

□1　□2　□3　□4　□5

15. 公共服务广泛性，即提供各类政务服务的种类的全面程度。

□1　□2　□3　□4　□5

16. 公共服务时效性，即所提供各类政务服务处理的及时程度。

□1　□2　□3　□4　□5

17. 公共服务有效性，即所提供的各类政务服务是否有效。

□1　□2　□3　□4　□5

问卷到此结束，再次感谢您能够专门为我们填写问卷！若您需要我们的调查汇总结果，请填写联系方式，我们将在调查结束后发送给您！谢谢！

姓名＿＿＿＿＿＿＿电话＿＿＿＿＿＿＿邮箱＿＿＿＿＿＿＿

附录5：政府门户网站互动参与度的计算结果

附表1　政府门户网站互动参与度的计算结果（以省会级城市为例）

样本编号	样本名称	日均IP访问量	常住人口（万人）	互动参与度	标准分
1	重庆	9600	2884.62	3.327994675	1
2	武汉	1800	978.5392	1.83947664	1
3	海口	360	204.6189	1.75936827	1
4	兰州	5200	361.6163	14.37988277	4
5	长沙	15000	704.4118	21.29436219	5
6	呼和浩特	3000	286.6625	10.46526839	3
7	南宁	3600	666.16	5.404107121	2
8	拉萨	48	55.9423	0.858026931	1
9	石家庄	1800	1016.3788	1.770993256	1
10	天津	1200	1293.8224	0.927484329	1
11	太原	2300	420.1591	5.474116829	2
12	银川	1800	199.3088	9.031211868	3
13	西宁	1300	220.8708	5.885793867	2
14	福州	3600	711.537	5.059469852	2
15	北京	25200	1961.2	12.84927595	4

续表

样本编号	样本名称	日均 IP 访问量	常住人口（万人）	互动参与度	标准分
16	沈阳	4400	810.6171	5.427963461	2
17	哈尔滨	11400	1063.5971	10.71834438	3
18	成都	7200	1404.7625	5.125421557	2
19	昆明	1200	643.2	1.865671642	1
20	济南	1200	681.4	1.761080129	1
21	贵阳	7200	432.4561	16.64908877	5
22	上海	10200	2301.9148	4.431093627	2
23	杭州	11400	870.04	13.10284585	4
24	郑州	1800	862.6505	2.086592426	1
25	长春	6500	767.7089	8.466750874	3
26	南昌	1800	504.2656	3.569547477	1
27	南京	7800	800.468	9.744299585	3
28	西安	11400	846.7837	13.462706	4
29	广州	15000	1270.08	11.81027967	3
30	乌鲁木齐	4100	311.028	13.18209293	4
31	合肥	1200	570.2	2.104524728	1

注：互动参与度 = 日均 IP 访问量/常住人口。

附录 6：政府门户网站政民互动度的评分样表

附表 2　　政府门户网站政民互动度的评分（以专家 1 对省会级城市的评价为例）

城市名称	B1						B2						B3					
	C1	C2	C3	C4	C5	C6	C7	C8	C9	C10	C11	C12	C13	C14	C15	C16	C17	C18
重庆	5	4	4	5	5	4	4	4	5	4	1	4	5	4	4	5	4	4
武汉	5	4	4	4	4	4	3	3	3	3	1	4	4	3	3	3	3	3
海口	4	4	4	4	4	4	4	4	3	4	1	4	4	4	4	3	3	3
兰州	4	4	4	4	4	4	4	3	3	4	4	4	5	5	4	4	3	4
长沙	5	5	5	4	3	4	5	4	4	5	5	5	5	4	4	4	3	3

续表

城市名称	B1						B2						B3					
	C1	C2	C3	C4	C5	C6	C7	C8	C9	C10	C11	C12	C13	C14	C15	C16	C17	C18
呼和浩特	3	3	3	2	2	2	2	2	2	2	3	3	3	3	3	2	2	2
南宁	4	4	4	2	2	3	3	4	4	4	2	4	4	3	3	2	2	2
拉萨	4	4	3	3	3	3	4	3	4	3	1	3	3	3	3	3	3	3
石家庄	2	3	4	3	3	2	3	2	3	2	1	3	3	2	3	3	2	3
天津	3	3	3	2	2	3	3	3	3	4	1	3	3	2	2	4	3	3
太原	4	4	4	3	3	4	3	4	4	4	2	4	3	3	3	4	3	3
银川	4	3	3	3	3	4	3	3	3	4	3	4	4	4	4	4	4	4
西宁	4	4	3	3	3	3	3	3	4	3	2	3	3	4	4	3	3	3
福州	4	4	4	3	3	4	5	4	4	4	2	4	4	4	4	3	4	4
北京	5	4	5	4	4	4	3	3	3	3	4	4	4	3	4	3	3	3
沈阳	4	4	4	4	4	4	4	4	4	4	2	4	4	4	4	5	4	4
哈尔滨	4	4	4	3	3	4	4	3	3	4	3	4	3	3	3	3	3	3
成都	3	4	4	3	3	2	4	2	3	2	2	4	3	4	4	3	3	3
昆明	4	4	4	4	3	4	4	3	4	3	1	4	5	5	4	4	3	3
济南	3	3	3	3	3	4	4	4	4	3	1	4	4	4	4	3	4	4
贵阳	3	4	4	4	4	4	4	4	4	4	5	5	4	4	4	5	4	4
上海	4	4	4	4	4	4	4	4	4	4	2	5	4	4	4	4	4	4
杭州	4	4	5	3	3	4	5	4	4	4	4	4	4	4	4	3	4	4
郑州	4	4	4	3	3	4	4	3	4	4	1	4	3	3	4	3	4	4
长春	3	4	4	3	3	4	4	4	4	4	3	4	3	4	3	3	3	3
南昌	3	4	4	3	4	3	4	3	4	4	1	4	4	4	3	4	3	4
南京	5	4	3	4	4	4	4	4	3	3	3	4	4	4	4	4	3	3
西安	4	4	5	4	4	4	5	4	4	4	4	4	4	5	4	5	4	4
广州	4	4	4	4	4	4	4	3	4	4	3	4	5	4	4	3	4	4
乌鲁木齐	4	3	3	2	2	4	3	3	4	4	4	3	2	2	2	4	3	4
合肥	5	4	4	2	2	4	4	3	4	4	1	4	3	3	3	4	3	4

注：B1 为渠道完整性；C1 为网站性能；C2 为界面易用；C3 为功能完备；C4 为水平关联；C5 为垂直关联；C6 为部门协作；B2 为公众参与性；C7 为方式多样性；C8 为互动时效性；C9 为互动透明性；C10 为互动有效性；C11 为互动参与度；C12 为互动管理水平；B3 为服务全面性；C13 为信息服务广泛性；C14 为信息服务时效性；C15 为信息服务便捷性；C16 为公共服务广泛性；C17 为公共服务时效性；C18 为公共服务有效性。

附录7：政府门户网站政民互动度评价的指标平均得分表

附表3　　政府门户网站政民互动度评价的指标平均得分（以省会级城市为例）

城市名称	B1						B2						B3					
	C1	C2	C3	C4	C5	C6	C7	C8	C9	C10	C11	C12	C13	C14	C15	C16	C17	C18
重庆	4.6	4.5	4.5	4.5	4.5	4.1	4.3	4.3	4.6	4.1	1.0	4.3	4.3	4.3	4.3	4.4	4.5	4.4
武汉	4.1	3.9	3.8	4.0	3.8	3.1	3.1	2.9	3.9	3.3	1.0	3.3	3.6	3.3	3.5	3.6	2.6	3.3
海口	4.1	4.0	3.8	4.0	3.0	3.8	3.4	3.6	3.6	3.3	1.0	3.9	3.5	3.6	3.4	3.8	3.3	3.8
兰州	4.4	4.3	4.0	4.1	4.3	4.1	3.8	3.4	4.0	4.0	4.0	3.9	3.5	3.8	3.5	3.8	3.3	3.6
长沙	4.5	4.1	3.8	3.5	3.0	3.1	3.4	3.3	3.9	3.8	5.0	3.6	3.5	3.8	3.4	4.0	3.5	3.6
呼和浩特	3.3	3.4	3.0	2.8	2.3	2.6	2.5	2.5	2.6	2.6	3.0	2.8	3.4	2.9	2.5	2.6	2.5	2.3
南宁	4.0	3.6	3.5	2.9	2.5	2.6	3.1	3.6	3.8	3.6	2.0	3.6	3.1	3.1	3.0	3.4	3.3	3.0
拉萨	4.0	3.5	3.3	3.8	2.5	3.3	2.9	2.9	4.1	3.8	1.0	3.5	3.0	3.0	3.1	3.1	2.8	2.8
石家庄	1.0	1.0	2.0	2.0	2.0	2.0	2.0	2.0	2.0	2.0	2.0	2.0	2.0	2.0	2.0	2.0	2.0	2.0
天津	3.9	2.9	2.5	2.1	2.1	2.0	2.3	2.8	2.3	2.5	1.0	2.1	2.9	2.8	2.4	2.9	2.6	2.4
太原	3.8	3.5	3.5	3.3	3.0	3.0	3.3	2.5	3.0	3.1	2.0	3.0	3.5	2.8	2.9	3.8	2.8	2.6
银川	3.9	3.4	3.4	3.5	3.5	3.3	3.3	2.9	3.0	3.3	3.0	3.0	3.5	3.4	3.3	3.8	3.1	3.3
西宁	4.1	3.0	2.8	3.0	2.5	2.4	2.6	3.1	3.6	3.1	2.0	2.8	3.3	3.3	2.9	3.5	2.9	2.9
福州	4.1	4.3	3.9	3.0	3.3	3.8	3.5	4.0	3.6	3.4	2.0	3.4	3.8	3.5	3.6	3.4	3.6	3.4
北京	4.6	3.5	4.5	3.9	3.8	3.9	4.0	4.1	4.0	3.8	4.0	3.8	4.3	3.9	3.6	4.0	3.9	3.6
沈阳	4.3	3.9	3.9	3.9	3.8	3.3	4.0	3.5	3.9	3.6	2.0	3.8	4.1	3.6	3.5	4.1	3.5	3.5
哈尔滨	4.3	3.5	3.9	3.3	3.0	3.0	3.9	4.1	3.9	4.1	3.0	4.1	3.8	4.0	3.8	3.4	3.9	3.6
成都	4.1	3.8	3.9	3.5	3.4	2.9	3.6	3.3	3.8	3.8	2.0	3.8	3.5	3.8	3.5	3.8	3.4	3.6
昆明	3.9	3.9	3.9	3.6	3.3	3.0	3.8	2.8	3.1	2.6	1.0	3.1	3.9	3.3	3.0	3.9	3.3	3.3
济南	3.9	2.9	3.0	3.1	3.8	3.4	3.6	3.8	3.9	3.1	1.0	3.5	3.6	3.8	3.8	3.3	3.3	3.1
贵阳	3.6	3.8	3.9	4.1	4.3	3.6	3.5	3.8	3.9	4.0	5.0	3.5	3.8	4.0	3.6	4.3	3.8	3.3
上海	4.1	4.1	3.9	3.9	4.1	3.6	3.9	3.6	3.9	3.6	2.0	3.8	3.8	4.0	3.5	4.1	3.9	3.9
杭州	4.1	4.1	4.4	3.5	3.0	3.4	3.9	3.3	3.5	3.1	4.0	3.3	4.0	4.0	3.5	3.6	3.3	3.4
郑州	3.8	3.6	3.3	2.9	3.3	3.1	3.5	2.8	3.6	3.4	1.0	3.3	3.9	3.4	3.4	3.8	3.1	2.8

续表

城市名称	B1						B2						B3					
	C1	C2	C3	C4	C5	C6	C7	C8	C9	C10	C11	C12	C13	C14	C15	C16	C17	C18
长春	3.8	3.8	3.9	3.0	3.4	3.5	2.9	3.1	3.4	3.3	3.0	3.3	3.5	3.4	3.5	3.9	3.4	3.5
南昌	3.5	3.8	3.9	3.1	4.0	3.5	3.1	2.8	3.9	3.8	1.0	2.9	3.6	3.4	3.1	3.9	3.1	3.1
南京	4.3	4.0	3.4	3.4	3.4	3.5	3.9	3.5	3.8	3.5	3.0	3.4	3.4	3.3	3.4	3.5	3.0	3.0
西安	4.1	4.0	4.1	4.0	4.0	3.4	3.8	4.1	4.0	3.8	4.0	3.3	3.9	4.1	3.5	4.3	3.9	3.4
广州	4.3	3.9	3.9	3.6	3.4	3.3	3.5	3.4	3.9	3.6	3.0	3.5	3.5	3.3	3.1	3.9	4.1	3.3
乌鲁木齐	3.5	3.6	2.8	2.9	2.9	2.9	3.1	2.8	3.4	2.8	4.0	2.9	3.5	3.5	3.1	3.9	3.0	3.0
合肥	4.0	4.3	3.8	3.5	2.9	2.6	3.9	3.6	3.9	3.4	1.0	3.5	3.6	3.8	3.0	3.9	3.9	3.5

附录8：政府门户网站政民互动度评价的分项得分统计表

附表4　　政府门户网站政民互动度评价的分项得分（以省会级城市为例）

样本名称	渠道完整性	公众参与性	服务全面性	总分
重庆	3.82	4.04	3.62	3.92
武汉	3.77	2.76	3.50	3.07
海口	4.43	3.26	4.37	3.66
兰州	3.66	3.74	3.73	3.73
长沙	3.89	4.18	3.62	4.02
呼和浩特	3.09	2.56	3.11	2.76
南宁	3.57	2.71	3.19	2.93
拉萨	2.93	2.73	3.00	2.82
石家庄	1.65	2.00	2.00	1.95
天津	2.58	2.00	2.55	2.2
太原	3.21	2.65	2.83	2.77
银川	2.91	2.67	2.50	2.67

续表

样本名称	渠道完整性	公众参与性	服务全面性	总分
西宁	3.29	2.31	3.12	2.62
福州	3.45	3.11	3.18	3.18
北京	4.02	3.92	3.78	3.9
沈阳	3.68	3.08	3.49	3.25
哈尔滨	3.57	3.14	3.49	3.27
成都	3.32	3.23	3.25	3.24
昆明	3.34	2.73	3.31	2.94
济南	3.41	2.75	2.87	2.87
贵阳	3.82	3.18	3.88	3.42
上海	3.70	3.38	3.30	3.41
杭州	3.72	3.40	3.57	3.48
郑州	3.48	2.78	3.50	3.03
长春	3.49	3.08	3.34	3.19
南昌	3.55	2.58	3.13	2.83
南京	3.93	3.85	3.71	3.83
西安	4.18	3.88	3.62	3.87
广州	3.61	3.15	3.58	3.31
乌鲁木齐	3.77	3.17	3.60	3.35
合肥	3.79	3.50	3.55	3.55

附录9：国家部委门户网站政民互动度的评价结果

附表5　　国家部委门户网站政民互动度的评价结果

排行	样本名称	总分	等级
1	监察部	3.27	Ⅱ级一般
2	教育部	3.19	Ⅱ级一般
3	公安部	3.11	Ⅱ级一般

续表

排行	样本名称	总分	等级
4	工信部	3.07	Ⅱ级一般
5	国土部	3.01	Ⅱ级一般
6	水利部	2.74	Ⅲ级较差
7	外交部	2.5	Ⅲ级较差
8	国防部	2.47	Ⅲ级较差
9	人社部	2.41	Ⅲ级较差
10	民政部	2.38	Ⅲ级较差
11	农业部	2.34	Ⅲ级较差
12	文化部	2.33	Ⅲ级较差
13	司法部	2.31	Ⅲ级较差
14	发改委	2.29	Ⅲ级较差
15	环保部	2.29	Ⅲ级较差
16	交通部	2.27	Ⅲ级较差
17	科技部	2.25	Ⅲ级较差
18	央行	2.24	Ⅲ级较差
19	商务部	2.23	Ⅲ级较差
20	财政部	2.21	Ⅲ级较差
21	卫计委	2.21	Ⅲ级较差
22	审计署	2.21	Ⅲ级较差
23	住建部	1.96	Ⅲ级较差
24	国家民委	1.92	Ⅲ级较差

附录10：省级政府门户网站政民互动度的评价结果

附表6　　省级政府门户网站政民互动度的评价结果

排行	样本名称	总分	等级
1	海南	3.59	Ⅰ级优良

续表

排行	样本名称	总分	等级
2	福建	3. 58	Ⅰ级优良
3	辽宁	3. 55	Ⅰ级优良
4	山东	3. 54	Ⅰ级优良
5	吉林	3. 54	Ⅰ级优良
6	四川	3. 51	Ⅰ级优良
7	浙江	3. 23	Ⅱ级一般
8	江苏	3. 22	Ⅱ级一般
9	广西	3. 21	Ⅱ级一般
10	内蒙古	3. 2	Ⅱ级一般
11	广东	3. 19	Ⅱ级一般
12	河南	3. 19	Ⅱ级一般
13	湖北	3. 17	Ⅱ级一般
14	陕西	3. 16	Ⅱ级一般
15	甘肃	3. 16	Ⅱ级一般
16	江西	3. 15	Ⅱ级一般
17	贵州	2. 95	Ⅲ级较差
18	宁夏	2. 94	Ⅲ级较差
19	安徽	2. 93	Ⅲ级较差
20	山西	2. 73	Ⅲ级较差
21	云南	2. 73	Ⅲ级较差
22	西藏	2. 73	Ⅲ级较差
23	湖南	2. 71	Ⅲ级较差
24	青海	2. 48	Ⅲ级较差
25	河北	2. 31	Ⅲ级较差
26	新疆	1. 88	Ⅲ级较差
27	黑龙江	1. 84	Ⅲ级较差

注：北京、上海、天津、重庆 4 个直辖市，其行政级别为省级，但具体的管理和服务职能又具有省会级城市的特征，因此已将 4 个直辖市与省会级城市一并列为第七章的研究对象。

附录 11：地县级城市门户网站政民互动度的评价结果

附表 7　　　　地县级城市门户网站政民互动度的评价结果

排行	样本名称	总分	等级
1	兴城市（县级市）	3. 57	Ⅰ级优良
2	杨浦区	3. 55	Ⅰ级优良
3	阳泉市（地级市）	3. 54	Ⅰ级优良
4	江华瑶族自治县	3. 53	Ⅰ级优良
5	梧州市（地级市）	3. 52	Ⅰ级优良
6	鞍山市（地级市）	3. 41	Ⅱ级一般
7	霍州市（县级市）	3. 39	Ⅱ级一般
8	呼图壁县	3. 28	Ⅱ级一般
9	集安市（县级市）	3. 27	Ⅱ级一般
10	双台子区	3. 21	Ⅱ级一般
11	句容市（县级市）	3. 19	Ⅱ级一般
12	哈密市	3. 18	Ⅱ级一般
13	双塔区	3. 16	Ⅱ级一般
14	聊城市（地级市）	3. 13	Ⅱ级一般
15	襄樊市（地级市）	3. 12	Ⅱ级一般
16	荔波县	3. 09	Ⅱ级一般
17	华容县	3. 05	Ⅱ级一般
18	乐亭县	3. 04	Ⅱ级一般
19	谢家集区	3. 02	Ⅱ级一般
20	忻州市（地级市）	3. 00	Ⅱ级一般
21	兴山区	2. 97	Ⅲ级较差
22	西华县	2. 96	Ⅲ级较差
23	南陵县	2. 82	Ⅲ级较差
24	花溪区	2. 78	Ⅲ级较差
25	乌苏市（县级市）	2. 76	Ⅲ级较差
26	随县	2. 74	Ⅲ级较差

续表

排行	样本名称	总分	等级
27	公安县	2.64	Ⅲ级较差
28	元坝区	2.61	Ⅲ级较差
29	徐闻县	2.60	Ⅲ级较差
30	西林县	2.59	Ⅲ级较差
31	嘉鱼县	2.26	Ⅲ级较差
32	蓬江区	2.20	Ⅲ级较差
33	莆田市（地级市）	2.19	Ⅲ级较差
34	依安县	2.18	Ⅲ级较差
35	铁西区	2.17	Ⅲ级较差
36	武强县	2.13	Ⅲ级较差
37	滦平县	2.10	Ⅲ级较差
38	东川区	2.10	Ⅲ级较差
39	江川县	2.08	Ⅲ级较差
40	南芬区	2.07	Ⅲ级较差
41	米易县	2.05	Ⅲ级较差
42	青羊区	2.01	Ⅲ级较差
43	丹东市（地级市）	2.00	Ⅲ级较差
44	龙文区	1.97	Ⅲ级较差
45	特克斯县	1.95	Ⅲ级较差
46	志丹县	1.91	Ⅲ级较差
47	黄石港区	1.90	Ⅲ级较差
48	金平苗族瑶族傣族自治县	1.85	Ⅲ级较差
49	同心县	1.83	Ⅲ级较差
50	巨野县	1.80	Ⅲ级较差
51	龙胜各族自治县	1.79	Ⅲ级较差
52	临川区	1.77	Ⅲ级较差
53	团风县	1.76	Ⅲ级较差
54	贡井区	1.72	Ⅲ级较差
55	博白县	1.69	Ⅲ级较差

续表

排行	样本名称	总分	等级
56	平乐县	1.68	Ⅲ级较差
57	天等县	1.63	Ⅲ级较差
58	郁南县	1.61	Ⅲ级较差
59	金台区	1.60	Ⅲ级较差
60	甘谷县	1.59	Ⅲ级较差
61	谯城区	1.55	Ⅲ级较差
62	科尔沁左翼后旗	1.53	Ⅲ级较差
63	槐荫区	1.47	Ⅲ级较差
64	谢通门县	1.34	Ⅲ级较差
65	鄂托克旗	1.24	Ⅲ级较差
66	临潭县	1.23	Ⅲ级较差
67	石拐区	1.18	Ⅲ级较差
68	馆陶县	1.12	Ⅲ级较差
69	越秀区	1.03	Ⅲ级较差
70	囊谦县	0.98	Ⅲ级较差

附录12：政府微博中政民互动的第一次培训考试

学号__________ 专业__________ 年级__________

姓名__________ 电话__________ 邮箱__________

第一部分：单选题（5×6=30分）

1. 您使用微博的经验是多长时间？

□从未使用

□1—3个月

□3—6个月

□6—12个月

□一年以上

2. 您使用政务微博的经验是多长时间?

□从未使用

□1—3 个月

□3—6 个月

□6—12 个月

□一年以上

3. 政务微博的开设主体不包括以下哪种?

□政府机构

□政府官员

□公务员

□普通群众

4. 下列不属于政务微博的互动主体的是哪项?

□政府

□民众

□官员

□新浪公司

5. 公众通过政务微博无法行使以下哪项政治权利?

□知情权

□参与权

□表达权

□选举权

第二部分：判断题（5×6=30 分）

1. 政务微博就是政府公务员开通的微博账号。

□是　□否

2. 政务微博与政府门户网站和网络问政平台的本质相似，都是政府与民众沟通交流的互动平台。

□是　□否

3. 交巡警总队官方微博也属于本次研究政务微博的样本范围。

□是　□否

4. 政务微博只有新浪微博平台上有。

□是　□否

5. 基于政务微博的政民互动是公民面向政府的单向互动。

□是　□否

第三部分：多选题（5×8=40 分）

1. 建设政务微博有哪些作用？

□传达信息

□收集意见

□发布信息

□服务大众

2. 以下哪几个新浪微博账号不属于此次政务微博研究的样本范围？

□@北京发布

□@江宁公安在线

□@问政银川

□@微博贵阳

□@重庆交巡警

3. 下列满足互动性特征的有哪几项？

□政府发布最新政策法规相关信息

□政府公开政务信息

□政府发起民意调查活动，吸引民众向政府建言献策

□民众监督政府行为，并通过政府部门的微博账号私信举报不当行政举措

4. 政务微博相对一般的微博账号具有什么特征？

□代表政府机构或公职人员，因公共事务而设立

□更新发布的内容主要与政务相关

□没什么区别，都是发布信息的平台而已

□由专人或者专门部分负责运营

5. 公众可以通过政务微博哪些功能实现与政府的沟通交流？

□评论

□转发

□点赞

□私信

附录13：政府微博中政民互动的第二次培训考试

学号＿＿＿＿＿＿＿专业＿＿＿＿＿＿＿年级＿＿＿＿＿＿＿
姓名＿＿＿＿＿＿＿电话＿＿＿＿＿＿＿邮箱＿＿＿＿＿＿＿

第一部分：单选题（6×5＝30分）

1. “渠道完善性”指标不包含以下哪项二级指标？

□网站性能

□界面易用

□水平关联

□垂直关联

□政府信息丰富

2. “功能完备”指标不包括以下哪项设置？

□热门微博

□文章汇总

□微官网页面

□网页可缩放

3. 以下哪个部门的政务微博账号与@北京发布之间属于水平关联？

□@文明北京

□@北京12333

□@北京西城

□@发展北京

4. 以下哪个部门的门户网站与北京之窗之间属于垂直关联？

□@北京西城

□@北京丰台

□@北京市石景山

□@体育北京

5. 以下哪项不属于“方式多样性”指标考虑范围？

□可评论

□可转发

□可以搜索筛选微博内容

□可私信

6. 下列不属于“信息服务广泛性”指标考评范围的是哪项?

□交通路况

□承诺8小时回复

□新政策法规

□旅游资源

第二部分:判断题(10×3=30分)

1. “功能完备”考察的是政务微博账号的功能设置是否丰富全面。

□是 □否

2. “互动时效性”主要考察公众通过政民互动提出的诉求是否能得到解决。

□是 □否

3. 市级财政局的政务微博账号和区级财政局的政务微博账号属于水平级别。

□是 □否

4. 如果办结问题显示“已转发有关部门处理”,可以认为问题没有得到有效的解决,互动有效性比较低。

□是 □否

5. 市级政府的政务微博账号和区级政府的政务微博账号属于垂直整合的范畴。

□是 □否

6. “互动参与度”通过政务微博账号的粉丝数就可以完全反映。

□是 □否

7. 诉求处理时间缓慢并不会影响公民参与互动的积极性。

□是 □否

8. “信息服务时效性”主要考察政务微博平台提供的信息更新是否及时新鲜。

□是 □否

9. “公共服务有效性”主要考察政务微博平台所关联的可提供各类公共服务的政务微博账号是否有效。

□是 □否

10. 部门之间能够有效合作,并为民众解决问题,是政务微博平台部门协作的重要体现。

□是　□否

第三部分：多选题（5×8＝40）

1. 下列哪几项属于“功能完备”指标的考虑范围？

□热门微博

□文章汇总

□政务微官网页面

□网页可缩放

2. 下列哪些信息可以作为“方式多样性”指标？

□微博更新速度快

□私信政府部门负责人

□发起投票活动

□微博访谈

3. “互动管理水平”指标可能包含以下哪些信息？

□满意度调查投票

□热帖文章专栏

□每天发布问候早安晚安的微博

□每日提示交通路况

4. 要考察政务微博平台的服务全面性，可以从以下哪些指标入手？

□提供公共服务的种类

□信息更新是否及时

□主页界面是否美观是否稳定

□是否开通评论/私信功能

5. 以下哪些选项能够体现出政务微博平台中政民互动的时效性？

□政务微博账号每天发布最新政务信息

□小张发现家附近的菜市场存在部分菜商相互勾结哄抬物价的情况，打电话进行了举报

□小王喜欢浏览本地政府的微博，了解政策动态

□网民微博投诉工商局办事大厅，有职员上班时间打游戏，都三天了还没有任何回复

附录 14：政务微博中政民互动度的预评价问卷

亲爱的同学：

您好！非常感谢您参与这次学术研究性质的问卷调查。这是一份研究政务微博中政民互动度的调查问卷，主要目的在于了解哪些因素在影响政务微博的政民互动效果。

您的支持将有助于本研究课题的顺利进行，我们诚挚地邀请您帮忙填写这份问卷。您只需要按照您的真实感受及实际情况填写即可，所有的问卷内容和资料仅作为本课题的研究分析之用，不会对外公开，请您放心作答。非常感谢您对我们研究工作的支持！

"电子政务中的政民互动度评价体系及实证研究"课题组

特别说明：

1. 请登录"新浪微博"，检索样本中的政务微博账号名称，访问和使用该政务微博账号，然后根据您的真实感受和实际情况填写问卷。

2. 本次问卷使用李克特 5 点尺度量表，不同分值代表不同认可程度：1 为非常不同意；2 为比较不同意；3 为中立；4 为比较同意；5 为非常同意。

3. 请在合适的选项前的方框内打"√"。

样本城市：________________________

样本政务微博账号名称：________________

1. 网站性能，即访问微博主页的打开速度如何，访问过程是否稳定。

□1　　□2　　□3　　□4　　□5

2. 界面易用程度，即网页界面的设计是否易用、友好、专业。

□1　　□2　　□3　　□4　　□5

3. 功能完备程度，即政务微博的互动功能是否完备，如是否设置在线交流、在线调查、在线办事等版块。

□1　　□2　　□3　　□4　　□5

4. 水平关联水平，即是否关联同行政级别的政府具体部门，例如市级的财政局、税务局等。

□1　　□2　　□3　　□4　　□5

5. 垂直关联水平，即是否整合一级政府所辖的下一级政府。

□1　　□2　　□3　　□4　　□5

6. 部门协作程度，即部门间是否有效协作为民众提供服务、解决问题。

□1　　□2　　□3　　□4　　□5

7. 方式多样性，即民众参与互动的方式是否多样，例如私信、转发、评论等。

□1　　□2　　□3　　□4　　□5

8. 互动透明性，即民众反映问题、提出问题时其他民众是否可见，解决问题过程是否公开透明。

□1　　□2　　□3　　□4　　□5

9. 互动时效性，即民众反映的问题、提出的意见建议能否迅速得到响应回复。

□1　　□2　　□3　　□4　　□5

10. 互动有效性，即是否有效解决了民众的互动诉求。

□1　　□2　　□3　　□4　　□5

11. 互动管理水平，即是否能对政民互动的信息、结果进行有效管理，例如热点问答汇总、满意度评价等。

□1　　□2　　□3　　□4　　□5

12. 信息服务广泛性，即提供各类政务信息的种类的全面程度。

□1　　□2　　□3　　□4　　□5

13. 信息服务时效性，即提供各类政务信息更新的及时程度。

□1　　□2　　□3　　□4　　□5

14. 信息服务便捷性，即民众通过政务微博获取信息的方式是否便捷。

□1　　□2　　□3　　□4　　□5

15. 公共服务广泛性，即提供各类政务服务的种类的全面程度。

□1　　□2　　□3　　□4　　□5

16. 公共服务时效性，即所提供各类政务服务处理的及时程度。

□1　　□2　　□3　　□4　　□5

17. 公共服务有效性，即所提供的各类政务服务是否有效。

□1　　□2　　□3　　□4　　□5

问卷到此结束，再次感谢您能够专门为我们填写问卷！若您需要我们的调查汇总结果，请填写联系方式，我们将在调查结束后发送给您！谢谢！

姓名______________电话______________邮箱______________

附录 15：政务微博中政民互动度的正式评价问卷

亲爱的同学：

您好！非常感谢您参与这次学术研究性质的问卷调查。这是一份研究政务微博中政民互动度的调查问卷，主要目的在于了解哪些因素在影响政务微博的政民互动效果。

您的支持将有助于本研究课题的顺利进行，我们诚挚地邀请您帮忙填写这份问卷。您只需要按照您的真实感受及实际情况填写即可，所有的问卷内容和资料仅作为本课题的研究分析之用，不会对外公开，请您放心作答。非常感谢您对我们研究工作的支持！

“电子政务中的政民互动度评价体系及实证研究”课题组

特别说明：

1. 请登录“新浪微博”，检索样本中的政务微博账号名称，访问和使用该政务微博账号，然后根据您的真实感受和实际情况填写问卷。

2. 本次问卷使用李克特 5 点尺度量表，不同分值代表不同认可程度：1 为非常不同意；2 为比较不同意；3 为中立；4 为比较同意；5 为非常同意。

3. 指标“经验等级”和“互动参与度”不能通过打分的方式进行评价，课题组将通过新浪微博平台获取 31 个调查样本的经验等级和粉丝数，通过统计年鉴等官方文件获取相应城市的常住人口数，然后按照第六章第五节的互动参与度计算公式计算出本指标结果，互动参与度计算结果见附录 16，故本问卷中不出现以上两个指标。

4. 请在合适的选项前的方框内打“√”。

样本城市：______________________________

样本政务微博账号名称：______________________

1. 功能完备程度，即政务微博的互动功能是否完备，如是否设置在线交流、在线调查、在线办事等版块。

□1　□2　□3　□4　□5

2. 界面易用程度，即网页界面的设计是否易用、友好、专业。

□1　□2　□3　□4　□5

3. 水平关联水平，即是否关联同行政级别的政府具体部门，例如市级的财政局、税务局等。

□1　□2　□3　□4　□5

4. 垂直关联水平，即是否整合一级政府所辖的下一级政府。

□1　□2　□3　□4　□5

5. 部门协作程度，即部门间是否有效协作为民众提供服务、解决问题。

□1　□2　□3　□4　□5

6. 方式多样性，即民众参与互动的方式是否多样，例如私信、转发、评论等。

□1　□2　□3　□4　□5

7. 互动时效性，即民众反映的问题、提出的意见建议能否迅速得到响应回复。

□1　□2　□3　□4　□5

8. 互动有效性，即是否有效解决了民众的互动诉求。

□1　□2　□3　□4　□5

9. 互动管理水平，即是否能对政民互动的信息、结果进行有效管理，例如热点问答汇总、满意度评价等。

□1　□2　□3　□4　□5

10. 信息服务广泛性，即提供各类政务信息的种类的全面程度。

□1　□2　□3　□4　□5

11. 信息服务时效性，即提供各类政务信息更新的及时程度。

□1　□2　□3　□4　□5

12. 公共服务广泛性，即提供各类政务服务的种类的全面程度。

□1　□2　□3　□4　□5

13. 公共服务时效性，即所提供各类政务服务处理的及时程度。

□1 □2 □3 □4 □5

14. 公共服务有效性，即所提供的各类政务服务是否有效。

□1 □2 □3 □4 □5

问卷到此结束，再次感谢您能够专门为我们填写问卷！若您需要我们的调查汇总结果，请填写联系方式，我们将在调查结束后发送给您！谢谢！

姓名____________电话____________邮箱____________

附录16：政务微博互动参与度的计算结果

附表8　　政务微博互动参与度的计算结果

样本编号	样本名称	粉丝数	常住人口	互动参与度	标准分
1	@重庆微发布	1458008	2884.62	505.442	1
2	@武汉发布	1652339	978.5392	1688.577	2
3	@海口发布	645	204.6189	3.152201	1
4	@兰州发布	316472	361.6163	875.1597	1
5	@长沙发布	399931	704.4118	567.7517	1
6	@呼和浩特发布	12072	286.6625	42.11224	1
7	@南宁发布	1981152	666.16	2973.988	4
8	@拉萨发布	158174	55.9423	2827.449	4
9	@石家庄发布	1723874	1016.379	1696.094	2
10	@天津发布	1735020	1293.822	1341.003	2
11	@太原发布	44469	420.1591	105.8385	1
12	@问政银川	412187	199.3088	2068.082	3
13	@夏都西宁	34147	220.8708	154.6017	1
14	@福州发布	419365	711.537	589.379	1
15	@北京发布	6659095	1961.2	3395.419	4
16	@沈阳发布	2372219	810.6171	2926.436	4
17	@哈尔滨发布	2984156	1063.597	2805.72	4

续表

样本编号	样本名称	粉丝数	常住人口	互动参与度	标准分
18	@成都发布	6192285	1404.763	4408.065	5
19	@昆明发布	427598	643.2	664.7979	1
20	@微博济南	917691	681.4	1346.773	2
21	@微博贵阳	44135	432.4561	102.0566	1
22	@上海发布	5750189	2301.915	2498.003	3
23	@杭州发布	2015477	870.04	2316.534	3
24	@郑州发布	213069	862.6505	246.9934	1
25	@长春发布	708846	767.7089	923.3265	2
26	@南昌发布	1020874	504.2656	2024.477	3
27	@南京发布	3262101	800.468	4075.242	5
28	@西安发布	795557	846.7837	939.5044	2
29	@中国广州发布	4269068	1270.08	3361.259	4
30	@乌鲁木齐发布	314015	311.028	1009.604	2
31	@合肥发布	389650	570.2	683.3567	1

注：互动参与度=粉丝数/常住人口。

附录17：政务微博经验等级的计算结果

附表9　　政务微博经验等级的计算结果

样本编号	样本名称	经验等级	标准分
1	@重庆微发布	31	5
2	@海口发布	10	1
3	@武汉发布	26	4
4	@兰州发布	15	2
5	@长沙发布	24	4
6	@呼和浩特发布	22	3

续表

样本编号	样本名称	经验等级	标准分
7	@南宁发布	24	4
8	@拉萨发布	22	3
9	@石家庄发布	27	4
10	@天津发布	30	5
11	@太原发布	13	1
12	@问政银川	30	5
13	@夏都西宁	24	4
14	@福州发布	29	5
15	@北京发布	30	5
16	@沈阳发布	29	5
17	@哈尔滨发布	29	5
18	@成都发布	32	5
19	@昆明发布	25	4
20	@微博济南	28	5
21	@微博贵阳	20	3
22	@上海发布	31	5
23	@杭州发布	23	3
24	@郑州发布	19	3
25	@长春发布	26	4
26	@南昌发布	30	5
27	@南京发布	32	5
28	@西安发布	25	4
29	@中国广州发布	31	5
30	@乌鲁木齐发布	26	4
31	@合肥发布	25	4

附录 18：政府政务微博政民互动度的评分样表

附表 10　　政府政务微博政民互动度的评分（以专家 1 对省会级城市进行评价为例）

微博账号	B1					B2					B3					
	C1	C2	C3	C4	C5	C6	C7	C8	C9	C10	C11	C12	C13	C14	C15	C16
@杭州发布	5	4	3	5	5	4	5	4	4	3	4	5	4	4	4	5
@成都发布	4	4	5	3	5	3	4	5	4	5	4	5	5	4	4	4
@问政银川	4	4	5	5	3	3	3	3	2	3	3	4	3	4	3	3
@南京发布	4	4	5	5	3	3	4	5	4	4	4	5	4	4	5	4
@北京发布	4	4	5	4	3	4	4	4	4	4	4	5	4	5	4	4
@重庆微发布	5	4	5	5	5	4	5	4	4	1	4	5	4	5	4	4
@微博济南	4	4	5	5	2	3	4	4	3	2	3	4	4	5	4	3
@南宁发布	5	4	4	4	5	4	5	3	3	4	3	5	3	4	3	2
@长沙发布	4	4	4	3	5	3	4	2	4	1	3	3	2	3	2	2
@武汉发布	4	4	4	5	5	4	4	4	3	2	3	4	3	3	3	3
@兰州发布	4	4	2	5	2	3	4	3	2	1	3	5	4	3	3	3
@微博贵阳	3	3	3	4	2	3	3	3	2	1	3	3	3	2	3	2
@沈阳发布	4	4	5	4	2	3	3	3	4	4	3	3	3	3	3	4
@昆明发布	3	4	4	3	2	2	3	2	2	1	2	3	2	2	2	3
@哈尔滨发布	4	4	5	5	5	4	4	4	4	4	4	4	3	3	4	3
@拉萨发布	3	4	3	2	2	2	3	3	2	4	2	4	3	3	2	2
@天津发布	4	4	5	5	5	4	4	4	3	2	3	4	4	3	3	3
@福州发布	4	4	5	5	5	4	4	3	2	1	3	3	3	3	3	2
@中国广州发布	3	4	5	3	2	3	3	3	3	4	3	4	5	3	4	3
@郑州发布	3	4	3	4	2	3	3	3	2	1	2	3	3	3	2	2
@南昌发布	3	4	5	3	2	2	3	4	3	3	3	4	5	4	3	3
@石家庄发布	3	3	4	4	2	3	3	3	4	2	3	4	2	4	3	3
@西安发布	3	3	4	3	2	2	3	2	2	2	3	4	5	4	3	2
@乌鲁木齐发布	3	3	4	3	2	2	3	2	2	2	2	3	4	4	2	2

续表

微博账号	B1					B2					B3					
	C1	C2	C3	C4	C5	C6	C7	C8	C9	C10	C11	C12	C13	C14	C15	C16
@上海发布	4	4	5	5	5	4	4	4	4	3	4	5	5	5	4	4
@合肥发布	3	4	4	3	2	2	3	2	2	1	3	3	2	2	2	2
@长春发布	3	3	4	2	2	2	2	2	2	2	2	3	2	2	2	2
@呼和浩特发布	2	3	3	2	2	2	2	2	2	1	3	3	3	3	2	2
@夏都西宁	2	2	4	1	1	2	2	3	3	1	3	3	3	4	2	2
@海口发布	2	2	1	1	1	2	2	3	3	1	3	3	3	4	2	2
@太原发布	3	3	1	1	1	2	2	1	1	1	2	2	1	2	1	1

注：B1 为渠道完整性；C1 为功能完备；C2 为界面易用；C3 为经验等级；C4 为水平关联；C5 为垂直关联；C6 为部门协作；B2 为公众参与性；C7 为方式多样性；C8 为互动时效性；C9 为互动有效性；C10 为互动参与度；B3 为服务全面性；C11 为互动管理水平；C12 为信息服务广泛性；C13 为信息服务时效性；C14 为公共服务广泛性；C15 为公共服务时效性；C16 为公共服务有效性。

附录 19：政府政务微博政民互动评价的指标平均得分表

附表 11　政府政务微博政民互动评价的指标平均得分（以省会级城市为例）

微博名称	B1					B2					B3					
	C1	C2	C3	C4	C5	C6	C7	C8	C9	C10	C11	C12	C13	C14	C15	C16
@杭州发布	4.8	4.6	3.0	4.8	4.6	3.9	4.3	3.9	3.9	3.0	4.1	4.6	4.1	4.0	4.0	4.3
@成都发布	4.5	4.4	5.0	3.6	4.4	3.6	4.1	4.5	3.8	5.0	4.4	4.5	4.5	3.9	4.1	4.0
@问政银川	4.0	4.4	5.0	4.5	3.6	3.8	4.1	4.1	4.0	3.0	4.3	4.5	4.3	4.6	4.3	4.1
@南京发布	4.4	4.5	5.0	4.0	3.8	3.8	4.3	4.5	4.0	4.0	4.4	4.5	4.3	4.4	4.6	4.4
@北京发布	4.4	4.5	5.0	3.8	3.1	3.4	4.0	3.9	3.9	4.0	4.0	4.6	4.4	4.3	4.0	3.8
@重庆微发布	4.3	4.5	5.0	4.5	4.4	3.8	3.9	3.9	3.6	1.0	3.8	4.3	4.0	3.9	3.9	3.9
@微博济南	4.4	4.4	5.0	4.1	3.0	3.3	4.0	4.1	3.5	2.0	3.5	4.5	4.3	4.6	4.0	3.4
@南宁发布	4.5	4.1	4.0	4.1	4.8	4.0	4.5	3.5	3.8	4.0	3.8	4.5	4.1	4.0	3.6	3.6

续表

微博账号	B1					B2					B3					
	C1	C2	C3	C4	C5	C6	C7	C8	C9	C10	C11	C12	C13	C14	C15	C16
@长沙发布	4.6	4.4	4.0	3.6	4.1	3.4	4.4	3.6	3.9	1.0	3.6	3.8	3.8	3.5	3.6	3.5
@武汉发布	4.4	4.3	4.0	4.4	4.4	3.8	4.0	4.5	3.8	2.0	3.8	4.4	3.9	3.9	3.8	3.5
@兰州发布	4.0	4.3	2.0	4.3	3.1	3.8	4.4	4.1	3.1	1.0	3.8	4.6	4.4	3.8	3.6	3.6
@微博贵阳	3.4	3.8	3.0	3.3	2.5	2.6	3.5	3.1	2.8	1.0	3.1	4.0	3.8	3.3	3.8	3.1
@沈阳发布	3.5	3.9	5.0	3.6	2.8	2.8	3.3	3.3	3.6	4.0	3.3	3.4	3.6	3.4	3.4	3.6
@昆明发布	3.6	4.3	4.0	3.1	2.8	2.9	3.5	3.8	3.5	1.0	3.3	3.9	3.9	3.3	3.4	3.6
@哈尔滨发布	4.3	4.3	5.0	3.8	4.8	3.8	3.9	4.1	3.6	4.0	3.8	4.4	4.0	3.9	3.9	3.6
@拉萨发布	3.5	4.0	3.0	2.8	2.4	2.6	3.6	3.5	3.0	4.0	2.9	3.8	3.5	3.5	3.1	3.1
@天津发布	4.0	4.1	5.0	4.6	4.8	3.9	4.0	4.5	3.5	2.0	3.6	4.3	4.4	3.9	3.9	3.5
@福州发布	4.0	4.1	5.0	4.1	4.3	3.8	3.9	3.5	2.8	1.0	3.5	4.0	3.9	3.9	3.5	3.0
@中国广州发布	3.6	4.3	5.0	3.8	2.9	3.4	3.9	4.1	3.8	4.0	3.3	4.3	4.6	4.0	4.0	3.8
@郑州发布	3.8	4.3	3.0	4.3	2.9	3.6	3.8	2.9	2.8	1.0	3.1	3.9	3.5	3.6	3.3	3.1
@南昌发布	4.0	4.3	5.0	3.8	2.9	3.3	3.8	4.4	3.9	3.0	3.4	4.4	4.6	4.4	3.9	3.9
@石家庄发布	3.5	3.9	4.0	3.6	3.1	3.4	3.6	3.5	3.9	2.0	3.3	4.1	3.5	4.1	3.6	3.6
@西安发布	4.0	4.1	4.0	3.3	3.4	3.1	3.8	3.8	3.5	2.0	3.5	4.0	4.6	4.3	3.6	3.4
@乌鲁木齐发布	3.5	3.8	4.0	3.4	3.3	3.1	3.5	3.3	2.8	2.0	2.9	3.6	3.8	3.6	3.3	3.1
@上海发布	4.6	4.4	5.0	4.8	4.8	4.1	4.1	4.5	4.4	3.0	4.3	4.8	4.6	4.6	4.1	4.3
@合肥发布	3.8	4.1	4.0	3.3	3.3	2.9	3.5	3.3	2.8	1.0	3.4	3.9	3.6	3.3	3.0	3.0
@长春发布	3.6	3.9	4.0	2.5	2.5	2.5	3.1	3.4	2.5	2.0	2.4	3.6	3.4	3.1	3.0	3.0
@呼和浩特发布	3.0	3.8	3.0	2.5	2.4	3.0	3.3	3.8	2.6	1.0	2.9	3.8	4.0	3.5	3.6	3.0
@夏都西宁	3.0	3.8	4.0	2.4	2.3	3.0	3.3	3.4	2.8	1.0	3.1	3.6	3.9	3.5	3.4	3.0
@海口发布	2.8	3.4	1.0	2.0	2.0	2.1	2.8	3.5	2.5	1.0	2.6	3.1	3.4	3.3	3.1	2.6
@太原发布	3.4	3.9	1.0	2.3	2.1	2.3	2.8	1.4	1.5	1.0	1.9	3.0	1.9	2.8	1.8	1.9

附录20：政务微博政民互动度评价的分项得分统计表

附表12　政务微博政民互动度评价的分项得分（以省会级城市为例）

微博账号	渠道完整性	公众参与性	服务全面性	总得分
@杭州发布	4.29	3.66	4.15	3.85
@成都发布	4.11	4.35	4.10	4.26
@问政银川	4.12	3.75	4.26	3.91
@南京发布	4.12	4.45	4.44	4.40
@北京发布	3.88	3.94	4.00	3.94
@重庆微发布	4.28	2.89	3.91	3.31
@微博济南	3.89	3.17	3.86	3.42
@南宁发布	4.23	3.82	3.77	3.87
@长沙发布	3.92	2.95	3.57	3.22
@武汉发布	4.15	3.35	3.70	3.54
@兰州发布	3.67	2.78	3.77	3.12
@微博贵阳	3.02	2.36	3.43	2.69
@沈阳发布	3.41	3.61	3.51	3.56
@昆明发布	3.30	2.74	3.55	3.00
@哈尔滨发布	4.16	3.85	3.80	3.88
@拉萨发布	2.95	3.40	3.25	3.31
@天津发布	4.31	3.24	3.78	3.51
@福州发布	4.11	2.49	3.40	2.91
@中国广州发布	3.69	3.83	3.97	3.84
@郑州发布	3.66	2.33	3.30	2.73
@南昌发布	3.72	3.62	4.04	3.73
@石家庄发布	3.53	3.15	3.70	3.32
@西安发布	3.54	3.09	3.72	3.29
@乌鲁木齐发布	3.41	2.66	3.32	2.91
@上海发布	4.54	3.95	4.33	4.11
@合肥发布	3.40	2.41	3.14	2.71
@长春发布	3.00	2.51	3.09	2.70
@呼和浩特发布	2.89	2.37	3.38	2.67
@夏都西宁	2.98	2.39	3.29	2.67
@海口发布	2.21	2.23	2.95	2.39
@太原发布	2.47	1.44	2.01	1.71

附录 21：国家部委政务微博政民互动度的评价结果

附表 13　　国家部委政务微博政民互动度的评价结果

排行	样本名称	总得分	整体等级
1	公安部	3.77	Ⅰ级优良
2	外交部	3.67	Ⅰ级优良
3	国防部	3.54	Ⅰ级优良
4	卫计委	3.54	Ⅰ级优良
5	发改委	3.46	Ⅱ级一般
6	教育部	3.14	Ⅱ级一般
7	国土部	3.11	Ⅱ级一般
8	文化部	2.98	Ⅲ级较差
9	央行	2.11	Ⅲ级较差
10	工信部	1.55	Ⅲ级较差
11	商务部	1.55	Ⅲ级较差
12	环保部	1.34	Ⅲ级较差
13	科技部	1.33	Ⅲ级较差
14	司法部	1.24	Ⅲ级较差
15	民政部	1.2	Ⅲ级较差
16	人社部	1.01	Ⅲ级较差

注：国家民族事务委员会、监察部、财政部、住房和城乡建设部、交通运输部、水利部、农业部、审计署 8 个国家部门因未开通官方微博，无法予以评价，总得分皆记为 0，不列入排行榜。

附录22：省级政府政务微博政民互动度的评价结果

附表14　　省级政府政务微博政民互动度的评价结果

排行	样本名称	总得分	整体等级
1	浙江	3.92	Ⅰ级优良
2	山东	3.87	Ⅰ级优良
3	河北	3.86	Ⅰ级优良
4	四川	3.84	Ⅰ级优良
5	贵州	3.8	Ⅰ级优良
6	云南	3.66	Ⅰ级优良
7	宁夏	3.57	Ⅰ级优良
8	江苏	3.54	Ⅰ级优良
9	江西	3.52	Ⅰ级优良
10	湖南	3.44	Ⅱ级一般
11	吉林	3.43	Ⅱ级一般
12	青海	3.41	Ⅱ级一般
13	广东	3.29	Ⅱ级一般
14	西藏	3.2	Ⅱ级一般
15	河南	3.18	Ⅱ级一般
16	陕西	3.14	Ⅱ级一般
17	甘肃	3.01	Ⅱ级一般
18	福建	2.85	Ⅲ级较差
19	安徽	2.71	Ⅲ级较差
20	内蒙古	2.65	Ⅲ级较差
21	湖北	2.59	Ⅲ级较差
22	山西	2.31	Ⅲ级较差
23	新疆	2.27	Ⅲ级较差
24	辽宁	1.28	Ⅲ级较差
25	黑龙江	1.13	Ⅲ级较差

注：我国北京、上海、天津、重庆4个直辖市，其行政级别为省级，但具体的管理和服务职能又具有省会城市的特征，因此将4个直辖市与省会级城市一并列为第七章的研究对象。海南省、广西壮族自治区未开通官方微博，无法予以评价，总分皆记为0，不列入排行榜。

附录23：地县级城市政务微博政民互动度的评价结果

附表15　　地县级城市政务微博政民互动度的评价结果

排行	样本名称	总得分	整体等级
1	杨浦区	3.85	Ⅰ级优良
2	丹东市（地级市）	3.67	Ⅰ级优良
3	鄂托克旗	3.58	Ⅰ级优良
4	哈密市	3.52	Ⅰ级优良
5	鞍山市（地级市）	3.43	Ⅱ级一般
6	聊城市（地级市）	3.37	Ⅱ级一般
7	铁西区	3.34	Ⅱ级一般
8	谢通门县	3.28	Ⅱ级一般
9	忻州市（地级市）	3.22	Ⅱ级一般
10	科尔沁左翼后旗	3.13	Ⅱ级一般
11	南芬区	2.81	Ⅲ级较差
12	江华瑶族自治县	2.65	Ⅲ级较差
13	巨野县	2.44	Ⅲ级较差
14	青羊区	2.31	Ⅲ级较差
15	同心县	2.15	Ⅲ级较差
16	金台区	1.97	Ⅲ级较差
17	西林县	1.87	Ⅲ级较差
18	临川区	1.85	Ⅲ级较差
19	博白县	1.77	Ⅲ级较差
20	特克斯县	1.68	Ⅲ级较差
21	乌苏市（县级市）	1.65	Ⅲ级较差
22	郁南县	1.59	Ⅲ级较差
23	集安市（县级市）	1.50	Ⅲ级较差
24	东川区	1.33	Ⅲ级较差
25	荔波县	1.21	Ⅲ级较差

注：乐亭县、馆陶县、滦平县、武强县、阳泉市（地级市）、霍州市（县级市）、石拐区、双台子区、双塔区、兴城市（县级市）、依安县、兴山区、句容市（县级市）、南陵县、谢家集区、谯城区、莆田市（地级市）、龙文区、槐荫区、西华县、黄石港区、襄樊市（地级市）、公安县、团风县、嘉鱼县、随县、华容县、呼图壁县、越秀区、蓬江区、徐闻县、龙胜各族自治县、平乐县、梧州市（地级市）、天等县、贡井区、米易县、元坝区、花溪区、江川县、金平苗族瑶族傣族自治县、志丹县、甘谷县、临潭县、囊谦县45个地县级城市因未开通政府官方微博，无法予以评价，总得分皆记为0，不列入排行榜。

参考文献

[1] 洪毅、杜平、王益民：《电子政务蓝皮书：中国电子政务发展报告》（2014），社会科学文献出版社2014年版。

[2] 人民网舆情监测室：《政务微博影响力报告》，2015年。

[3] 人民网舆情监测室：《2014上半年度腾讯政务微博发展研究报告》，2014年。

[4] 杨飞：《论电子政务政民互动与社会主义民主政治建设》，《理论月刊》2009年第9期。

[5] Woodrow Wilson，Jay M.，Shafriaz & Albert C.，Hyde，*The Study of Administration*，Classics of Public Administration，Oak Park，Illionois，Moore Publishing Company Inc.

[6] Bogason，P.，*The Future of Governing*：*Four Emerging Models*，Governance an International Journal of Policy and Administration，1999，12（2），pp. 234 –235.

[7] 柳云飞、周晓丽：《传统公共行政、新公共管理和新公共服务理论之比较研究》，《前沿》2006年第4期。

[8] 楚明锟、杨璐璐：《新公共服务：超越新公共管理的社会治理模式》，硕士学位论文，河南大学，2010年。

[9] 丁煌：《寻求公平与效率的协调统一——评现代西方新公共行政学的价值追求》，《中国行政管理》1998年第12期。

[10] 国家行政学院：《西方国家行政改革述评》，国家行政学院出版社1998年版。

[11] 李德国：《走向实践的新公共服务：行动指南与前沿探索》，《国家行政学院学报》2013年第3期。

[12] 辛静：《新公共服务理论评析——兼论对中国服务型政府建设的启示》，博士学位论文，吉林大学，2008年。

[13] 倪荣:《社区卫生服务集团化管理研究——以拱墅区横向联合模式为例》,博士学位论文,华中科技大学,2013 年。

[14] [美] H. 乔治·弗雷德里克森:《新公共行政》,中国人民大学出版社 2011 年版。

[15] 宋敏:《公共行政的价值反思与重构——西方新公共行政学理论评述》,《中南大学学报》(社会科学版) 2011 年第 17 卷第 6 期。

[16] David K. Hart, *Social Equity*, *Justice*, *and the Equitable Administrator* , Public Administration Review, 1974, 34 (1), pp. 3 – 11.

[17] 珍妮特·V. 登哈特 (Janet V. Denhardt)、罗伯特·B. 登哈特 (Robert B. Denhardt):《新公共服务:服务,而不是掌舵》,丁煌译,中国人民大学出版社 2010 年版。

[18] 吴传龙:《新公共服务理论及其对我国服务型政府建设的启示》,硕士学位论文,山东大学,2012 年。

[19] 张利、王欢:《全媒体时代的网络问政优化研究——以"广东范式"为例》,《现代情报》2013 年第 33 卷第 12 期。

[20] 陶东明、陈明明:《当代中国政治参与》,浙江人民出版社 1998 年版。

[21] [日] 蒲岛郁夫:《政治参与:微观政治学》,经济日报出版社 1989 年版。

[22] 吴志华:《政治学》,高等教育出版社 2001 年版。

[23] 吕宁:《我国公共政策中的公民参与》,硕士学位论文,山东大学,2006 年。

[24] Huntington S. P. , Nelson J. M. :《难以抉择:发展中国家的政治参与》,华夏出版社 1989 年版。

[25] 应克复:《西方民主史》,中国社会科学出版社 1997 年版。

[26] 阿尔温·托夫勒:《第三次浪潮》,生活·读书·新知三联书店 1984 年版。

[27] 李爱华:《现代政治学》,北京师范大学出版社 2001 年版。

[28] 格勒、王金红:《公民参与,西藏民族区域自治发展的动力》,《中国西藏》2005 年第 6 期。

[29] 朱刘光:《重庆主流网络新闻媒体交互性研究》,硕士学位论文,重庆工商大学,2010 年。

[30] 李鑫：《我国地方日报与受众间交互性传播行为研究——以成都地区四家日报为例》，硕士学位论文，电子科技大学，2010 年。
[31] 王朝、李海杰：《网络体育新闻的交互性特征》，《吉林广播电视大学学报》2011 年第 2 期。
[32] 王立莉：《电信运营企业地市公司集团客户工程项目沟通管理研究》，硕士学位论文，北京邮电大学，2011 年。
[33] 李娟：《乡镇公务员工作中的沟通问题探析——以公平正义的塑造为分析理路》，硕士学位论文，吉林大学，2011 年。
[34] 苏为华：《多指标综合评价理论与方法问题研究》，博士学位论文，厦门大学，2000 年。
[35] 于文轩：《推行政务电子化的问题与对策》，《党政论坛》2000 年第 3 期。
[36] 李志录：《电子政务身份认证技术解决方案（一）》，《计算机安全》2001 年第 9 期。
[37] 杨志成、李志录：《电子政务身份认证技术解决方案（二）》，《计算机安全》2001 年第 10 期。
[38] 曲成义：《电子政务建设面临的挑战》，《网络安全技术与应用》2002 年第 1 期。
[39] 范冰冰：《电子政务框架体系结构》，《计算机应用》2004 年第 2 期。
[40] 颜海：《电子政务发展中的标准化管理》，《档案管理》2004 年第 1 期。
[41] 袁国贤：《当前电子政务建设面临的问题及对策》，《四川省干部函授学院学报》2004 年第 2 期。
[42] 金雪妹、王铭：《美国在电子政务中实施 CRM 的经验及对我国的启示》，《城市管理与科技》2006 年第 1 期。
[43] 钱蒙翔：《数据挖掘在电子政务中的应用研究》，《江苏科技信息》2008 年第 11 期。
[44] 周杨：《构建 SaaS 模式电子政务服务云平台》，《中国管理信息化》2012 年第 4 期。
[45] 王云庆、刘佳慧：《大数据时代背景下我国电子政务创新模式》，《党政干部学刊》2013 年第 12 期。

[46] 李重照、刘新萍：《中国省级移动政务平台建设现状研究：从 WAP 到 APP》，《电子政务》2014 年第 11 期。
[47] 唐志豪、郝振平：《我国电子政务审计的现实模式——基于本土环境和国际经验借鉴的研究》，《审计研究》2014 年第 5 期。
[48] 靳小平、海峰：《电子政务多渠道公共服务发展中面临的挑战与对策》，《电子政务》2014 年第 4 期。
[49] 王益民、余坦、丁艺：《移动电子政务建设发展模式研究》，《行政管理改革》2015 年第 1 期。
[50] 薛万庆、谢明荣：《服务型政府视角下政务 APP 的发展现状与策略思考》，《电子政务》2015 年第 3 期。
[51] 苗青：《智慧城市时代的电子政务研究》，《创新科技》2015 年第 2 期。
[52] 杨雅芬：《电子政务知识体系框架研究》，《中国图书馆学报》2015 年第 2 期。
[53] 张娜：《电子政务环境下中国政府网站发展调查报告》，《知识经济》2015 年第 12 期。
[54] 李广：《电子政务中的行政正义问题研究》，《电子政务》2015 年第 9 期。
[55] 骆桂林：《电子政务信息网及安全体系建设研究》，《信息与电脑》（理论版）2015 年第 19 期。
[56] 王丽华：《PKI 体系在电子政务中的应用》，《科技经济市场》2015 年第 11 期。
[57] 王倩：《基于云计算的电子政务平台建设研究》，《电子商务》2015 年第 10 期。
[58] 丁艺、王益民：《中央国家机关电子政务向深化融合方向发展》，《电子政务》2014 年第 5 期。
[59] 张钟文、张楠、孟庆国：《大数据、评估与变革：2013 年国际电子政务研究的主题与趋势》，《电子政务》2014 年第 9 期。
[60] 周宏仁：《电子政府：构造信息时代的政府》，《网络与信息》2002 年第 2 期。
[61] 李靖华：《电子政府公众服务的机制分析》，《科研管理》2003 年第 4 期。

[62] 汪玉凯：《电子政务应强调服务导向》，《人民论坛》2006 年第 6 期。
[63] 刘家真：《新一轮的电子政务战略——统一指导、协同工作》，《电子政务》2007 年第 7 期。
[64] 刘桂珍、孙国徽：《公共服务视角下的电子政务建设》，《滨州职业学院学报》2008 年第 2 期。
[65] 王建玲、邱广华：《公共部门电子服务质量评价研究》，《中国行政管理》2011 年第 7 期。
[66] 梁晓琴：《基于云计算的政企互动电子政务模式研究》，博士学位论文，天津大学，2014 年。
[67] 丁艺、王益民、张晓欢：《中央部委电子政务发展分析与展望》，《中国市场》2014 年第 42 期。
[68] 张宇航：《电子政务项目建设与运行管理研究》，博士学位论文，北京交通大学，2012 年。
[69] 徐晓日：《政府创新的信息化模式——电子政务研究》，博士学位论文，吉林大学，2004 年。
[70] 颜堃：《我国政府电子政务的构建与实现》，硕士学位论文，云南财经大学，2014 年。
[71] 刘鹏涛：《基于电子政务视角下的政府管理创新》，《经营管理者》2015 年第 26 期。
[72] 谭世海、段磊、黎亮：《基于组合赋权 VIKOR 模型的电子政务项目评标方法研究》，《电子科技大学学报》（社会科学版）2015 年第 5 期。
[73] 蒋凯元：《移动通信技术在国家电子政务外网中的应用》，《信息系统工程》2015 年第 11 期。
[74] 王敏：《来自联合国电子政务报告的数据》，《信息化建设》2002 年第 12 期。
[75] 王铭：《论加拿大电子政务的基本部署——加拿大电子政务建设之一》，《机电兵船档案》2004 年第 5 期。
[76] 刘燕：《电子政务公众满意度测评理论、方法及应用研究》，博士学位论文，国防科学技术大学，2006 年。
[77] 焦微玲：《我国电子政务公众满意度测评模型的构建》，《情报杂

志》2007 年第 10 期。
[78] 龚莎莎:《电子政务公众满意度模型构建及测评研究》,硕士学位论文,电子科技大学,2009 年。
[79] 孟庆国:《政府 2.0——电子政务服务创新的趋势》,《电子政务》2012 年第 11 期。
[80] 谢雪玲:《G2C 电子政务的客户需求及服务有效性研究——基于卡诺模型的视角》,《中外企业家》2013 年第 30 期。
[81] 王旭磊:《农村电子政务建设存在问题分析——基于青岛市基层农村的调研》,《电子商务》2015 年第 12 期。
[82] 胡曼云:《电子政务对政府绩效评估的促进作用》,《大理学院学报》2015 年第 11 期。
[83] 林华婧、张贝贝:《服务型政府理念下基于云计算的电子政务建设研究》,中国武汉决策信息研究开发中心、决策与信息杂志社、北京大学经济管理学院:《决策论坛——企业精细化管理与决策研究学术研讨会论文集(上、下)》,2015 年。
[84] 范久红:《互联网 + 政务:助推地方政府向服务型转变》,《世界电信》2015 年第 5 期。
[85] 周民、吕品:《"互联网 +"政务外网——新时期国家电子政务外网发展思路》,《行政管理改革》2015 年第 10 期。
[86] 刘智勇:《夯实电子政务的基石:加强电子政务信用建设》,《电子政务》2015 年第 11 期。
[87] 吕宁宁:《韩国电子政务发展战略与策略对我国的启示》,硕士学位论文,延边大学,2013 年。
[88] 伍耀辉:《构建服务型政府视域下的电子政务研究》,硕士学位论文,华中师范大学,2014 年。
[89] 辛刚:《国内外电子政务可视化比较研究》,硕士学位论文,安徽大学,2014 年。
[90] 丁丽:《电子政务信息安全保密管理研究》,硕士学位论文,山东师范大学,2014 年。
[91] 程炜:《广东省电子政务建设问题研究》,硕士学位论文,华中师范大学,2014 年。
[92] 张成福:《责任政府论》,《中国人民大学学报》2000 年第 2 期。

[93] 张贤明：《对人大代表政治责任问题的思考》，《长白学刊》2000 年第 1 期。
[94] 俞可平、王颖：《公民社会的兴起与政府善治》，《中国改革》2001 年第 6 期。
[95] 何祖坤：《关注政府回应》，《中国行政管理》2000 年第 7 期。
[96] 刘权、黄岩：《论公共管理视野下的政府回应机制》，《广州广播电视大学学报》2003 年第 4 期。
[97] 李伟权、杨江宁：《舆论之舌——大众传媒应对现代舆论》，《沈阳大学学报》2005 年第 5 期。
[98] 罗依平、覃事顺：《民意表达与政府回应的决策机制构建——厦门 PX 事件引发的思考》，《科学决策》2009 年第 7 期。
[99] 丁白云、顾丽梅、陈贤生：《网络舆论与政府回应机制研究》，《中共浙江省委党校学报》2012 年第 5 期。
[100] 晏晓娟：《政府回应机制建设的困境与突破——基于网络民意视角的考量》，《江苏科技大学学报》（社会科学版）2014 年第 2 期。
[101] 梁丽：《政务微博引导网络舆论的策略研究——以新浪微博为例》，《电子政务》2014 年第 12 期。
[102] 李晓龙、徐鲲：《信息不对称视角下的政务微博管理策略研究》，《电子政务》2014 年第 12 期。
[103] 黄韦嘉：《公众参与视阈下的我国省级政府网站政民互动研究》，《经营管理者》2015 年第 2 期。
[104] 郑磊、吕文增、王栋：《上海市政务微信发展报告：从发布走向服务》，《电子政务》2015 年第 2 期。
[105] 冯向春：《广东省地方政府政民互动平台建设与服务研究》，《大学图书情报学刊》2015 年第 1 期。
[106] 柳思思：《政务微博推广机制研究——以“北京微博发布厅”的推广为例》，《电子政务》2015 年第 1 期。
[107] 蔡斌：《对政务微博热的思考》，《内蒙古统计》2015 年第 2 期。
[108] 黎旺星、王会、顾翠芬、梁武：《地方政府网络形象评价体系的研究》，《电子政务》2015 年第 5 期。
[109] 刘密霞、王益民、丁艺：《政府信息公开推动电子政务环境下的公众参与》，《电子政务》2015 年第 6 期。

[110] 阎波、吴建南:《电子政务何以改进政府问责——ZZIC 创新实践的案例研究》,《公共管理学报》2015 年第 2 期。

[111] 李丹:《政府网站和政务新媒体的融合发展》,《新闻战线》2015 年第 13 期。

[112] 杨军:《政府公信力提升视角下的新媒体角色探究》,《电子政务》2015 年第 7 期。

[113] 蒋天民、胡新平:《政务微信的发展现状、问题分析及展望》,《现代情报》2014 年第 10 期。

[114] 梁芷铭:《政务微博的受众关注度及其优化策略研究——以广东省为例》,《广东行政学院学报》2014 年第 5 期。

[115] 明亮:《基于政府知识管理提升政民网络互动能力的研究》,《企业研究》2014 年第 18 期。

[116] 朴贞子:《政策制定与公民参与》,《中国行政管理》2005 年第 2 期。

[117] 罗文剑、熊博:《公民参与的有效性与服务型政府建设》,《长沙大学学报》2007 年第 1 期。

[118] 祝全永:《马克思主义政府服务观理论与实践探析》,《湖北社会科学》2008 年第 3 期。

[119] 董琳、王美龄:《试论服务型政府建设中的公民参与》,《才智》2010 年第 25 期。

[120] 齐海丽:《社会组织参与服务型政府建设——基于公民参与角度的考察》,《武汉学刊》2010 年第 2 期。

[121] 杜治洲:《电子政务条件下政府与公众互动的三种模式》,《中州学刊》2008 年第 3 卷第 2 期。

[122] 胡然:《电子政务与公众参与治理的服务型政府》,《科学决策》2008 年第 10 期。

[123] 王慧军:《电子治理中的公民参与和服务型政府构建》,《中国信息界》2008 年第 6 期。

[124] 詹晓阳:《 基层政府面向信息弱势群体的公共服务研究》,博士学位论文,武汉大学,2010 年。

[125] 金江军:《智慧政府:电子政务发展的新阶段》,《信息化建设》2011 年第 11 期。

[126] 游景晶：《基于云计算的电子政务信息资源共享系统建设研究》，《电子技术与软件工程》2015 年第 22 期。
[127] 龙良华：《电子政务个性化信息服务的现状及发展对策》，《才智》2015 年第 34 期。
[128] 张兴刚：《地方政府电子政务互动交流平台建设和使用状况抽样调查分析》，《内蒙古科技与经济》2009 年第 4 卷第 7 期。
[129] 程霞：《电子政务环境下提高公众互动性的策略分析》，《学术论丛》2009 年第 8 卷第 31 期。
[130] 康贻建：《建立电子政务环境下的政民互动服务型政府》，《中共乐山市委党校学报》2009 年第 3 期。
[131] 潘华松：《基于电子政务视角的政民在线互动机制研究》，硕士学位论文，浙江大学，2010 年。
[132] Sandoval – Almazan, R. , J. R. Gil – Garcia, *Are Government Internet Portals Evolvingtowards More Interaction, Participation, and Collaboration? Revisiting the Rhetoric Of E – government Among Municipalities*, Government Information Quarterly, 2011, pp. S72 – S81.
[133] Cordeiro, A. et al. , *E – Government and Social Networks: Information, Participation and Interaction – DOI*: 10. 3395/*reciis. v6i2.* 604*en*, RECIIS, 2012.
[134] 王法硕：《公民网络参与公共政策过程研究》，博士学位论文，复旦大学，2012 年。
[135] 王平：《电子政务环境下的政民互动研究》，硕士学位论文，长安大学，2012 年。
[136] 于施洋、王建冬、刘合翔：《基于用户体验的政府网站优化：提升搜索引擎可见性》，《电子政务》2012 年第 8 期。
[137] Joseph, R. C. , *A Structured Analysis of E – government Studies: Trends and Opportunities*, Government Information Quarterly, 2013.
[138] Melin, U. , K. Axelsson, *Inter – Organizational Interaction in Public and Private Sectorsa Comparative Study*, Transforming Government: People, Process and Policy, 2013 (4), pp. 431 – 452.
[139] 王越：《微博在电子政务平台中应用的研究》，硕士学位论文，北京邮电大学，2013 年。

[140] 蔡晶波:《政府网站的服务性评估指标体系研究》,博士学位论文,吉林大学,2013 年。

[141] Zhou, L. J., *Government Microblogs: Innovative Approaches for E – Government*, Applied Mechanics and Materials, 2014 (631), pp. 1186 – 1189.

[142] Janssen, M. F. W. H. et al., *The Effects of Individual Differences on Trust in E – Government Services: An Empirical Evaluation*, Innovation and the Public Sector, 2014.

[143] 索高盈:《基于网络的政民互动模式研究》,硕士学位论文,西北大学,2014 年。

[144] 张伟:《上海区县门户网站政民互动研究》,硕士学位论文,上海交通大学,2014 年。

[145] 陈贤师:《政民互动系统的设计与实现》,硕士学位论文,厦门大学,2014 年。

[146] 谢婷玉:《大数据背景下电子政务管理的新发展》,《信息技术与信息化》2015 年第 9 期。

[147] 李君君、曹园园:《基于用户体验的电子政务门户网站公众采纳行为的实证研究》,《现代情报》2015 年第 12 期。

[148] 倪丹:《政务微博的意义研究》,中国武汉决策信息研究开发中心、决策与信息杂志社、科技与企业杂志社、北京大学经济管理学院:《软科学论坛——公共管理体制改革与发展研讨会论文集》,2014 年。

[149] 贺晓丽:《论政务微博的目标定位与实施策略》,《中共青岛市委党校·青岛行政学院学报》2013 年第 3 期。

[150] 李晓楠、张永湘:《电子政务环境下政府决策的公众参与模式研究》,《经营管理者》2015 年第 31 期。

[151] 李勇、龚小芳、田晶晶:《微信平台政民交互的方式及其特点探析》,《电子政务》2015 年第 11 期。

[152] 李芳、许德山:《电子政务服务整合现状及其模型构建研究》,《图书馆理论与实践》2015 年第 10 期。

[153] 杨雅芬、李广建:《电子政务采纳研究述评:基于公民视角》,《中国图书馆学报》2014 年第 1 期。

[154] Gartner Corporation, *The Gartner Framework for E – Government Strategy Assessment* , 2002.

[155] Evans D. , Yen D. C. , *E – Govemment: Evolving Relationship of Citizens and Government, Domestic, and International Gevelopment*, Government Information Quarterly, 2006, 23 (2), pp. 207 – 235.

[156] 张维迎:《中国电子政务发展报告》,北京大学出版社 2011 年版。

[157] 孟庆国:《突出影响我国电子政务发展的三大瓶颈问题》,《电子政务》2006 年第 21 期。

[158] 黄丽娟:《电子政务环境下的政民互动途径研究》,硕士学位论文,华中师范大学,2008 年。

[159] 王敏:《我国政府博客现状分析》,http://www.xgdj.gov.cn/news_view.asp? newsid = 278。

[160] 电子政务理事会:《中国电子政务年鉴》(2014),社会科学文献出版社 2015 年版。

[161] Curiosity China:《2015 年微信用户数据报告》,http://t.cn/R4a5ay.html,2015 年 5 月 31 日。

[162] 腾讯研究院:《"互联网 +" 微信政务民生白皮书》,http://law.tencent.com/Article/lists/id/3905.html,2015 年 5 月 6 日。

[163] 邵兵家:《电子政务的公共服务公众接受问题研究》,《电子政务》2013 年,第 41—44 页。

[164] Venkatesh V. , Morris M. G. , Davis G. B. , *User Acceptance of Information Technology: Toward a Unified View*, MIS Quarterly, 2003, 27 (3), pp. 425 – 478.

[165] Said S. Al – Gahtani, Geoffrey S. Hubona, Jijie Wang, *Information Technology (IT) in Saudi Arabia: Culture and the Acceptance and Use of IT*, Information Management, 2007, pp. 681 – 691.

[166] Yongbeom Kim, Hyo – Joo Han, *The Effects of Perceived Risk and Technology Type on Users' Acceptance of Technologies*, Information Management, 2008, pp. 1 – 9.

[167] Erik M. van Raaij, Jeroen J. L. Schepers, *The Acceptance and Use of a Virtual Learning Environment in China*, Computers & Education, 2008, pp. 838 – 852.

[168] Tracy Ann Sykes, Viswanath Venkatesh, Sanjay Gosain, "Modle of Acceptance with Peer Support a Socialnetwork Perspective to Understand Employees' system Use", *Mis Quarterly*, 2009, 33 (2), pp. 371 - 393.